U0897038

论中国特色社会主义法治

喻中 著

图书在版编目（CIP）数据

论中国特色社会主义法治 / 喻中著 . -- 北京 : 商务印书馆 , 2025. -- ISBN 978-7-100-25284-3

I . D920.0

中国国家版本馆 CIP 数据核字第 2025PC0131 号

论中国特色社会主义法治

喻中 著

商 务 印 书 馆 出 版

（北京王府井大街 36 号 邮政编码 100710）

商 务 印 书 馆 发 行

北京虎彩文化传播有限公司印刷

ISBN 978-7-100-25284-3

2025 年 7 月第 1 版　　开本 880×1240 1/32

2025 年 7 月第 1 次印刷　　印张 9¼

定价：66.00 元

目　录

序

一

这部题为《论中国特色社会主义法治》之书，旨在揭示中国特色社会主义法治的历史文化背景与形成机理，在此基础上铺陈中国特色社会主义法治的基本理论，阐明中国特色社会主义法治理论的基本问题。

顾名思义，本书论述的主题是中国特色社会主义法治。这是一个什么样的主题？中国特色社会主义法治能不能作为一个主题来论述？对此，我们可以从两个不同的方面来理解。一方面，在广义上，只要是当代中国现实生活中的法律问题、法治问题、法理问题，无论是哪个层面、哪个环节、哪个领域的问题，大体上都可以归属“中国特色社会主义法治”这个主题。这种广义的中国特色社会主义法治，包罗万象，无边无际，不可能通过一本书来论述。任何一本书都不可能全面地论述这种广义的中国特色社会主义法治，那是整个法学界、法律界共同的事业，是一代人甚至几代人共同的事业。

然而，另一方面，我们也可以把中国特色社会主义法治作为一个整体来看待，把中国特色社会主义法治作为一个不可分割的研究对象。在此前提下，一般性地回答中国特色社会主义法治何以生成，一般性地回答中国特色社会主义法治是什么、为什么，一般性地回答中国特色社会主义法治理论是什么、为什么，以及一般性地回答中国特色社会主义与法治的关系是什么、为什么，等等。从这样的角度、层面去论述“中国特色社会主义法治”，就是可能的。换言之，针对作为一个整体的“中国特色社会主义法治”，就可以通过一部书来论述。这部《论中国特色社会主义法治》，就是由此而写成的。

二

在结构上，本书由三个部分组合而成，分别是“引论”“本论”与“广论”。其中，作为第一编的“引论”也可以理解为“导论”或“绪论”，它包含两章，主要论述中国特色社会主义法治的历史背景与形成机理。就历史背景而言，既应当关注中国历史背景，也应当关注世界历史背景；就形成机理而言，主要在于探寻中国特色社会主义法治是如何建构的。

一方面，从历史背景来看，在人类法治文明的演进过程中，自近代以来，在政党政治背景下，政党驱动型法治的兴起逐渐成为一种普遍的法治现象与法治潮流。政党驱动型法治首先在西方兴起，随后在中国兴起。中国特色社会主义法治就是在这样的法治潮流中产生的，这是中国特色社会主义法治赖以形成的历史背景。

另一方面，在现代中国，在中国传统与世界潮流的相互交汇中，逐渐形成了中国现代法治的建构方案，亦即现代法治建构的中国方案。中国现代法治由此被建构出来，中国特色社会主义法治由此形成，这就是中国特色社会主义法治的形成机理。简而言之，本书的“引论”部分旨在解释：中国特色社会主义法治兴起的历史背景是什么，以及它是如何建构而成的。

三

作为第二编的“本论”包含四章，分别论述中国特色社会主义法治的历史使命与历史逻辑，以及中国特色社会主义法治理论的性质与体系。这四个方面的内容，都是围绕中国特色社会主义法治以及中国特色社会主义法治理论而展开的，主要回答中国特色社会主义法治是什么，以及中国特色社会主义法治理论是什么，这样一些根本性、基础性、一般性的问题。

“中国特色社会主义法治的历史使命”一章，主要阐述中国特色社会主义法治对人类法治文明的使命、对社会主义事业的使命、对中华民族伟大复兴的使命。先行厘清中国特色社会主义法治承担的多重使命，有助于在不同的坐标系中校正中国特色社会主义法治的方位与角色。接下来，为了揭示中国特色社会主义法治从哪里来、到哪里去，还有必要根据陈寅恪关于“不忘本来”“借鉴外来”之旨趣，描述中国特色社会主义法治的历史逻辑，进而为中国特色社会主义法治“探索未来”。

至于中国特色社会主义法治理论，则是以中国特色社会主义法治为中心的理论构造。这个理论的性质是什么，这个理论的体系应该如何搭建，都需要给予专门的论述。其中，中国特色社会主义法治理论的性质，主要涉及中国特色社会主义法治理论的思想基础、主要特性、学科定位；中国特色社会主义法治理论的体系，应当围绕中国特色社会主义法治的指导思想、演进历程、外部关系、内在结构来编织。

“本论”分述的四章内容构成了本书的主体部分，集中体现了本书关于整体性的中国特色社会主义法治及其理论的理解，因而称之为“本论”。

四

作为第三编的“广论”包含三章。在内容上，“广论”部分虽然也是围绕中国特色社会主义法治展开的，但其赖以展开的关键词稍有扩散，主要涉及社会主义核心价值、中华优秀传统法律文化，它们与中国特色社会主义法治具有密切关联。一方面，中国特色社会主义与法治密不可分，因为法治本身就是社会主义的核心价值，也是中国特色社会主义的核心价值。有鉴于此，如何理解作为社会主义核心价值的法治，也就成为一个有待索解的问题。另一方面，中国特色社会主义法治的“中国性”，在相当程度上是由中华优秀传统法律文化赋予的，着眼于此，中华优秀传统法律文化中的法家与律学，都应当纳入中国特色社会主义法治的理论视野中。归结起来，“广论”部分所关注的两个问题，可以分别在社会主义核心价值、中华优秀传统法律文化这两个不同的方向上，延伸、拓展与深化关于中国特色社会主义法治的理论，有助于在一个更加宽广的视域中呈现中国特色社会主义法治的思想意涵。

以上三个部分之间的关系，可以打个比方来阐明。如果说“引论”相当于一棵树赖以生长的根系及土壤，那么“本论”就相当于一棵树的主干，至于“广论”则相当于一棵树的枝与叶。对于一棵有生命的、正常生长的树来说，它的主干固然重要，然而它的根系、枝叶也不可缺少，甚至为它提供养分的土壤也不可缺少。一棵树，只有扎根沃土、主干挺拔、枝繁叶茂，才是一棵生机盎然的树，才符合人们对一棵树的想象与期待。本书也像一棵树，既需要作为根系、土壤的“引论”，也离不开作为主干的“本论”，还得有作为枝叶的“广论”。

第一编　引论

第一章
政党驱动型法治的兴起

所谓“政党驱动型法治”，就是由政党主导、引领的法治。具体地说，法治的方向由政党把握，法治的形态由政党塑造，法治的精神由政党培植，这样的法治就是政党驱动型法治。那么，从历史过程来看，政党驱动型法治是如何兴起的？从地理空间来看，当代中国兴起的政党驱动型法治与其他地方兴起的政党驱动型法治有何不同？如何从人类法治文明的整体视野来理解近现代兴起的政党驱动型法治？以及，政党驱动型法治对于当代的法治理论及法学理论意味着什么？这样一些相互关联的问题，显然有待于专门探讨。

就相关研究来看，学术史上曾有政府推进型法治道路与自然演进型法治道路的划分。[①] 倘若追根溯源，这种划分可以从理性主义与经验主义的并立关系中找到哲学依据。一般说来，欧陆的思想传统倾向于理性主义，英伦的思想传统倾向于经验主义。这两种思想传统投射到经济研究领域，可以分别对应于

① 郭学德：《试论中国的“政府推进型”法治道路》，《中共中央党校学报》2001年第2期，第113—117页。

“看得见的手”与“看不见的手”，亦即凯恩斯（John Keynes）主张的政府干预与亚当·斯密（Adam Smith）主张的自由放任。如果把这两种思想传统投射到法治研究领域，似乎可以分别对应于政府推进型法治与自然演进型法治。然而，法治与经济在理论逻辑、运行机制等方面，并不完全等同。就政府与经济的关系来看，两者之间可以相对清晰地切割开来。在自由资本主义时期，政府确实可以置身于经济之外。政府对于经济，既可以干预，但确实也可以听之任之，这就是完全自由放任的经济。但是，就政府与法治的关系来看，两者之间则无法相对清晰地切割开来，政府不可能置身于法治之外：一方面，法治本身就包含了法律对政府的约束；另一方面，政府的官方行为其实就是对法律的宣告。在政府与法治所结成的这种关系中，把法治划分为政府推进型法治与自然演进型法治，还面临着一些逻辑上的障碍。

通常情况下，法治都是在历史变迁中自然演进的，都是历史的产物。而且，人类历史上的法治总是呈现出不同的形态：这个地方的法治不同于那个地方的法治，这个时代的法治不同于那个时代的法治。为了理解不同时代、不同地方的法治，关于法治的类型学考察就成为一个有意义的学术领域。如果说政府推进型法治与自然演进型法治的二元划分还有一些尚未克服的难点，那么从驱动力量或主导力量着手，来考察法治的不同类型，并在不同类型的比较中理解当代的政党驱动型法治，或许就是一个值得尝试的选项。这就是我们立足法治的不同类型，来研究政党驱动型法治的基本考虑。

一、政党驱动型法治之前的三种法治

在人类文明史上，政党毕竟是相对晚出的政治社会现象。在近现代意义上的政党形成之前，人类的法治已经走过了一个漫长的历史演进过程。有鉴于此，为了从历史演进角度理解政党驱动型法治的由来，有必要先行考察政党驱动型法治之前的几种法治类型。根据驱动力量的不同，在人类的法治演进历程中，先后出现了神灵驱动型法治、圣王驱动型法治、教会驱动型法治。直至近代，才在政党政治的背景下兴起了政党驱动型法治。

先看神灵驱动型法治。这是人类文明初始时期的法治，代表了人类法治的源头。在中国历史上，神灵驱动型法治主要是传说时代的法治现象。根据《国语·楚语下》，楚昭王向楚国大夫观射父提出了一个问题："《周书》所谓重、黎实使天地不通者，何也？若无然，民将能登天乎？"观射父的回答很有名，他说："非此之谓也。古者民神不杂。民之精爽不携贰者，而又能齐肃衷正，其智能上下比义，其圣能光远宣朗，其明能光照之，其聪能听彻之，如是则明神降之，在男曰觋，在女曰巫。是使制神之处位次主，而为之牲器时服，而后使先圣之后之有光烈，而能知山川之号、高祖之主、宗庙之事、昭穆之世、齐敬之勤、礼节之宜、威仪之则、容貌之崇、忠信之质、禋洁之服，而敬恭明神者，以为之祝。使名姓之后，能知四时之生、牺牲之物、玉帛之类、采服之仪、彝器之量、次主之度、屏摄之位、坛场之所、上下之神、氏姓之出，而心率旧典者，为之宗。于是乎有天地神民类物之官，是谓五官，各司其序，不相乱也。民是以能有忠信，神是以能有明德，民神异业，敬而不渎，故神降之嘉生，民以物享，祸灾不至，求用不匮。"①

楚国大夫观射父的这段话表明，华夏最早的法治秩序是由觋（男）或巫（女）建构的。②觋（或巫）建构了一套完整的法治秩序，具体安排了公共生活的各个方面。但是，在建构法治的过程中，觋（或巫）只是一个载体。觋（或巫）的产生，主要是因为他（或她）既精明又专一，还能一直保持对神明的虔诚，因此神明才降临到他们的身上。这就是说，是降临到觋（或巫）身上的神明驱动着觋（或巫）创制了最初的法治秩序。这里的"神明降之"作为一个思想史事件，在《庄子·天下篇》中变成了一句自问自答："曰：'神何由降？明何由出？''圣有所生，王有所成，皆原于一。'"③《天下篇》中所说的"神明"，虽不像观射父所说的那样具体，但亦可以佐证，"神明降之"确实是一个具有思想意义的事件。"神明降之"这个事件表明，觋（或巫）受到了神明的驱动，神明乃是觋（或巫）创制法治秩序的驱动力量。这种由神明驱动的法治，就是中国历史上最早的

---

① 黄永堂译注：《国语全译》，贵州人民出版社1995年版，第634—635页。

② 此处强调"觋"或"巫"对于华夏早期法治的意义，与此相关联，李泽厚曾有"巫史传统"之说。李泽厚认为，巫史传统"是中国上古思想史的最大秘密：'巫'的基本特质通由'巫君合一''政教合一'途径，直接理性化而成为中国思想大传统的根本特色"。李泽厚：《历史本体论·己卯五说》，生活·读书·新知三联书店2008年版，第162页。当然，我们的观察视角、问题意识都不同于李泽厚的"巫史传统"说。

③ 方勇译注：《庄子》，中华书局2015年版，第567页。

神灵驱动型法治。

神灵驱动型法治既见于华夏，也见于西方。西方文化的源头是古希腊与古希伯来。在这两个源头上，都可以看到神灵驱动型法治的萌生。在古希伯来，《旧约》记载的“十诫”，本身就是神通过摩西之口颁布的，名为“摩西十诫”，实为“神的十诫”（《圣经·出埃及记》20：1—17）。换言之，“摩西十诫”以及整部“摩西五经”建构起来的法治秩序，堪称典型的神灵驱动型法治。根据《新约》，约翰眼里的耶稣呈现为：“我曾看见圣灵仿佛鸽子从天降下，住在他的身上。”（《圣经·约翰福音》1：33）这几乎就是前文所说的“神明降之”。在古希腊，即使在理性高度发达的背景下，神灵对法治的驱动也有迹可循。在这里，发生在雅典的“苏格拉底之死”事件，恰好可以作为解剖古希腊法治的一个典型案例。数千年来，这个案例虽然已经引发了持续不断的诠释，然而从神灵驱动的角度来看，这个案例表明神灵对雅典的法治形成了有力的驱动。《游叙弗伦》交代了苏格拉底与游叙弗伦关于此案的讨论。游叙弗伦说：“据我看，他诬告你，是动摇国本，是祸国的开端。告诉我，他说你做什么诱惑青年。”苏格拉底回答：“我的朋友！耸人听闻的事。他说我是神的创造者；因我创立新神，不信旧神，他说为了维护旧神而提出公诉。”游叙弗伦的解释是：“我了解了，苏格拉底；因为你说神时常降临告诫于你，他便指控你革新神道，到法庭诬告你一番。”[①] 这就是苏格拉底一案的“案由”。现在看来，

① 柏拉图：《游叙弗伦　苏格拉底的申辩　克力同》，严群译，商务印书馆2000年版，第13页。

“苏格拉底之死”固然是一起冤假错案，但是如果回到当时的语境，则可以发现，当初起诉苏格拉底的人并非完全无中生有，因为正如苏格拉底在为自己申辩时所承认的：“我相信，我了解，神派我一个职务，要我一生从事爱智之学，检察自己，检察他人。”[①]这就表明，不论是苏格拉底，还是起诉他的人，以及那个由500人组成的庞大的陪审团队，都有听从神灵的共识。虽然各方理解的神灵及其旨意并不完全相同，但各方都受神灵的驱使则是共性。从这个角度来看，古希腊的法治也有神灵驱动的色彩，也可以归属于神灵驱动型法治——虽然相对于古希伯来而言，神灵驱动的色彩要弱一些、淡一些。

再看圣王驱动型法治。顾名思义，这种法治的驱动者不再是人之外或人之上的神灵，而是人之中的圣王。在华夏历史上，这种圣王的典型代表是尧、舜、禹、汤、文、武、周公、孔子这样一个圣王群体。他们因“内圣”而“外王”。他们中的每一个人都对法治产生了驱动作用。尧对法治的驱动主要见于《尚书·尧典》，我在相关论著中已有专门的分析[②]，这里不再赘述。舜对法治的驱动见于《尚书·舜典》。禹对法治的驱动见于《尚书·禹贡》，特别是《禹贡》末尾所记载的禹关于“五服”的安排。在古典文献中，汤对法治的驱动虽然显得不够生动，但接下来的文王与武王，特别是周公，为西周法治的建构提供了强大的驱动力量。周公制礼作乐，可以说是驱动西周礼乐法治秩

① 柏拉图：《游叙弗伦　苏格拉底的申辩　克力同》，第65页。

② 喻中：《法理四篇》，中国法制出版社2020年版，第153—154页。

序的力量之源。后世习惯于把《周礼》归属于周公的制作，而《周礼》是西周法治的集中表达。周公之后的孔子，按照廖平的《王制学凡例》，“《王制》为孔子所传”，“孔子修《春秋》已，复删《诗》《书》，定《礼》《乐》，终乃系《易》。《诗》《书》《礼》《乐》，皆素王平治之具，为《王制》之节目”[①]。这就是说，《王制》出于孔子，显示了孔子构想的法治秩序。从这样一个圣王谱系中可以看到，从尧舜时代至孔子时代的法治，大体上可以概括为圣王驱动型法治。

圣王驱动型法治还可以在柏拉图的著作中找到相应的论述。在《政治家》一书中，柏拉图写道：“在某种意义上，立法（技艺）属于王者之（技艺），是显而易见的，但是，最好的却不是法治，而是人治——有智慧的国王的统治。”原因在于：“法律从来不曾有能力来准确理解什么对所有人同时是最好与最正义的，也没有能力来施予他们最好的东西，因为人的差异性、人的行动的差异性以及人事的变易性，不承认任何技艺能对一切事物作一简单而永恒之断言。”[②]这几句话表明，在写作《政治家》的时期，柏拉图更加相信“有智慧的国王”，亦即“哲学王”之治。这样的“哲学王”大体上相当于中国历史上的圣王。“哲学王”作为智识层面上的圣王，是国家事务、公共事务的引领者与推动者，当然也是法治的驱动者。除此之外，在希罗多德的笔下还可以见到大流士的一个观点：“没有什么能够比一个

① 蒙默、蒙怀敬编：《中国近代思想家文库·廖平卷》，中国人民大学出版社2014年版，第311页。

② 柏拉图：《政治家》，洪涛译，上海人民出版社2006年版，第75页。

最优秀的人物的统治更好了。”[1] 大流士主张的“一个最优秀的人物的统治”，其实就是亚里士多德所说的“王制”[2]，“王制”亦即圣王之制。柏拉图所说的“哲学王”，大流士主张的“一个最优秀的人物的统治”，还有亚里士多德概括的“王制”，都包含了有关圣王驱动型法治的想象与期待。

人类历史上出现的第三种法治是教会驱动型法治。在欧洲，这样的法治主要见于中世纪。根据伯尔曼（Harold Berman）的研究，对于西方法律传统的形成来说，11 世纪发生的教皇革命是一个重要的事件。他说：“以 1100 年或 1150 年的眼光来看，1000 年北欧和西欧各民族的民俗法显得相当原始。在 1000 年，还没有任何专门的法律学问。不存在受过训练并在教会法院、王室法院、城市法院、庄园法院、商法院或其他法院中充任法官、律师或顾问的法律家阶层。没有把法律作为一个原则的体系、一种法律大全的概念；在这种大全中，不同的、矛盾的习惯和法律得以协调。没有任何法律教科书，也没有任何教授去注释它们。没有把法律作为一种不同于神学和哲学的研究对象的概念；神学和哲学本身也还的确没有被人们想象为是截然不同的学科。”[3] 按照这样的概括，在 11 世纪的北欧与西欧，没有法学家，也没有法官与律师。即使有一些相当原始的民俗法，也不足以支撑一种法律传统。直至 1075 年，罗马教皇格列高利

① 希罗多德：《希罗多德历史》上册，王以铸译，商务印书馆 2011 年版，第 272 页。

② 亚里士多德：《政治学》，吴寿彭译，商务印书馆 2011 年版，第 136 页。

③ 伯尔曼：《法律与革命：西方法律传统的形成》，贺卫方、高鸿钧、张志铭、夏勇译，中国大百科全书出版社 1993 年版，第 91 页。

七世（Gregory VII）发布《教皇敕令》，宣称教皇法庭是整个基督教世界的法庭。这次教皇革命对西方法治的影响极其大，它导致了近代西方法律体系的产生。具体地说："随着教皇革命而来的是产生了一种新的教会法体系和各种新的世俗法体系，附带产生的有：一个职业的法律家和法官阶层，分等级的法院制度、法学院，法律专著，以及把法律作为一种自治的、完整的和发展的原则和程序体系的概念。西方法律传统形成于一种彻底革命的场合，这种革命奋斗的目标是建立'事物的正当秩序'或'世界的正当秩序'。'正当秩序'意味着一种新的划分，即，把社会划分为相互分离的教会权威和世俗权威，意味着把教会权威建为一种政治法律实体，还意味着相信教会权威有责任改造世俗社会。"[①] 教会享有的权威，教会承担的改造世俗社会的责任，表明宗教拥有了驱动法治的力量。

较之于西方中世纪的教会驱动型法治，传统中国的教会驱动型法治另具特色。毕竟，在西方传教士大量进入中国之前，中国历史上没有像基督教那样的宗教。道教作为中国的本土宗教，主要在于追求强身健体或炼丹修仙；佛教作为外来的宗教，主要在于追求从世俗世界中抽离出去。这两种在传统中国长期盛行的宗教，对于中国历史上的法治，都没有产生根本性的驱动作用。相比之下，自汉代以来，随着"罢黜百家，尊崇儒术"成为主导性的政治原则，儒家或儒教对传统中国的法治产生了强大的驱动作用。但是，能否在宗教意义上把儒家称为儒教，

① 伯尔曼：《法律与革命：西方法律传统的形成》，第 140 页。

又是一个有争议的问题。韦伯（Max Weber）认同儒教的宗教性质，他说："儒教（Konfuzianismus）的中国官方称呼即为'士人之教'（Lehre der Literaten）。"[①] 杜维明在《儒教》一书中写道："虽然儒教往往与佛教、基督教、印度教、伊斯兰教、犹太教以及道教并列，被认为是人类历史上的一个主要宗教，但是它从来就不是一个有组织的宗教，也不是一个以宗教礼拜活动为核心的宗教。"[②] 按照这个说法，虽然儒教并不是一个有组织的宗教，但它还是可以作为一种宗教来看待的。在这里，如果我们暂且把儒教看成一种宗教，那么作为宗教的儒教，它对传统中国的法治所产生的驱动作用，就不容低估了。从汉至清两千多年间，儒教通过历代的儒家"士人"群体，从根本上塑造了传统中国的法治精神。由此看来，从汉至清的中国法治都可以归属于教会（儒教）驱动型法治。

概括起来，以上关于神灵驱动型法治、圣王驱动型法治、教会驱动型法治的划分，主要是一种"远距离"观看人类法治演变过程的结果。就像站在远处观看一座山，只能看到山的轮廓，只能看到山势的大致走向。而且，从前一种法治到后一种法治，并没有一扇象征性的门，打开那扇门，迈进那扇门，转变就在瞬间完成，没有那样整齐划一。譬如，古希伯来的神灵驱动型法治固然是比较清晰的，但在古希腊，我就很难精确地指出神灵驱动型法治终于何时，圣王驱动型法治又始于何时。

---

① 韦伯：《中国的宗教：儒教与道教》，康乐、简惠美译，广西师范大学出版社2010年版，第203页。

② 杜维明：《儒教》，陈静译，上海古籍出版社2008年版，第13—14页。

背后的原因就在于，不同地方的法治演变进程先后不一，有的早生，有的晚成。背后的原因还在于，如前所述，不同地方的神灵、圣王、宗教都不是同质化的，而是各具特征。因此，以驱动力量划分历史上曾经出现的三种法治，主要着眼于轮廓上、大势上的划分，这就像庞德（Roscoe Pound）从历时性的角度就社会控制手段所做的划分："社会控制的主要手段是道德、宗教和法律"，最初是道德，然后是宗教，"在近代世界，法律成了社会控制的主要手段"[①]。这样的划分与前文关于法治类型的划分一样，都是着眼于轮廓上、大势上的划分。当然，前述三种不同类型的法治也有其共同点，那就是它们都是在近代之前发生的。当人类社会进入近代以后，一种新的法治类型开始兴起，那就是政党驱动型法治。

二、政党驱动型法治在西方的兴起

随着资本主义革命在欧洲的发生，随着近代意义的政党在欧洲的形成，西方的宗教驱动型法治也随之转向政党驱动型法治。

龚祥瑞写道："现代意义的政党的产生是同近代工业革命相联系的。最早的近代政党是英国的托利党（Tories）和辉格党（Whigs），甚至在17世纪，这两党已在议会里，用散发小册子、公开讲演的方式自由地进行着斗争，下议院的立法程序又一贯

---

① 庞德：《通过法律的社会控制　法律的任务》，沈宗灵、董世忠译，商务印书馆1984年版，第9—10页。

地保护着反对党对政府的攻击。”[1] 正是托利党与辉格党的斗争，促使17世纪的英国法治发生了根本性的变化。

今天的英国经常被称为议会主权式的法治国家，但是，“斯图亚特王朝早期的冲突集中于议会与王权之间的权力斗争。直到1688年光荣革命，在英国政府中永久确立了议会的中心作用，冲突才得以解决。但那时的议会并非一种‘民主’机构，参与政治的人口比例极小。直到19世纪早期，政治参与才扩展到贵族与大量土地所有者贵族之外。其间，议会的至上性由辉格党的宪法评论加以强调，而由继续留恋绝对君主制过去的托利党或多或少地接受”[2]。这就是说，从17世纪晚期至18世纪，“辉格党的宪法评论”不仅驱动了托利党的理论与实践，同时也在相当程度上驱动了英国的宪政与法治，那个时代的英国法治某种程度上就是辉格党驱动的结果。

对辉格党在英国法治领域的驱动作用，恩格斯在《英国宪法》一文中还有深刻的揭示，他说：“现在只要简单地把1688年的英国人同1844年的英国人比较一下，就可证明：如果说两者的宪法基础一样，那是荒谬绝伦，根本不可能的事。即使撇开文明的一般进步不谈，英国目前的政治性质也已经和当时完全不同了。Test-Act（宣誓法），Habeas Corpus Act（人身保护法），Bill of Right（权利法案），是辉格党乘当时托利党的软弱和失败而得以实行的措施，它们都是用来对付这些托利党人，即对付

---

① 龚祥瑞：《比较宪法与行政法》，法律出版社2003年版，第276页。

② 戈登：《控制国家：西方宪政的历史》，应奇等译，江苏人民出版社2001年版，第327页。

君主专制政体和公开或隐蔽的天主教的。”置身于19世纪40年代，恩格斯还注意到了这两个政党的变迁：“最近五十年来老托利党人已经绝迹了，而他们的继承者却采取了直到当时辉格党还奉行的那些原则；从乔治一世即位以来，天主教君主主义的托利党变成了英国国教高教会派贵族政党，而自从使他们初次觉醒的法国革命以来，实际的托利党观点日益成为‘保守主义’的抽象，成为对现状进行毫无思想原则的赤裸裸的辩护，——可是就连这个阶段现在也已经越过了。从罗伯特·皮尔爵士身上可以看出，托利党已决心承认运动，它看出英国宪法不牢靠，只要尽可能长久地保住这个已经腐朽的破架子，它准备做一些让步。辉格党也经历了同样重要的演变。”[①] 演变的结果，就是从昔日的辉格党变成了后来的自由党。

恩格斯的这段话，既阐明了辉格党和托利党分别转向自由党和保守党的历史过程，同时也阐明了辉格党对英国法治的驱动作用。尤其值得注意的是，这段文字出自恩格斯的《英国宪法》这样一篇专门论述英国宪法的文章。然而，恩格斯关于英国宪法的分析，并不像其他研究者那样，主要根据宪法的文本论宪法，或者仅仅止步于英国的内阁、君主、议会这样几个国家机构论宪法。[②] 相反，恩格斯看到了英国的政党对英国宪政与法治的驱动作用，这是很有启示意义的，这也体现了马克思主

---

① 马克思、恩格斯：《马克思恩格斯全集》第1卷，人民出版社1956年版，第680页。

② 譬如，白芝浩关于英国宪法的研究，主要着眼于内阁、君主、贵族院、平民院这几个方面，有关英国政党对英国宪法的驱动作用并无特别的留意。白芝浩：《英国宪法》，夏彦才译，商务印书馆2011年版。

义经典作家在宪法和法治方面的洞察力。

较之于英国资产阶级革命，法国资产阶级革命晚了差不多一个世纪。在法国资产阶级革命爆发前夕，“敏锐的观察家马勒·杜班于1789年1月写得不错：‘一般争论已改变了方向。关于国王、专制及宪法等，都成了次要的问题；现在是第三等级和其他两个等级间的斗争。’”① 1788年7月21日，“三个等级共600名代表在维济尔召开三级会议”，“与此同时，一个由大资产阶级、贵族自由派、僧侣贵族组成的‘爱国党’出现了，其主要成员有法官杜波尔和弗累朵，良库尔公爵、拉法耶特侯爵、孔多塞侯爵、方丈西哀耶士、法院院长圣法若、检察长塞舍尔、厄基养公爵、米拉波伯爵、银行家克拉威埃和潘硕等”②。爱国党成立后，随即参与了法国的资产阶级革命。在革命过程中，“爱国党的宣传曾遭到反对派的驳斥，但政府方面没有给宣传设置任何障碍。既然国王邀请其臣民就三级会议发表见解，爱国党便大批出版小册子，自由地申述他们的愿望。这些宣传巧妙而又审慎，他们援引省议会和多菲内省三级会议的先例，仅仅要求让第三等级的代表名额等于教士和贵族的总数。他们号召各地向政府请愿，各市镇当局于是也自觉或不自觉地担负起这方面的责任”③。在爱国党的推动下，1789年7月，巴黎民众攻占了巴士底狱。

---

① 马迪厄:《法国革命史》，杨人楩译注，商务印书馆2011年版，第38页。

② 丁建定:《略论1787—1788年法国贵族与专制王权的冲突》，《史学月刊》1993年第3期，第107页。

③ 勒费弗尔:《法国革命史》，顾良、孟湄、张慧君译，商务印书馆2011年版，第107页。

1789 年 8 月，爱国党主要成员拉法耶特（Marquis de Lafayette）起草的纲领性文件《人权宣言》正式发表。这篇宣言不仅在法国，甚至在整个西方世界都产生了极大的影响，成为西方近现代法治的思想基础。这篇宣言关于主权在民的规定，关于分权原则的规定，特别是关于私有财产不可侵犯的规定，先后被各个资本主义国家奉为圭臬。两百多年来，世界各国关于《人权宣言》的研究成果可以说是汗牛充栋，然而，如果从政党驱动型法治的角度来看，《人权宣言》也可被视为爱国党驱动的结果。拉法耶特固然为《人权宣言》的起草发挥了重要的作用，但是个人必须借助一个组织、一个团体的支撑与烘托，才可能把他的作用更好地发挥出来，爱国党就是这样一个支撑拉法耶特的政党组织。从这样一个关系来看，爱国党对于《人权宣言》的问世，发挥了重要的驱动作用。

当然，在《人权宣言》发表之后，法国的法治还经历了一个复杂的演进过程。从政党的角度来看，在爱国党之后兴起的法国政党中，雅各宾派与吉伦特派对法国政治及法治的影响更为明显。其中，吉伦特派主要代表资产阶级共和派，倾向于代表资产阶级上层的利益，著名学者孔多塞是他们的主要代言人。相比之下，雅各宾派主要代表资产阶级的下层利益，罗伯斯庇尔是他们的主要代表。由于这两个政党所代表的利益群体不同，所秉持的政治主张各异，因而对法国的法治形成了不同方向的驱动。在吉伦特派当政期间，1792 年颁布的“八月法令”，主要体现了吉伦特派的政治偏好。1793—1794 年，雅各宾派主政，1793 年宪法亦被称为《雅各宾宪法》，同年颁布的最高限价法令，以及1794年颁布的“风月法令”与“花月法令”，都体现了雅各宾派的政治主张。至于1795年的法国宪法，则主要体现了热月党人的意志。概而言之，自1789年以来，在法国大革命的过程中，各种势力反复角逐，宪法与法令被反复修改，法国的法治呈现出动荡不安的特点，这个特点与法国资产阶级革命时期的政党格局密不可分：没有哪个政党获得了广泛而持久的支持。这样的政党格局塑造了法国的法治格局，法国政党对法国法治的驱动由此得以体现。

如果把目光从欧洲转向美洲，可以发现，美国的法治框架主要是由1787年的联邦宪法奠定的。但是，这部联邦宪法的诞生却主要是“联邦党人”驱动的结果。其间，“宪法提案的伟大鼓吹者詹姆斯·麦迪逊和亚历山大·汉密尔顿在《联邦党人文集》中无保留地为宪法的总体设计和具体条款进行辩护，但是，他们的观点在制宪会议上经常受到攻击，而且他们关于能够支配各州的联合政府的观念也遭到了反对”①。在各种阻碍面前，“联邦党人”做出了坚持不懈的努力，其中一个举世瞩目的举动，就是为这个有争议的“新宪法”写下的85篇论文，把这些论文汇集起来，就是今天所见的《联邦党人文集》。系列论文中的第一篇出自汉密尔顿，他在这篇具有纲领性的论文中告诉纽约州人民：“我打算在一系列的论文中讨论下列令人感兴趣的问题：联邦对于你们政治繁荣的裨益，目前的邦联不足以维持联邦，为了维持一个至少需要同所建议的政府同样坚

① 戈登：《控制国家：西方宪政的历史》，第300页。

强有力的政府；新宪法与共和政体真正原则的一致，新宪法与你们的州宪是相类似的，以及，通过新宪法对维持那种政府、对自由和财产的进一步保证。”[①] 汉密尔顿在此所说的“我”，也可以理解为“联邦党人”的代言人汉密尔顿、杰伊、麦迪逊这个群体，因为他们使用同一个笔名“普布利乌斯”对外发言，他们通过85篇论文，有效地扭转了民众及舆论对联邦宪法的态度，最后促成了联邦宪法的诞生。这是一个艰难的过程，但“联邦党人”的努力取得了成功，他们有效地驱动了美国宪政与法治的转变：从松散的邦联走向三权分立的联邦——虽然，也有“这样的可能性，即反联邦党人的主张——应当对《邦联条例》进行温和修改以及宪法偏离美国革命之原则太远——是正确的”[②]。

按照龚祥瑞的梳理：“美国早期的政党是在第一、二届国会中出现的，尽管没有具体的组织形式。凡拥护汉密尔顿加强联邦政府权力的，被称为‘联邦党人’；凡拥护杰弗逊反对加强联邦政府权力的，则被称为‘反联邦党人’。在竞选中，两派议员又把他们的观点传播到选民中间，使选民沾上了党派性，被称作‘两个伟人的身影的延伸’。在1794年至1800年期间，民主、共和两党围绕着1796年总统选举进行了激烈的竞争。为了争取选民的支持，统一本党的行动，两党在联邦、州、地方各级建

---

① 汉密尔顿、杰伊、麦迪逊：《联邦党人文集》，程逢如、在汉、舒逊译，商务印书馆2011年版，第6页。

② 斯托林：《反联邦党人赞成什么：宪法反对者的政治思想》，汪庆华译，北京大学出版社2006年版，第2页。

立起各自的机构。这些机构的核心成员都是一些党魁、竞选鼓动员、代理人等。正是这些人组成了各地的政党，指挥着竞选运动，以各种办法拉拢群众特别是初到美国的移民。议会党团也是在这个时期建立起来的。”① 从此以后，美国的总统、议会无不具有浓厚的党派色彩；联邦最高法院也不能例外，什么样的人能够被提名、被任命为联邦最高法院法官，都有直接的党派方面的根源。美国法治与美国政党的这种关系表明，美国的法治也是一种政党驱动型法治。

华盛顿在其著名的“告别演说”中曾经指出：“一派轮流对另一派进行的统治，会因政党间不和而自然产生的复仇心成为苛政。这种复仇心在不同年代和不同国家中曾犯下最可怕的罪行。因此，这种轮流统治本身就是可怕的专制，并终将导致更加正式的和永久的专制。”② 让华盛顿始料不及的是，他担心的两党轮流统治居然在他身后变成了常态化的政治现实。对于美国的法治来说，两党对美国的轮流统治，就是两党对美国法治的轮流驱动。

以上回顾表明，在近代的英国革命、法国革命、美国革命中，都可以看到政党的巨大身影。随着资本主义革命的成功，获得执政地位的政党既是各个资本主义国家的执政者，同时也是各国法治的驱动者。西方近代以来的政党驱动型法治，就是这样兴起的。

---

① 龚祥瑞：《比较宪法与行政法》，第 278—279 页。

② 华盛顿：《华盛顿选集》，聂崇信、吕德本、熊希龄译，商务印书馆 2011 年版，第 303 页。

三、政党驱动型法治在中国的兴起

在传统中国，根据孔子“君子不党”[①]的理念，不可能形成现代意义上的政党，当然也就不可能有政党驱动型法治的兴起。现代意义上的政党在中国的萌生，始于清朝末年。至于政党驱动型法治在中国的兴起，还得迁延到民国初年。

从源头上说，孙中山既是中国民主革命的先行者，同时也是中国现代意义上的政党的首倡者。1894 年，孙中山在美国檀香山建立了兴中会，这个政治团体可被视为中国现代政党的雏形。1905 年，兴中会与华兴会、光复会等革命团体联合组成了中国同盟会，这是一个比兴中会影响更大的革命政党。清朝的终结与民国的肇始，就是孙中山领导的这个革命政党促成的。1912 年，在中国同盟会的基础上成立了中国国民党。孙中山作为国民党的总理，他的三民主义与五权学说，成为民国法治的指导思想。因而，民国时期的法治，实为孙中山领导的国民党驱动的结果。

1933 年，吴经熊《法律哲学研究》一书在上海出版，收入此书的《三民主义与法律》一文开篇就写道：“三民主义是我们的目标，法律是贯彻三民主义的一种工具。它们是搭档码子。前者是目的，后者为方法。大家都知道三民主义就是民族、民权、民生三个主义。现在分别讨论法律对民族、民权、民生的

---

① 陈晓芬、徐儒宗译注：《论语·大学·中庸》，中华书局 2015 年版，第 85 页。

贡献。”[①]接下来，吴经熊分别阐述了法律如何为民族、民权、民生做出贡献。此外，在初次发表于1935年的《十年来之中国法律》一文中，吴经熊又称：“民国之国体虽变，而法制未能焕然一新。洎乎最近七八年中，国民政府以统一之局，奠都南京，基中山先生五权之制，设立法院专司法律创制修订之责，主其事者，先后有胡展堂、孙哲生两先生。”[②]此处的胡展堂就是1905年加入同盟会的胡汉民，是长期追随孙中山的国民党元老；孙哲生则是孙中山的哲嗣孙科。由胡、孙二人先后主持立法院，不仅有助于贯彻落实孙中山的“五权之制”，更有利于把孙中山的三民主义付诸实践。吴经熊的这两篇文章表明，民国时期的立法、法律与法治，主要基于孙中山的三民主义与五权学说，主要是对孙中山的三民主义、五权学说的实践。孙中山是国民党的创建者与领导人，孙中山对民国法治秩序的引领，就是孙中山领导的政党对民国法治的驱动。

关于国民党对民国法治的驱动，在王世杰、钱端升1927年初版、1942年第四次修订的《比较宪法》一书中，还有更加深刻的论述：“依照孙中山先生的《国民政府建国大纲》，中国在实行宪政以前本应由中国国民党训政，国民政府则仅为建设真正民国的一种工具；所以要阐明国民政府的机构及其实际的地位，我们不能不先阐明党治。”这就是说，理解党治是理解国民政府的前提。“所谓‘党治’即由一党统治，由一党独裁之意。党治与普通所谓独裁政治，其唯一的不同，即前者是一党

① 吴经熊：《法律哲学研究》，清华大学出版社2005年版，第96页。
② 同上书，第88—89页。

的独裁，而后者则是一人的独裁。党治与民治自然是不同的制度；在民治之下，政治取决于全体公民，在党治之下，则政治取决于一党的全体党员，换言之，党可以独裁，而不问党外人民的意见。党的决议，事实上，甚或形式上就等于法律；而且党更可以用决议的方式随时取消或变更法律。以上所述，为采用党治国家通用的现象。中国国民党执政以后，党治制度，不只是一种事实，并已一再著为法律。民国十四年七月一日首次的《中华民国国民政府组织法》本由中国国民党的政治委员会决定；该《组织法》的第一条并规定'国民政府受中国国民党之指导及监督，掌理全国政务'。"[①] 在这个方面，相关的类似规定还有很多。事实上，按照孙中山关于训政的理论逻辑，"党治"就是一个必然的选择。正是在"训政"与"党治"的理论指导下，尤其是在"训政"与"党治"的实践中，政党驱动型法治在20世纪上半叶的中国逐渐兴起。

在20世纪上半叶，孙中山创建、领导的政党充当了作为法治驱动者的角色。但从总体上看，无论是早期的兴中会、同盟会还是后来的国民党，都存在着严重的，甚至是致命的缺陷（详后）。因此，在20世纪中叶，由国民党驱动的法治随着国民党政权在大陆的失败而走向终结，取而代之的是中国共产党领导的法治。这个新旧转换的过程，集中体现在中国共产党1949年2月22日发布的《中共中央关于废除国民党的〈六法全书〉与确定解放区的司法原则的指示》。这篇指示堪称除旧布新的标

---

① 王世杰、钱端升:《比较宪法》，中国政法大学出版社1998年版，第425页。

志性文件，它标志着国民党驱动的法治的终结，同时也标志着一种新法治的全面开启，这就是中国共产党领导的法治。

当然，中国共产党对法治的领导并非始于20世纪中叶，而是伴随着中国共产党成立以来的全过程。在20世纪二三十年代，中国共产党在领导省港大罢工的过程中，就曾组织制定了若干革命法规，设置了专门的执法司法机构。在井冈山时期，中国共产党在局部执政的条件下，组织制定了宪法、土地法、婚姻法等法律法规，积累了党领导法治的初步经验。在延安时期，在中国共产党的领导下，制定了《陕甘宁边区施政纲领》《陕甘宁边区宪法原则》《陕甘宁边去惩治贪污暂行条例》等宪法性文件及相关法律法规，形成了“马锡五审判方式”等极具创造性的司法形式，无论是在立法领域还是在司法领域，都为中国共产党在全国范围内对法治的领导积累了丰富的经验。1949年，随着中国共产党领导中国人民取得全国范围的胜利，中国共产党开启了在全国范围内领导法治的新征程。概而言之，1921年以来，特别是1949年以来，中国共产党对法治的领导，构成了党的领导的一个重要的组成部分。一百多年来，党对法治的领导不断加强、不断改进、不断完善。在这里，如果领导也是驱动的一种形式，那么在当代中国，党对法治的全面领导就造就了当代中国的政党驱动型法治。

关于当代中国的政党驱动型法治的内部问题，特别是其中党领导法治的理论与实践问题，笔者已另有讨论[①]，这里不再重

---

① 喻中：《改进党对法治建设的领导方式》，《北京行政学院学报》2013年第1期。

述。这里只想强调，当代中国的法治作为一种政党驱动型法治，一方面，体现了人类法治演进的一般规律。那就是，从早期的神灵驱动型法治到后来的圣王驱动型法治，再到教会驱动型法治，最后演进到当下的政党驱动型法治。中国从古至今的法治演进历程，特别是当代中国政党驱动型法治的兴起，依然在这个基本规律之内。另一方面，当代中国的法治与20世纪上半叶的法治，以及西方主流国家近代以来的法治，虽然都可以归属于政党驱动型法治，但当代中国的政党驱动型法治既不同于20世纪上半叶的政党驱动型法治，也不同于西方近代以来的政党驱动型法治。

先看当代中国政党驱动型法治与20世纪上半叶的政党驱动型法治的不同。两者之间的差异可以从多个方面加以论述，这里只说其中最重要的一点，那就是政党性质的不同。《中国共产党章程》开篇第一句规定："中国共产党是中国工人阶级的先锋队，同时是中国人民和中华民族的先锋队……"党作为先锋队的性质定位，在马克思主义经典作家的笔下已有深刻的阐述，在中国的历史传统中也可以找到丰厚的文化根源。因而，党作为先锋队的理论与实践，是马克思主义在中国化的过程中全面吸收中华优秀传统文化的产物。① 当代中国政党驱动型法治所取得的巨大成效，也可以通过党的先锋队理论予以解释。反观孙中山及国民党的政治理论，既没有先锋队的性质定位与自我意识，更没有充当先锋队的政治实践。1912年8月，就在中华

① 详细的论述，可以参见喻中：《法理四篇》，第126—159页。

民国正式成立之后，中国国民党正式成立之前，孙中山发表演讲，主张两党制："国中政党，只当有进步、保守二派。此次同盟会与各党合并，即欲使国中只存二党，以便政界竞争。"[①]1913年3月，孙中山在另一次演讲中再次指出："立宪之国，时有党争，争之以公理法律，是为文明之争，园（图）国事进步之争也。若无党争，势必积成乱，逼为无规则之行为耳。"[②]这种强调"党争"的两党或多党政治理论，虽然符合欧美的政治传统，但却无法对接中国固有的历史文化传统，因而没有得到近现代中国历史的选择与接纳。

再看当代中国政党驱动型法治与近现代西方政党驱动型法治的不同。多年以来，针对社会主义法治与资本主义法治的不同，学界已有一些专门的讨论。[③]这些已有的成果虽然主要侧重于意识形态方面的辨析，但也有助于揭示当代中国政党驱动型法治与西方近现代政党驱动型法治之间的差异。不过，从"政党驱动"这个特定的角度来看，两者之间的差异主要还在于中西政党的不同。其一，从政党的性质来看，如前所述，中国共产党具有先锋队的性质，近现代西方政党普遍没有这样的性质。1799年，华盛顿在致帕特里克·亨利的信中写道："我们内部的某个政党竭力以虚构的惊恐来扰乱人心"，"这个政党已成为政府机关的严重负担，并反对政府基于防卫自身安全所采取的

① 孙中山：《孙中山全集》第2卷，中华书局1982年版，第403页。
② 孙中山：《孙中山全集》第3卷，中华书局1984年版，第45页。
③ 譬如，陈雅丽：《社会主义法治理念与资本主义法治理念的两点本质区别》，《武汉大学学报（哲学社会科学版）》2008年第2期。

一切措施。它煽动别国对我国的权利怀有恶意，并公然不顾潮流和人民的不满，置法国利益于本国利益之上，宁愿损害美国利益而为法国辩护”。[1]华盛顿所见的这种政党，是西方近现代政党的一个缩影，它们作为偏私的政党，与当代中国作为先锋队性质的中国共产党，具有本质的差异。其二，从组织的方式来看，中国共产党长期坚持从严管党治党，党的组织纪律严明，党的建设一直受到高度重视。相比之下，近代以来西方主流国家的政党，都没有像中国共产党这样严格的组织与纪律。除此之外，中西政党之间的差异还有很多，学界对此也多有讨论，这里不再展开。正是中国共产党与西方政党在各个方面的巨大差异，让当代中国的政党驱动型法治迥异于西方近现代的政党驱动型法治。

以上两个方面的比较表明，虽然都是政党驱动型法治，但是不同时代、不同国家的政党性质不同、宗旨不同，不同性质、不同宗旨的政党催生了多样化的政党驱动型法治。

上文的论述旨在揭示，在漫长的人类历史中，驱动力量的变迁促成了四种不同类型的法治。其中，神灵驱动型法治最早萌生，随后出现了圣王驱动型法治，接下来又形成了教会驱动型法治，最后兴起了政党驱动型法治。近代以来，不论是西方还是东方，先后都进入了政党驱动型法治时代。政党驱动型法治的兴起，其根源在于政党政治的兴起。归根到底，政党驱动

① 华盛顿：《华盛顿选集》，第336—337页。

型法治是政党政治的伴生物。政党政治背景下的法治，只能是政党驱动型法治。在学术层面认真对待政党驱动型法治，对我们这个时代的法治理论、法学理论的更新，不无裨益。

就法治理论来看，不论是西方主流的法治理论还是中国主流的法治理论，不论是近代的法治理论还是当代的法治理论，很少包含政党这个因素。[①] 政党在法治理论中长期缺位。塔玛纳哈（Brian Tamanaha）在《论法治：历史、政治和理论》一书中提出："有三部早期巨著，它们在成就和影响力上位居所有其他著作之上，巩固了法治在自由主义制度中不可或缺的地位：洛克的《政府论》（下篇）（1690 年），孟德斯鸠的《论法的精神》（1748 年），以及麦迪逊、汉密尔顿和杰伊的《联邦党人文集》（1787—1788 年）。"[②] 这就是说，对西方近代的法治理论来说，这"三部早期巨著"比其他著作产生了更大的影响。然而，这"三部早期巨著"的主要旨趣在于阐明法治对自由主义的意义，简而言之，自由离不开法治。塔玛纳哈还一般性地总结了当代的形式法治理论与实质法治理论。其中，形式法治理论包括从"比较薄弱"到"比较浓厚"的三个版本，分别是"以法而治——法律是政府的工具""形式合法性——普遍，面向未来，明晰，确定""民主＋合法性——合意决定法律的内容"；实质法治理论也包括从"比较薄弱"到"比较浓厚"的三个版

① 作为一个例外，拉德布鲁赫的法律哲学对此略有关注，"他认为，关于法律的价值，我们还可以从各政党的意识形态来加以分析"。沈宗灵：《现代西方法理学》，北京大学出版社 1992 年版，第 45 页。

② 塔玛纳哈：《论法治：历史、政治和理论》，李桂林译，武汉大学出版社 2010 年版，第 59 页。

本，分别是“个人权利——财产，隐私，自治”“尊严和/或正义”“社会福利——实质平等，福利，共同体的存续”。[①]塔玛纳哈关于法治理论的这些总结与梳理，大体上反映了当代西方学界关于法治的构想。从中可以看到，不论是形式法治的理论还是实质法治的理论，不论是“比较薄弱”的法治理论还是“比较浓厚”的法治理论，都不涉及政党，至少没有彰显政党与法治的关系。

在有关神灵驱动型法治的古代文献中，神灵的意义得到了凸显；在有关圣王驱动型法治的古代文献中，圣王或“哲学王”的意义得到了凸显；在有关教会驱动型法治的古代文献中，西方的教会或华夏的“士人之教”中的士人群体也得到了凸显。然而，在政党驱动型法治已经全面兴起的背景下，在西方近代以来的法治理论中，政党的意义却并未得到彰显。如果要追问背后的原因，或许可以归结为，西方近代兴起的政党，乃是一种普通的政治团体，西方的政党追求政治权力，与普通的企业追求经济利益，并没有本质的区别。西方的政党普遍不设门槛，任何人都可以随时加入一个政党，也可以随时退出一个政党。这样的政党，近似于俱乐部，既没有先锋队的性质，在道义上也不具有特殊优势。因此，如前所述，像华盛顿这样的政治人物，也对政党充满了戒心与疑虑。迁延至当代，虽然西方政党对西方法治的驱动一以贯之，但在法治理论家那里，政党的意义依然得不到彰显。

---

① 塔玛纳哈:《论法治：历史、政治和理论》，第117页。

20世纪80年代以来，法治理论一直是中国法学领域的热点。但是，数十年间的主流法治理论，主要还是在借鉴西方法治理论的基础上发展起来的。譬如，夏勇的《法治是什么？——渊源、规诫与价值》一文就颇具代表性。[①] 此文在旁征博引的基础上，把法治的要素归结为十项："有普遍的法律""法律为公众知晓""法律可预期""法律明确""法律无内在矛盾""法律可循""法律稳定""法律高于政府""司法权威""司法公正"。[②] 这种关于法治的构想主要涉及两个方面：法律本身应当符合的标准；司法本身应当符合的标准。这样的法治理论，主要是参考借鉴拉兹、富勒等人的法治理论的产物。在这样的法治理论中，同样看不到政党的身影。但是，自近代以来，法治普遍由政党驱动、由政党主导、由政党塑造，西方如此，中国尤甚。换言之，政党驱动型法治乃是当代法治的常态。对于这种常态化的政党驱动型法治，我们这个时代的法治理论应当有所回应。

从更宽的理论视野看，既然法治由政党驱动，那就意味着法也是由政党驱动的。因此，政党驱动型法治不仅有助于更新这个时代的法治理论，还有助于更新这个时代的法学理论。从20世纪50年代至70年代末80年代初，"国家与法的理论"在

---

① 此文先行发表在《中国社会科学》1999年第4期，稍后又收入《公法》第2卷。此文还在北京大学举办过专门的讨论会。详见《〈法治是什么？〉讨论会纪要——北大举办夏勇法治论文讨论会》，载夏勇：《朝夕问道：政治法律学札》，上海三联书店2004年版，第43—72页。

② 夏勇：《法治是什么？——渊源、规诫与价值》，载夏勇编：《公法》第2卷，法律出版社2000年版，第14—22页。

中国一直盛行——这是“法理学”或“法学理论”这个学科曾经用过的名称。虽然在 20 世纪 80 年代中期以后，“国家与法的理论”这个名称较少使用，但是法与国家的固有关系依然是一个不言而喻、不证自明的前提。譬如，法是国家意志的体现、法是国家制定或认可的行为规范等，这样一些观点或论断，既是通说，也是常识。在这种常识的背后，其实就是国家与法的关系问题。但是，如果从政党驱动型法治的角度来看，我们就会发现：法在形式上出于国家，但在实质上出于政党；法是国家意志的体现，但法更是政党意志的体现；国家打造了法的躯壳，但政党规定了法的灵魂；进而言之，法与国家不可分，法与政党也不可分。这就意味着，这个时代的法学理论固然要研究出于国家的法，但同时也应当研究出于政党的法。我们不仅需要凯尔森已经写成的《法与国家的一般理论》[①]，也需要一部《法与政党的一般理论》，甚至还需要一部《法与政党、国家的一般理论》。只有这样的法学理论，才可能更加精准地回应政党驱动型法治对法学理论的期待。

① 凯尔森：《法与国家的一般理论》，沈宗灵译，中国大百科全书出版社 1995 年版。

第二章
现代法治建构的中国方案

在全面依法治国的背景下，中国式法治现代化构成了中国式现代化的重要组成部分。中国式法治现代化的实质，是建构基于中国国情的现代法治，亦即建构中国特色社会主义法治。那么，在应然层面，中国的现代法治应当如何建构？在实然层面，中国的现代法治是如何建构的？结合应然与实然、历史与当下、理论与实践，现代法治建构的中国方案是什么？中国现代法治的建构方式是什么？提出并思考这样的问题，主要基于以下几个方面的考虑。

首先，思考现代法治建构的中国方案，有助于描述中国式法治现代化的中国特色。中国式法治现代化作为中国共产党领导的社会主义法治现代化，既有各国法治现代化的共同特征，更有基于自己国情的中国特色。如果说世界各国法治现代化的共同特征可以通过抽取各国法治现代化的最大公约数（如正当程序、人权保障）来呈现，那么中国式法治现代化的中国特色则是一个典型的中国问题。研究现代法治建构的中国方案，不仅可以在法治维度展示中国式现代化的中国特色，而且可以集中呈现中国式法治现代化蕴含的中国精神与中国风格，亦即彰明中国式法治现代化的中国特色。

其次，思考现代法治建构的中国方案，有助于总结中国式法治现代化的基本经验。中国式法治现代化不是一座突然降临的“飞来峰”，它必然要经历一个漫长的探索过程。早在1904年，梁启超就提出：“逮于今日，万国比邻，物竞逾剧，非于内部有整齐严肃之治，万不能壹其力以对外。”于是，“法治主义，为今日救时唯一之主义”。[①] 这个论断表明，早在20世纪初，回应“救时”需求的“法治主义”，就已经进入先进中国人的视野之中。如何建构中国的现代法治，作为一个现实性的问题，在那个时代就已经提出来了。从那以后，直至今日，在一百多年的现代化历程中，历代中国人持续不断地探索现代法治建构的中国方案，既有成功的经验，也有失败的教训。相关的经验与教训，已经成为中华民族的一笔精神财富。研究中国式现代化进程中逐渐清晰起来、逐渐凝聚而成的法治建构方案，就是在回顾并总结现代法治建构的历史经验。

最后，思考现代法治建构的中国方案，有助于把握中国现代法治的构成要素。中国现代法治到底是一种什么样的法治？它的构成要素是什么？譬如说，富勒立足于西方传统，把欧美现代法治的相关要求概括为：第一，法律具有一般性，“可以将此表述为一般性要求”；第二，“法律必须被公布”；第三，“溯及既往型法律真的是一种怪胎”；第四，法律应当具有“清晰性”；第五，“避免法律中的不经意的矛盾”；第六，法律不

---

① 梁启超：《中国法理学发达史论》，载《梁启超全集》第5册，北京出版社1999年版，第1255页。

能“要求不可能之事”；第七，“法律不应当频繁改动”；第八，“官方行动与公布的规则之间的一致性”。[1] 这八项要求，可以理解为欧美现代法治的构成要素。如果这样的理论概括是必要的，那么中国现代法治的构成要素是什么，显然是一个有待回答的问题。思考现代法治建构的中国方案，有助于回答这个问题。

基于以上几个方面的理论旨趣，本章考察中国式法治现代化的历史与现实、理论与实践、应然与实然，将现代法治建构的中国方案，从四个方面予以描述。这四个方面分别是：党中央集中统一领导的法治领导体制、人民至上的法治德性准则、面向国家治理的法治功能定位、传承中华优秀传统法律文化的法治历史意识。这四个方面可以描述中国现代法治的建构方式。

一、党中央集中统一领导的法治领导体制

中国式现代化是中国共产党领导的社会主义现代化。作为中国式现代化的一个组成部分，中国式法治现代化当然也是中国共产党领导的法治现代化。这就是说，中国现代法治是在中国共产党的领导下建构起来的。进一步看，如果把党领导法治的体制称为法治领导体制，那么党中央集中统一领导就是这个法治领导体制的关键所在。从这个意义上说，党中央集中统一领导的法治领导体制构成了中国现代法治建构方案中的一根主

---

① 富勒:《法律的道德性》，郑戈译，商务印书馆2011年版，第55—96页。

轴。党中央集中统一领导的法治领导体制所蕴含的理论逻辑，可以从三个层层递进的环节予以展示。

（一）党作为先锋队的性质与党对法治的领导

无论是党对法治的领导，还是法治领导体制，重心都在于党的领导。如果要探讨党的领导的法理依据，那就应当注意党的性质。关于党的性质，《中国共产党章程》总纲开篇即规定："中国共产党是中国工人阶级的先锋队，同时是中国人民和中华民族的先锋队。"简而言之，中国共产党具有先锋队的性质。

先锋队是什么？如何理解作为党的性质的先锋队？对此，施米特在《当今议会制的思想史状况》一文中提供了一种解释："一个时代的精神并不把自身同时托付给每一个人的意识，也不会现身于主导民族或社会集团的每一个成员。总是有一支世界精神的先头部队、一个发展和自觉的顶端、一个先锋队，它有采取行动的法权，因为它拥有正确的知识和意识。"[①] 施米特在此所说的"采取行动的法权"，本质上就是领导权。

这种领导权的依据，在于"拥有正确的知识和意识"。由此，我们可以把握先锋队的要义：先锋队既是"知识"的先锋队，代表了"先进知识"的发展方向；同时也是"意识"的先锋队，代表了"先进意识"的发展方向。进一步看，中国共产党作为这种先锋队的性质，又是如何转化成中国共产党的领导权的？对于这个问题，葛兰西（Antonio Gramsci）的解释颇有

① 施米特：《政治的浪漫派》，冯克利、刘锋译，上海人民出版社2004年版，第206页。

参考意义，他说："从前产生的各种意识形态变成不同'政党'，互相对峙和冲突，直到其中一个或至少一种联合开始盛行、占上风、并在社会中传播——不仅带来经济和政治目标的一致，也引起精神和道德的统一，产生各种问题，围绕这些问题风行的斗争不是建立在团体的基础上，而是建立在'普遍的'基础上，从而造成某个基本社会集团对一系列从属社会集团的领导权。"[①] 按照葛兰西的论述，领导权既是知识和文化的领导权，也是精神和道德的领导权，当然也是意识形态的领导权。他还说："一个社会集团能够也必须在赢得政权之前开始行使'领导权'（这就是赢得政权的首要条件之一）。"[②]

葛兰西描述的这种规律，可以用来解释中国共产党作为先锋队的性质与中国共产党的领导之间的因果关系：首先，中国共产党是在民国初期多种政党相互冲突、相互竞争的政治格局中兴起的；其次，中国共产党成立之后，与其他政党（如国民党）经历了各种各样的斗争，其间也有各种各样的合作；最后，中国共产党"开始盛行、占上风"，中国共产党不仅形成了一致的政治目标，而且促成了精神和道德的统一。因而，在 1949 年新中国成立之前，中国共产党就已经形成了对全社会的领导。譬如，延安时期的中国共产党，尽管物质条件相当匮乏，却依然吸引了大批华夏英才从四面八方奔赴过来。其间，"华侨领袖陈嘉庚公开表示：'中国的希望在延安'。美国驻华使馆的外交

① 葛兰西：《狱中札记》，曹雷雨、姜丽、张跣译，河南大学出版社 2014 年版，第 227 页。

② 同上书，第 59 页。

官戴维斯、谢伟思在写给美国国务院的报告中”也认为，“在短短的几年中，共产党‘将成为中国唯一的主导力量’”。[①] 这样的历史过程、历史事实足以证明，中国共产党既有先锋队的自我意识，也是名副其实的先锋队。

中国共产党作为先锋队的名与实，不仅为中国共产党的领导（当然包括党对法治的领导）奠定了法理基础，而且还保障了中国共产党领导的法治能够在世界法治现代化进程中占据先进地位。因为，如前所述，充当先锋队的前提，就是拥有正确的知识。换言之，只有始终代表先进知识、先进文化的发展方向，才可能成为先锋队。在先进知识、先进文化的谱系中，先进的法治知识、法治文化是一个重要的组成部分。这就是说，中国共产党拥有正确、先进的法治知识与法治文化，是中国共产党作为先锋队的题中应有之义。从这个角度来看，中国共产党作为先锋队的性质，不仅从法理上支撑了党对法治的领导，而且确保了中国共产党领导的法治是先进的现代化的法治。

（二）党中央集中统一领导是法治领导体制的关键所在

前文的分析，旨在阐明为什么要坚持党对法治的领导。在此基础上，我们可以进一步讨论：党对法治的领导到底如何展开？回答是：党对法治的领导依赖于党领导法治的体制，亦即法治领导体制。法治领导体制的关键，是党中央对法治的集中

---

① 中共中央党史研究室：《中国共产党的九十年》，中共党史出版社 2016 年版，第 235 页。

统一领导。这就是说，党对法治的领导，具体体现为党中央集中统一领导的法治领导体制。

从思想基础来看，早在 1988 年，邓小平对这样的领导体制已有了原则性的论述。他说："我的中心意思是，中央要有权威。改革要成功，就必须有领导有秩序地进行。没有这一条，就是乱哄哄，各行其是，怎么行呢？"为了防止各行其是，"我们要定一个方针，就是要在中央统一领导下深化改革"。[①] 所谓"中央要有权威"，就是要加强党中央集中统一领导。邓小平的这些论述，虽然是针对深化改革而提出的，但具有普遍的指导意义。深化改革固然需要加强党中央集中统一领导，依法治国同样离不开党中央集中统一领导。如果没有党中央集中统一领导这一条，依法治国也会各行其是，法治也会陷入"乱哄哄"的泥淖。

从制度依据来看，法治领导体制就是党对法治的领导体制。法治领导体制总是镶嵌在党的组织制度与领导制度之中。关于党的组织制度与领导制度，《中国共产党章程》第十条规定了民主集中制的基本原则，这个基本原则的第一项内容就是："党员个人服从党的组织，少数服从多数，下级组织服从上级组织，全党各个组织和全体党员服从党的全国代表大会和中央委员会。"党章中的这项明确规定，为党中央集中统一领导的法治领导体制提供了制度依据。

从历史经验来看，党中央集中统一领导的法治领导体制是中国共产党全面总结党的百年奋斗重大成就和历史经验得出的

① 邓小平：《中央要有权威》，载《邓小平文选》第 3 卷，人民出版社 1993 年版，第 277—278 页。

结论。2021年11月11日通过的《中共中央关于党的百年奋斗重大成就和历史经验的决议》，反复强调了党中央集中统一领导的体制。譬如，决议在“序言”部分提出：“总结党的百年奋斗重大成就和历史经验”，是“坚决维护党中央权威和集中统一领导，确保全党步调一致向前进的需要”。[①] 决议在“开创中国特色社会主义新时代”部分又提出：“党中央集中统一领导是党的领导的最高原则，加强和维护党中央集中统一领导是全党共同的政治责任，坚持党的领导首先要旗帜鲜明讲政治，保证全党服从中央。”“党的十八大以来，党中央权威和集中统一领导得到有力保证，党的领导制度体系不断完善，党的领导方式更加科学，全党思想上更加统一、政治上更加团结、行动上更加一致，党的政治领导力、思想引领力、群众组织力、社会号召力显著增强。”[②] 决议在“中国共产党百年奋斗的历史经验”部分再次强调：“治理好我们这个世界上最大的政党和人口最多的国家，必须坚持党的全面领导特别是党中央集中统一领导，坚持民主集中制，确保党始终总揽全局、协调各方。”[③] 这些关于党中央集中统一领导的论述，作为历史经验的昭示，为党中央集中统一领导的法治领导体制提供了历史经验上的依据。

无论是从思想基础、制度依据还是从历史经验来看，都应当坚持党中央集中统一领导的法治领导体制。在此基础上，党

① 《中共中央关于党的百年奋斗重大成就和历史经验的决议》，《人民日报》2021年11月17日，第1版。

② 同上文，第6版。

③ 同上文，第8版。

的二十大报告提出："坚持和加强党中央集中统一领导。""健全总揽全局、协调各方的党的领导制度体系，完善党中央重大决策部署落实机制，确保全党在政治立场、政治方向、政治原则、政治道路上同党中央保持高度一致，确保党的团结统一。"概而言之，党中央集中统一领导的法治领导体制，是党的二十大报告的要求与全面依法治国相结合的产物，是党的二十大报告的要求在现代法治建构方案中的具体体现。

（三）发展创新党中央集中统一领导的法治领导体制

数十年来，党中央集中统一领导的法治领导体制在探索中不断发展创新，并在发展创新中不断完善。回顾历史，可以看到：1956年，党中央成立了中央法律委员会，以之承载党中央对法治的领导；1958年，党中央成立了中央政法小组，取代中央法律委员会；1980年，党中央成立了中央政法委员会；1988年，党中央决定撤销中央政法委员会，代之以中央政法领导小组；1990年，党中央决定恢复中央政法委员会。从中央法律委员会到中央政法小组再到中央政法委员会，再从中央政法领导小组回归中央政法委员会，体现了党中央对法治的领导体制的变迁。

2018年，党中央组建了中央全面依法治国委员会，这是中国共产党历史上第一次设立这样的机构，目的就是加强党中央对全面依法治国的集中统一领导。习近平总书记指出，党中央组建中央全面依法治国委员会，主要有三个方面的考虑："第一，这是贯彻落实党的十九大精神，加强党对全面依法治国集中统一领导的需要。""第二，这是研究解决依法治国重大事项、重大问题，协调推进中国特色社会主义法治体系和社会主义法治国家建设的需要。”“第三，这是推动实现‘两个一百年’奋斗目标，为实现中华民族伟大复兴中国梦提供法治保障的需要。”①

关于中央全面依法治国委员会的职责，习近平总书记指出：“委员会是管宏观、谋全局、抓大事的，要站得高一些、看得远一些、想得深一些，既要破解当下突出问题，又要谋划长远工作，把主要精力放在顶层设计上。委员会在全面依法治国重大决策、重大问题上居于牵头抓总的位置，要增强‘四个意识’，坚定‘四个自信’，站好位、履好职、尽好责，主动谋划和确定中国特色社会主义法治体系建设的总体思路、重点任务。要把全面依法治国放到党和国家工作大局中去思考，研究提出战略性、前瞻性的方案。要做好全面依法治国重大问题的运筹谋划、科学决策，实现集中领导、高效决策、统一部署。委员会要统筹整合各方面资源和力量推进全面依法治国，重点推动解决部门、地方解决不了的重大事项，协调解决部门、地方之间存在分歧的重大问题。要推动把社会主义核心价值观贯穿立法、执法、司法、守法各环节，使社会主义法治成为良法善治。”②从实践效果来看，中央全面依法治国委员会组建以来，“从全局和战略高度对全面依法治国又作出一系列重大决策部署，推动我国社会主义法治建设取得历史性成就、发生历史性变革，全面依

① 习近平：《在中央全面依法治国委员会第一次会议上的讲话》，载《论坚持全面依法治国》，中央文献出版社 2020 年版，第 222—225 页。

② 同上书，第 235—236 页。

法治国实践取得重大进展”[①]。概而言之，中央全面依法治国委员会的组建，是为了加强党中央对法治的集中统一领导，是创新发展党中央集中统一领导的法治领导体制的最新成果。

二、人民至上的法治德性准则

人民至上的法治德性准则，既夯实了中国现代法治的伦理基础，同时也彰显了中国式法治现代化的中国特色，因而在现代法治建构的中国方案中，占据了一个不可或缺的重要地位。

（一）法治的德性与法治德性准则

在现代法学理论或法治理论的谱系中，关于法与德的关系，一直受到普遍而广泛的关注。尤其是在自然法学或价值论法学的视野中，法与德的关系几乎充当了其理论演进的主轴。在当代中国通行的法理学教科书中，一般都会设置一个专门的章节论述法与德的关系。概而言之，在法学理论的发展史上，关于法的道德性的论述，早已汗牛充栋，不胜枚举。相比之下，法治的道德性作为一个法理学问题，至今还没有受到足够的重视。

法治的道德性也可以简称为“法治的德性”。那么，德性又是什么呢？按照亚里士多德的界定：“德性既不是感情也不是能力，那么它们就必定是品质。这样我们就从种类上说明了德性是什么。但我们不仅仅要说明德性是品质，而且要说明它是

① 习近平：《以科学理论指导全面依法治国各项工作》，载《论坚持全面依法治国》，第2页。

怎样的品质。可以这样说，每种德性都既使得它是其德性的那事物的状态好，又使得那事物的活动完成得好。”[①] 简而言之，某种事物的德性，就是保障这种事物状态良好、活动良好的品质。因而，法治的德性，就是让法治保持性能良好的品质。然而，法治的性能是否良好，又取决于法治的核心关切。譬如，在秦国的商鞅看来，如果法治能够实现富国强兵，那么法治就是有德性的。所以，在商鞅或秦孝公看来，富国强兵是法治的德性准则。

然而，商鞅理解的法治，仅仅代表了法治的一种类型。按照汉代王充的二元划分，商鞅期待的法治，不妨称之为“秦国式法治”；与秦国式法治形成鲜明对照的，还有一种法治，那就是“魏国式法治”。当然，在王充的用语中，没有“法治”一词，他使用的概念是“法度”，他说：“养三军之士，明赏罚之命，严刑峻法，富国强兵，此法度也。案秦之强，肯为此乎？六国之亡，皆灭于秦兵。六国之兵非不锐，士众之力非不劲也，然而不胜，至于破亡者，强弱不敌，众寡不同，虽明法度，其何益哉？使童子变孟贲之意，孟贲怒之，童子操刃，与孟贲战，童子必不胜，力不如也。孟贲怒，而童子修礼尽敬，孟贲不忍犯也。秦之与魏，孟贲之与童子也。魏有法度，秦必不畏，犹童子操刃，孟贲不避也。其尊士式贤者之间，非徒童子修礼尽敬也。夫力少则修德，兵强则奋威。秦以兵强，威无不胜。却军还众，不犯魏境者，贤干木之操，高魏文之礼也。夫敬贤，

① 亚里士多德:《尼各马可伦理学》，廖申白译注，商务印书馆2003年版，第45页。

弱国之法度，力少之强助也。谓之非法度之功，如何？”[①] 王充所说的“法度之功”就是“法治之功”，亦即法治的德性。如果秦国式法治的德性准则可以概括为“富国强兵”，那么魏国式法治的德性准则主要就是“修礼尽敬”。

如果超越王充关于法度的两分法，从更宽的视野看，不同国家、不同时代的法治，都有其特定的德性准则，亦即特定的“法度之功”。譬如，在欧洲中世纪，法治的德性准则集中体现为信奉上帝，正像托马斯·阿奎那（Thomas Aquinas）所言：永恒法“起源于神的智慧”，“上帝仗其智慧成为万物的创造者，他对万物的关系正如艺术家对他的艺术产品的关系一样”，“既然永恒法是最高统治者的施政计划，那些以部属身份进行管理的人的一切施政计划，就必须从永恒法产生”。[②] 上帝是万物的创造者，也是最高的统治者。在这样的时代背景下，尊奉上帝就成为欧洲中世纪的法治德性准则。

19 世纪的欧洲自由主义盛行，法治的德性准则主要是个人自由或个体的优先性。在这样的时代背景下，如果法治能够维护、保障个人自由，那么它就是性能优良的法治。表面上看，保障个人自由或个体优先是一个完美的德性准则，然而在个人自由或个体优先的背后，却是资本家规定工资、规定工时的自由，以及穷人晚上睡桥洞、睡大街的自由。这就正如恩格斯在 1844 年的《英国宪法》一文中所言：“英国无疑是地球上（北美

① 黄晖:《论衡校释》，中华书局 2018 年版，第 380 页。

② 阿奎那:《阿奎那政治著作选》，马清槐译，商务印书馆 2011 年版，第 113—114 页。

也不除外）最自由的，即不自由最少的国家。”[①] 然而，“我们看到，王权和上院已经失去了作用；我们看到，掌握大权的下院是用什么方法来补充成员的；现在的问题是：实质上究竟是谁统治着英国呢？是财产”。“英国宪法实际上已经根本不存在了；全部漫长的立法过程纯粹是一场滑稽戏”，“我们看到，在英国宪法中，各种权力纯粹是在恐惧的基础上组合在一起的”。[②] 正是欧洲 19 世纪流行的这种以个人自由为中心的法治德性准则，催生了马克思主义以及风起云涌、声势浩大的国际共产主义运动，并促成了 20 世纪兴起的以社会平等为法治德性准则的所谓福利立法。

（二）作为法治德性准则的人民至上及其文化渊源

如果把法治德性准则理解为让法治变得更好、让法治性能变得更优的品质，那么现代法治建构的中国方案关于法治德性的选项，就是人民至上。把人民至上作为德性准则的法治，是指尊重人民意愿、维护人民利益的法治。简而言之，就是为了人民的法治。如果说党中央集中统一领导的法治领导体制主要增添了中国现代法治的有效性，那么人民至上的法治德性准则就主要增添了中国现代法治的正当性。

人民至上的法治德性准则深刻地体现了中国式法治现代化的中国特色，因为人民至上是一个根植于中华优秀传统文化的德性准则，具有深厚的文化根基。如果要追根溯源，人民至上

---

① 马克思、恩格斯：《马克思恩格斯全集》第 1 卷，第 678 页。

② 同上书，第 687—689 页。

的文化源头甚至可以追溯到尧舜时代的皋陶。

《尚书·皋陶谟》记载，在帝舜在场的背景下，皋陶和禹一起讨论国家治理。皋陶先讲德性对于改进国家治理的意义，然后提出德性在国家治理实践中的两个要点："在知人，在安民。"清代孙星衍对这两个要点的解释是："民，谓众民；人，谓官人也。《诗·假乐》云：'宜民宜人。'传云：'宜安民，宜安人也。'疏云：'民、人，散虽义通，对宜有别。'《汉书·薛宣传》谷永上疏曰：'帝王之德莫大于知人。知人则百僚任职，天工不旷，众职修理。奸轨绝息。'引此文而说之也。皋陶既以修身睦族告禹，又云此者，宗族贵戚人才不一，务在知而器使之。民众在下，在遍安之，其政乃可及远也。"[①] 曾运乾认为："言知人则能器使，安民则众民思归之也。"[②] 结合这些注与疏，可以更好地理解皋陶的核心观点：国家治理的关键在于德性，而德性的实践要点主要是"知人"与"安民"。

皋陶关于"知人"与"安民"的观点，主要是讲给禹听的。换言之，禹是知道皋陶的这个观点的。又据《尚书·五子之歌》，太康是禹之孙、启之子，他当政时，身处尊位却不履行职责，完全丧失了应有的德性，众民都怀有二心。在这样的政治背景下，他居然还在外面打猎游乐。他的五个弟弟都抱怨他，他们重述了"皇祖"的教导而写下了"五子之歌"，其中的一首称："皇祖有训，民可近，不可下。民惟邦本，本固邦

① 孙星衍：《尚书今古文注疏》，陈抗、盛冬铃点校，中华书局1986年版，第78页。

② 曾运乾注：《尚书》，黄曙辉校点，上海古籍出版社2015年版，第27页。

宁。”[①] 如果把“皇祖有训”解释为“五子”的祖父禹留下来的训诫，再结合《皋陶谟》展示的对话场景，那么这里的“民惟邦本”与皋陶所说的“在安民”就具有文化上的源流关系，“五子”重述的“皇祖”之训，其实源于皋陶关于德性、知人、安民的论述。在经历了从皋陶到禹再到“五子”的不断重述之后，“民惟邦本”作为一个基本的德性准则，由此得以确立，并一直居于中国传统文化的核心地带。

从早期中国萌生的“民惟邦本”到当代中国遵循的“人民至上”，体现了对中华优秀传统文化的创造性转化、创新性发展。在传统中国，“民惟邦本”主要是作为政治德性准则而存在的。在当代中国，人民至上既是一个政治德性准则，同时也是一个法治德性准则。

（三）人民至上的法治德性准则在法治实践中的运用

人民至上的法治德性准则具有强烈的实践指向，在中国法治现代化进程中具有广泛的实践空间。在现代法治建构的任何环节、领域、层面、维度，都应当遵循人民至上的法治德性准则。其实践要义，可以从两个不同的方面加以阐明。

一方面，尊重人民在法治领域的创造。历史是人民创造的，归根到底，法治也是人民创造的。按照人民至上的法治德性准则，中国现代法治的建构应当尊重人民的创造。在这个方面，当代中国已经形成了丰富的实践，同时也积累了丰富的经验。譬如，延安时期中国共产党领导的各级抗日民主政权机构的领导

---

① 王世舜、王翠叶译注：《尚书》，中华书局2012年版，第369页。

人，都要经过人民选举产生。“在实际投票中，群众有许多创造，如采取了投豆、画圈、画杠、燃香在纸上烧眼等选举办法”[①]，人民群众在选举法治领域的这些创造，都得到了足够的尊重。再如，“1978 年，安徽省遭受大旱灾，秋种遇到严重困难。在严峻的形势下，安徽省委决定把部分土地借给农民种麦种菜，所产粮菜不征购、不计口粮”。“这年 11 月，在借地唤起农民生产积极性的启发下，有些地方的基层干部和农民冲破体制的限制，自发地采取了包干到组和包产到户的做法。凤阳县梨园公社小岗村 18 户农民创造出‘包干到户’，其做法是生产队与每户农民约定，先把该缴给国家的、该留给集体的都固定下来，收获以后剩多剩少都是农民自己的。这个办法简便易行，最受农民欢迎。四川省委也支持农民搞包产到组，允许和鼓励社员经营正当的家庭副业。其他一些省份也采取了类似做法。这些大胆的尝试，揭开了我国农村改革的序幕。”[②] 从法治的角度来看，小岗村 18 户农民的创造，在相当程度上构成了中国农村法治现代化的一个源头。他们在农村法治领域的创造，数十年来一直得到了高度的尊重。

另一方面，建构为人民服务的法治。这样的要求看似抽象，其实已经转化成了生动的实践。尤其是在执法、司法活动中，服务人民的法治实践随处可见。譬如，江西省贵溪市法院泗沥法庭庭长周淑琴的司法活动，就体现了为人民服务的德性准则。根据 2021 年的报道，基于“对法官职业的挚爱以及对人民群众的深情，她在矛盾纠纷最前沿的人民法庭一待就是 18 年，用自己

---

① 中共中央党史研究室：《中国共产党的九十年》，第 231 页。

② 同上书，第 689 页。

的坚守和担当，书写了一个又一个司法为民的感人故事”。其中的一个故事是：“周淑琴参与审理的第一起案件，原、被告只有十五六岁，订婚后半年就闹翻了。因为彩礼钱，双方家属在法庭上闹成一团，案件一度陷入僵局。周淑琴来回奔波，说法、叙情、讲理，功夫不负有心人，案件最终出现转机，一份调解协议将官司画上了圆满的句号。‘合上案卷的那一刻，我感慨万千。’周淑琴向记者回忆称，从那刻起，她暗暗叮嘱自己：做一名有情怀的法官，心中不仅要有法律，更要有沉甸甸的两个字——人民。”[①] 周淑琴心中沉甸甸的“人民”两字，她在实践中展示的“司法为民”，只是当代中国“法治为民”的一个缩影、一个典型。这种恪守“法治为民”准则的法治，就是为人民服务的法治。

尊重人民在法治领域的创造，建构为人民服务的法治，都体现了人民至上的法治德性准则。奉行这种德性准则的法治，或许可以概括为“人民法治”。

三、面向国家治理的法治功能定位

在中国式现代化进程中，中国现代法治的建构其实是中国现代国家建构的一个组成部分，中国现代法治也因此而成为中国现代国家的一个重要标志。中国现代国家的建构是一个宏大的主题，既离不开现代法治，更需要完善国家治理。正是在这

---

① 黄辉、周孝清、胡佳佳：《为乡村群众点燃法治明灯——记全国模范法官、江西贵溪市法院泗沥法庭庭长周淑琴》，《法治日报》2021年10月8日，第3版。

样的语境下，可以看到，“国家治理能力与法治能力在相当程度上是重叠的，国家治理的事业与法治的事业在相当程度上是重叠的，国家治理体系与法治体系在相当程度上是重叠的”[①]。概而言之，法治与国家治理在相当程度上具有一体两面的关系，中国现代法治的建构标志着国家治理的一场深刻变革。从这个角度来看，现代法治建构的中国方案，必然选择面向国家治理的法治功能定位。

（一）面向国家治理的法治功能定位彰显了中国现代法治的中国特色

比较中国现代法治与西方现代法治，可以发现两者之间有一个微妙的差异。尽管两者都是法治现代化的产物，但是在西方现代法治的理想图景中，法治的重心是“法”。上文引证的富勒关于法治八个要素的论述中，前七个要素都是关于“法律应当是什么”或“法律不应当是什么”的规定。譬如，法律应当具有一般性、应当公开、应当清晰、应当避免内在矛盾、应当保持稳定，法律不应当溯及既往、不应当要求不可能之事。在八个要素中，只有最后一个要素强调了官方行为与法律的一致性，即官方守法。然而，即使是这个要素，也可以解释为：法律应当被官方遵守。现在，即使我们暂且后退一步，把最后这个要素理解为对官方提出的要求，至少剩下的七个要素，也基本上都是对法律自身的规定。通过富勒关于现代法治诸要素的描述，我们可以得出这样的推论：西方现代法治的建构，关注

① 喻中：《论中国法的精神》，陕西人民出版社2019年版，第65页。

的焦点是法治之法，法治的建构主要是法律的建构。“法治应当是什么”在相当程度上被缩减为“法律应当是什么”。

在英文中，以 rule of law 表示“法治”，其字面含义就是“法律的统治”。既然法律居于统治地位，那就意味着，法治建构方案的重心，主要在于建构符合相关预期的法律，这就是西方现代法治的西方特色。在中国式法治现代化进程中，“法律应当是什么”当然也很重要。自改革开放以来，国家反复强调科学立法、民主立法、依法立法。特别是在近十年间，提高立法质量一直都是法治领域的一个焦点问题。然而，即使是在强调提高立法质量、希望造就良法的时代，法律本身依然不是最终的目标，制定良法是为了实现善治。所谓“良法善治”，最终还是要落到“善治”上。

中国现代法治的一个重要特征由此得以凸显出来：法治的重心主要在于治。在实践中，人们评价一部法律好不好，看它是不是良法，有一个重要的标准，就是看它管不管用。一部不大管用的法律，即使文本很精美，也很难称得上是良法。所谓“管不管用”，本质上就在于：能不能实现善治，能不能改进国家治理。由此可见，面向国家治理，追求“中国之治”，才是中国现代法治的重心。

这种面向国家治理的法治功能定位，既是现代法治建构方案中的一个选项，也是传承中华优秀传统法律文化的产物。譬如，在清代晚期，魏源作为一个开风气之先的人物，其代表作《默觚》分为上下两篇，上篇是“学篇”，下篇是“治篇”。他在“治篇四”之开篇即指出：“医之活人，方也；杀人，亦方也。人君治天下，法也；害天下，亦法也。不难于得方而难得用方之医，不难于立法而难得行法之人。青苗之法，韩琦、程伯子所部必不至于厉民；周家彻法，阳货、荣夷公行之，断无不为暴。弓矢，中之具也，而非所以中也；法令，治之具也，而非所以治也。”① 这些史论结合的论断旨在表明：法是治之具，法治的重心在于治。如果进一步追溯，还可以发现，魏源的这个观点其实源于一个悠久的文化传统。譬如，《荀子·君道》称：“法不能独立，类不能自行，得其人则存，失其人则亡。法者，治之端也；君子者，法之原也。故有君子则法虽省，足以遍也；无君子则法虽具，失先后之施，不能应事之变，足以乱矣。”② 这句话虽然包含了多个方面的旨趣，但它明白无误地指出：治重于法。《管子·任法》称：“君臣上下贵贱皆从法，此谓为大治。”③ 按照这个论断，法治的功能应当定位于“大治”。

从管子、荀子到魏源的这些论述，可以看到，面向国家治理的法治功能定位，既是一个现实的选择，同时也是在一个深厚的文化传统根基中形成的，可以在文化传统层面体现中国现代法治的中国特色。

（二）从历史经验看面向国家治理的法治功能定位

如果说面向国家治理的法治功能定位可以展示中国现代法治的中国特色，那么在现代法治建构的中国方案中，为什么会

① 魏源：《魏源集》，中华书局编辑部编，中华书局2009年版，第45—46页。
② 王先谦：《荀子集解》，沈啸寰、王星贤整理，中华书局2012年版，第226页。
③ 房玄龄注：《管子》，刘绩补注，上海古籍出版社2015年版，第314页。

选择这样的法治功能定位?

把面向国家治理、实现“中国之治”作为法治的功能定位，既是对现代国家建构的一种回应、一种支撑，其实也是历史经验的产物。对此，《中共中央关于党的百年奋斗重大成就和历史经验的决议》已经指出:“法治兴则国家兴，法治衰则国家乱；全面依法治国是中国特色社会主义的本质要求和重要保障，是国家治理的一场深刻革命。”[①]这里的“国家兴”，是有效的国家治理或“天下大治”的表征，它是“法治兴”的硕果。至于“国家乱”，则表征了国家治理的失败，“国家乱”是法治衰败的消极后果，是法治衰败结下的一枚苦果。法治兴衰与国家治乱的这种伴生关系，乃是全面总结历史经验得出的结论。

回顾改革开放史与新中国史，可以看到，中国现代法治的建构有一个重要的历史背景，那就是“文革”十年。在“文革”结束之后，改革开放之初，邓小平总结历史，指出:“解放以后，我们也没有自觉地、系统地建立保障人民民主权利的各项制度，法制很不完备，也很不受重视。”[②]这个极其深刻的教训在2021年被重新总结。《中共中央关于党的百年奋斗重大成就和历史经验的决议》就此指出：十年“文革”，“酿成十年内乱，使党、国家、人民遭到新中国成立以来最严重的挫折和损失”。“文革”结束之后，为了拨乱反正，亦即实现由乱到治的根本性转变，“一九七八年十二月，党召开十一届三中全会，果断结束‘以阶

① 《中共中央关于党的百年奋斗重大成就和历史经验的决议》，第6版。

② 邓小平:《党和国家领导制度的改革》，载《邓小平文选》第2卷，人民出版社1994年版，第332页。

级斗争为纲’，实现党和国家工作中心战略转移，开启了改革开放和社会主义现代化建设新时期，实现了新中国成立以来党的历史上具有深远意义的伟大转折。党作出彻底否定‘文化大革命’的重大决策”。[①]

正是在结束“文革”、追求“大治”的关键性时间节点上，邓小平在党的十一届三中全会召开前夕的中央工作会议上强调：“必须加强法制。必须使民主制度化、法律化。”[②]在《邓小平文选》第3卷收录的最后一篇文献中，还可以看到邓小平关于法治的一句名言：“还是要靠法制，搞法制靠得住些。”[③]这个质朴的论断出自历史经验，它以“大道至简”的方式，解释了现代法治建构的中国方案为什么会选择面向国家治理的法治功能定位。简而言之，对于国家治理来说，对于防范国家内乱来说，还是搞法制、建构现代法治靠得住些。

从邓小平1978年提出的“加强法制”，到1992年提出的“还是要靠法制”，一直到今天的全面依法治国，数十年间，在现代法治建构的中国方案中，可以看到一条突出的主线，那就是：面向国家治理，改进国家治理，实现“中国之治”，进而推动国家治理实现深刻变革。概而言之，关于法治功能的这个定位，相当程度上是在总结历史经验、吸取历史教训的基础上做出的选择。

---

① 《中共中央关于党的百年奋斗重大成就和历史经验的决议》，第5版。

② 邓小平：《解放思想、实事求是，团结一致向前看》，载《邓小平文选》第2卷，第146页。

③ 邓小平：《在武昌、深圳、珠海、上海等地的谈话要点》，载《邓小平文选》第3卷，第379页。

（三）现代法治改进国家治理的可能性

在功能定位上，中国现代法治立足于面向国家治理，旨在改进国家治理。那么，中国现代法治如何改进国家治理？对此，可以从两个不同的方面来剖析。

一方面，通过法治体系保障国家治理体系的系统性、规范性、协调性。国家治理涉及众多领域、层面、维度，不同领域、不同层面、不同维度的国家治理总是交织在一起的。譬如，既要推动经济增长，也要改善生态环境，但是这两个相互交织的领域各有自己的目标定位。保障这种相互交织的国家治理活动形成相互衔接、相互支撑、相互促进的效果，防止不同领域、不同层面、不同维度的国家治理活动相互矛盾，进而导致相互冲突、相互抵消的不利后果，是维护有效的国家治理，进而改进国家治理的前提与基础。为了奠定这样的基础，国家治理必须形成体系，而且在这个体系中，还要保持各个子系统之间的相互协调。在这样的需求面前，现代法治正好应时而生、应势而成，正好可以满足国家治理体系对系统性、规范性、协调性的内在需要。因为，中国现代法治的建构，就是要形成一个体系，亦即中国特色社会主义法治体系。在相当程度上，这个法治体系就是国家治理体系制度化、法律化的产物。这个法治体系可以回应国家治理体系在各个领域、各个层面、各个维度上的需要。体系化的中国现代法治的建构，可以保障国家治理体系的系统性、规范性、协调性。

另一方面，运用法治共识凝聚社会共识。国家治理有一个关键的纽结，那就是要实现社会整合。所谓“社会整合”，就是要协调社会共同体内各个部分之间的矛盾与冲突。如果一个社会共同体内部缺乏整合，各个部分之间的矛盾越来越尖锐，就会出现社会动荡。激烈的社会动荡本质上就是国家治理的无效、失败。为了避免国家治理无效或失败，必须加强社会整合。然而，在现代化进程中，伴随着社会进步、社会发展，必将带来选择空间的扩大，社会的多元化由此成为一个必然趋势。社会多元化的本质，既是利益的多元化，同时也是价值的多元化，社会共同体内不同部分或不同群体之间，因为利益诉求不同或价值立场不同，难免产生分歧，进而酿成矛盾，甚至造成冲突。为了应对这种潜在的可能，在国家治理体系中，必须打造凝聚社会共识的基础平台，以便在这样的平台上寻求最低限度的社会共识。多元的、相互矛盾的，甚至是彼此冲突的各方，都可以通过这样的基础平台进行协商，从而化解社会矛盾、预防社会冲突、维护社会秩序。那么，能够有效凝聚社会共识的基础平台或载体是什么？回答是：现代法治。因为，法治可以约束社会共同体内的所有部分、所有群体。以法治的方式，在法治的轨道上解决问题，是任何群体、任何人都能够接受的。由此可见，法治共识是凝聚社会共识的基础平台，当然也是改进、完善国家治理的基础平台。在国家治理体系中，法治所具有的这种基础平台的功能，也可以体现法治所具有的固根本、稳预期、利长远的作用。

由于现代法治能够从根本上改进国家治理，因而中国现代法治的建构体现了国家治理的一场深刻革命，面向国家治理的法治功能定位也就成为中国现代法治建构方案的一个基本选项。

四、传承中华优秀传统法律文化的法治历史意识

在现代法治建构的中国方案中，还包含着传承中华优秀传统法律文化的法治历史意识。这样的法治历史意识主要体现为：对中华优秀传统法律文化进行创造性转化、创新性发展并使之融入现代法治的历史意识。立足于古今之变，可以发现，中国现代法治虽然是在中国式现代化进程中兴起的，但是现代化的中国法治并不能脱离中国的历史与传统。中国式法治现代化所蕴含的特色，在相当程度上就是由中华优秀传统法律文化赋予的。如果没有中华优秀传统法律文化，中国的现代法治就不可能形成自己的特色，现代法治建构的中国方案也就成了无源之水、无本之木。因而，传承中华优秀传统法律文化的法治历史意识，必然成为现代法治建构方案中的一个重要选项。

（一）法治历史意识的法理自觉

在法学理论的谱系中，很难说哪一个流派完全没有历史意识。任何一种产生了一定影响的法学理论，多多少少都会联系历史，因为历史乃是创新的源泉。譬如，洛克的《政府论》旨在为资本主义革命之后的资本主义法治提供理论依据，但是《政府论》上篇的核心内容，却是对古旧的“君权神授”理论的批判，在此基础上才写成了《政府论》下篇，以之阐明面向时代、面向未来的社会契约理论。由此看来，洛克的代表作《政

府论》，也蕴含着值得识读的历史意识。

尽管历史意识是各种法学理论的最大公约数，但是各种法学理论所表现出来的历史意识却有强弱之别。比较而言，在各国法治现代化进程中产生的各种近现代法学理论，最具历史意识的法学流派，应当首推德国的历史法学派。这个学派既然被冠以“历史法学”之名，就表明这个学派已经形成了法治历史意识的法理自觉。马克思在《法的历史学派的哲学宣言》一文中，曾经批判过历史法学派：“历史学派已把研究起源变成了自己的口号，它使自己对起源的爱好达到了极点。”[①] 通过马克思的批判（详后），我们可以合乎逻辑地得出这样的推论：历史法学派已经把历史意识内化成为自己的理论自觉。

历史法学派的法治历史意识虽然可以追溯到胡果（Gustav Hugo），但是这个学派最具代表性的人物却是萨维尼（Friedrich von Savigny）。在 19 世纪早期，在如何为德意志制定一部统一的民法典这个关键问题上，德国法学界产生了重大分歧。萨维尼主张更多地传承德意志固有的文化传统。他研究实在法的起源，认为：“在人类信史展开的最为远古的时代，可以看出，法律已然秉有自身确定的特性，其为一定民族所特有，如同其语言、行为方式和基本的社会组织体制。”[②] 某个民族的法律、法学与法治，就像这个民族的语言一样，始终都寄居在这个民族的历史传统之内。无论是制定民法典，还是建构现代法治，都要

① 马克思、恩格斯：《马克思恩格斯全集》第 1 卷，第 97 页。

② 萨维尼：《论立法与法学的当代使命》，许章润译，中国法制出版社 2001 年版，第 7 页。

联系历史。因为，“只有通过历史，才能与民族的初始状态保持生动的联系，而丧失了这一联系，也就丧失了每一民族的精神生活中最为宝贵的部分。因此，根据这一理论，籍由历史，‘普通法’和各邦的地方性法律才会成为真正有用而不可辩驳的权威。——此即法学的严谨的历史方法”[①]。

萨维尼自称的“法学的严谨的历史方法”，表明他所代表的学派对法治历史意识已经形成高度的理论自觉与理论自信。历史法学派的法治历史意识虽然萌生于19世纪的德国，而且着眼于传承德意志传统法律文化，但却具有普遍的理论意义，它为中国现代法治传承中华优秀传统法律文化提供了值得参考的依据，同时也为法治历史意识在法治实践中的转化运用提供了值得借鉴的经验。

（二）中国现代法治对中华优秀传统法律文化的传承

在中国现代法治的建构过程中，自觉传承中华优秀传统法律文化，既是中国式法治现代化的一个突出特征，也是中国式法治现代化的一个重要经验。可以从两个不同的角度，来审视中国现代法治对中华优秀传统法律文化的传承。

一方面，从中华优秀传统法律文化的角度来看，儒家、法家、道家、墨家的文化因子在中国现代法治建构中都有所传承。譬如，儒家偏好的“无讼”经过转化之后，已经融入当代的“枫桥经验”；法家强调的“以法治国”与当代的依法治国也有

---

① 萨维尼：《论立法与法学的当代使命》，第86—87页。

较为明显的呼应关系；道家对法律异化的批判，与当代的刑法谦抑主义在文化层面也存在着隐秘的源流关系。

再看墨家。虽然墨家与现代法治的关系并未受到学界的普遍关注，但是墨家提出的一些主张，对中国现代法治也有潜移默化的影响。譬如，墨家反对厚葬、主张节俭，这种观念在中国现代法治中的投射，见于宪法第十四条第二款的规定："国家厉行节约，反对浪费。"再譬如，在《墨子·尚贤上》之开篇，墨子就提出了这样一个问题："今者王公大人为政于国家者，皆欲国家之富，人民之众，刑政之治。然而不得富而得贫，不得众而得寡，不得治而得乱，则是本失其所欲，得其所恶。是其故何也？"王公大人都希望国家富裕、人口众多、天下大治，然而，这样的目标为什么没有实现？墨子的回答是："是在王公大人为政于国家者，不能以尚贤事能为政也。是故国有贤良之士众，则国家之治厚；贤良之士寡，则国家之治薄。故大人之务，将在于众贤而已。"[①] 简而言之，原因就在于：当政者不善于发现、使用人才，没有发挥贤能之士对"国家之治"的支撑作用，因此当政者的要务，就是"尚贤"，为国家汇聚足够的贤能之士。把墨子讲的这个道理运用于当代，就意味着，为了建构现代法治，为了改进国家治理，应当造就一支德才兼备的高素质法治队伍。

另一方面，从现代法治建构的角度来看，如果我们把现代法治划分为理念、制度、技术三个层面，那么在现代法治建构

---

① 方勇译注：《墨子》，中华书局2011年版，第49页。

的每一个层面，都体现了对中华优秀传统法律文化的传承。在中国现代法治的价值理念层面，和谐是一个重要的价值要素。而且，和谐是中华优秀传统法律文化的一个固有观念。譬如，《老子》第二十五章所说的“人法地，地法天，天法道，道法自然”，就体现了天人关系的和谐。“在古人观念中，春夏是万物滋育生成的季节，秋冬则是肃杀蛰藏的季节，这是宇宙间永远不易的自然秩序，宇宙间一切物体都不能违背此规则，为了与自然秩序相配合调适，于是人类的行为，尤其是政治行为，不能不顺于四时，与天道相应。”[①] 这样的“相应”以及“相配合调适”，就体现了天人关系的和谐。

在中国现代法治的制度安排层面，注重依法治国与以德治国相结合。中国现代法治中的这个制度因素，可以追溯到周公主张的“明德慎罚”。关于“明德”，《尚书·召诰》记载了周公提出的一个要求：“王其德之用，祈天永命。”这句话是说，“应以明德为永命之基，后王不可徒恃先王之受天命而不小心翼翼以将守之也”[②]。

在中国现代法治的运行技术层面，内容极为丰富。譬如，司法过程中的“说理”或“论证”，就可以归属于法治的运行技术。这样的法治技术，在《名公书判清明集》之类的判牍类文献中多有记载。再譬如，中国现代法治注重“共治”或“综治”，这样的法治技术，在传统中国的早期就开始萌生了。如果留意《尚书》中的相关叙述，那么在四千多年前的尧舜时

---

① 瞿同祖：《中国法律与中国社会》，商务印书馆2015年版，第300页。
② 傅斯年：《傅斯年史学论著》，上海书店出版社2014年版，第376页。

代，就已经产生了“共治”或“综治”的萌芽状态。根据《尚书·皋陶谟》，皋陶关于国家治理的构想是：“天叙有典，敕我五典五惇哉。天秩有礼，自我五礼有庸哉。同寅协恭和衷哉。天命有德，五服五章哉。天讨有罪，五刑五用哉。”[①] 在这样一个框架体系中，实现“共治”或“综治”所依赖的规范主要包括典、礼、德、罪。这种“共治”或“综治”的运行技术，在皋陶身后的数千年间，经历了持续不断的演进过程。在不同时代，关于“共治”或“综治”的表述与实践虽然有所不同，但都强调各种规范、各种手段的综合运用，以之完善国家治理，以之建构一个良善的文明秩序。

（三）在马克思主义基本原理与中华优秀传统文化的结合中建构中国现代法治

数十年来，传承中华优秀传统法律文化的法治历史意识，已经成为中国现代法治建构方案中的一个重要选项。在正视这个选项的同时，还应当看到，对中华优秀传统法律文化的传承，还需要跟马克思主义结合起来，在马克思主义与中华优秀传统文化的结合中建构中国现代法治，实现中国式法治现代化。

在马克思主义基本原理中，已经包含了强烈的历史意识。虽然如前所述，早年的马克思对历史法学派多有批判，但是马克思批判的锋芒所指，实际上主要是胡果、萨维尼旨在维护的旧制度。到了晚年，马克思把大量的精力投入关于人类起源的研究中。据考，马克思逝世以后，“恩格斯在整理马克思

① 曾运乾注：《尚书》，第29页。

的手稿时，发现了马克思在1880—1881年间对美国人类学家路·亨·摩尔根的《古代社会》一书所作的详细摘要、批语和补充材料。恩格斯确信摩尔根的这本书证实了马克思和他本人的历史唯物主义研究的结论。因此，他认为有必要利用这些材料，写一部专门的著作”[①]，这就是恩格斯创作《家庭、私有制和国家的起源》一书的动因。这部由晚年马克思开其端绪，由恩格斯最终完成的著作，可被视为马克思主义的“创世记”。[②]其中蕴含的对国家与法的起源的强烈关注，集中体现了马克思主义的历史意识。

《在马克思墓前的讲话》是恩格斯留给后世的名篇。在这篇“讲话”中，恩格斯总结了马克思的“两个发现”，其中的第一个，就是“发现了人类历史的发展规律，即历来为繁茂芜杂的意识形态所掩盖着的一个简单事实：人们首先必须吃、喝、住、穿，然后才能从事政治、科学、艺术、宗教等等；所以，直接的物质的生活资料的生产，从而一个民族或一个时代的一定的经济发展阶段，便构成基础，人们的国家制度、法的观念、艺术以至宗教观念，就是从这个基础上发展起来的”[③]。这段话，集中概括了马克思主义经典作家创立的历史唯物主义。这种由“历史”修饰的“唯物主义”，也可以表明马克思主义的历史意识。

---

① 马克思、恩格斯:《马克思恩格斯文集》第4卷，人民出版社2009年版，第572—573页。

② 喻中:《法理四篇》，第1页。

③ 马克思、恩格斯:《马克思恩格斯选集》第3卷，人民出版社1972年版，第574页。

正是因为马克思主义体现了强烈的历史意识，卢卡奇在他的代表作《历史与阶级意识》一书的1922年版序言中写道：“本书的基本信念——就是正确地理解马克思的方法的本质，并正确地加以运用。”他相信，“在马克思的理论和方法中，认识社会和历史的正确方法已经最终被发现了。这个方法在其最内在的本质上是历史的”。[①] 卢卡奇概括的这个方法，在马克思主义中国化的进程中，早已成了中国共产党人的自觉选择。譬如，早在1938年，毛泽东就在《中国共产党在民族战争中的地位》一文中写道：“学习我们的历史遗产，用马克思主义的方法给以批判的总结，是我们学习的另一任务。我们这个民族有数千年的历史，有它的特点，有它的许多珍贵品。对于这些，我们还是小学生。今天的中国是历史的中国的一个发展；我们是马克思主义的历史主义者，我们不应当割断历史。从孔夫子到孙中山，我们应当给以总结，承继这一份珍贵的遗产。”[②] 正是在马克思主义的历史方法的引领下，在马克思主义与中华优秀传统文化的结合中，现代法治建构的中国方案选择了传承中华优秀传统法律文化的法治历史意识，开创了中国现代法治的建构历程。

从实践来看，中国现代法治的建构离不开现代的法律体系，而且现代法律体系必须以宪法作为核心。然而，就在中国宪法文本的最前端，亦即在中国宪法序言中，就彰显了浓厚的法治

---

① 卢卡奇：《历史与阶级意识：关于马克思主义辩证法的研究》，杜章智、任立、燕宏远译，商务印书馆1992年版，第41页。

② 毛泽东：《中国共产党在民族战争中的地位》，载《毛泽东选集》第2卷，人民出版社1991年版，第533—534页。

历史意识。具体地说，“中国宪法序言的第一个自然段加上随后的六个自然段，主要是在讲中国历史。这些关于中国的历史叙述或‘时间段落’呈现出三个方面的特点。首先是厚今薄古的历史叙事”，“其次是面对世界的历史叙事”，“最后是‘四件大事’支撑的历史规律”。[①] 中国宪法序言作为当代中国法律体系的起点，既是一篇承载着中国化马克思主义的文献，同时也是在马克思主义基本原理与中华优秀传统文化的结合中形成的现代法治文献，它直观而生动地诠释了传承中华优秀传统法律文化的法治历史意识及其在中国现代法治建构方案中的地位。

上文从党中央集中统一领导的法治领导体制、人民至上的法治德性准则、面向国家治理的法治功能定位、传承中华优秀传统法律文化的法治历史意识等方面，描述了现代法治建构的中国方案与中国现代法治的建构方式，同时也彰显了中国式法治现代化的中国特色、中国经验以及中国现代法治的基本要素。

从更宽的视野中看，要全面理解现代法治建构的中国方案，还应当注意以下两点。其一，现代法治建构的中国方案是中国共产党领导中国人民在百年奋斗的历史进程中，在法治建构领域做出的选择。它既是历史的产物，也是实践的产物。作为建构现代法治的一个整体性方案，它经历了一个在实践中不断探索、不断完善、不断成熟的过程。其二，现代法治建构的中国方案是中国式现代化方案的一个组成部分，它跟中国式现代化

① 喻中：《法理四篇》，第177—179页。

进程中的其他组成部分具有相互交错的关系。建构中国现代法治的方案既是一个法治方案，但同时也具有明确而强烈的政治属性，因为每一种法治的背后都有一种政治。法治不仅与政治密不可分，法治与经济、社会、文化、生态也密不可分，法治与工业、农业、国防、科技同样密不可分。从这个角度来看，现代法治建构的中国方案始终都镶嵌在中国式现代化的整体进程之中。

第二编　本论

第三章
中国特色社会主义法治的历史使命

中国特色社会主义法治是中国共产党领导中国人民在实践中创造出来的法治形态，它是立体的、鲜活的、当下的法治。就思想渊源来看，它是马克思主义法律思想引领下的产物；就文化来源而言，它是中国古代法律传统经过创造性转化的产物；就学术资源来说，它是借鉴世界各国法治经验、法律智慧的产物。从发展过程着眼，中国特色社会主义法治萌生于革命根据地时期，初创于社会主义革命与建设时期。在此基础上，随着改革开放的全面深化，随着中国特色社会主义事业的全面推进，中国特色社会主义法治也在这个过程中逐渐走向成熟。时至今日，中国特色社会主义法治对中国乃至世界的影响都越来越大。在这样的背景下，应当如何看待中国特色社会主义法治对中国乃至世界的影响？或者换个角度，面对中国与世界，面对当代与未来，中国特色社会主义法治应当承担的历史使命是什么？对于这个根本性的问题，可以从以下三个方面予以阐明。

一、中国特色社会主义法治对人类法治文明承担的历史使命

中国特色社会主义法治的历史使命，首先是对法治的使命，准确地说，是在人类法治文明的演进过程中承担的使命。法治是人类文明的产物，是人类智慧的结晶，是全人类的共同财富。在人类法治文明的演进过程中，不同的国家在不同的时代已经做出了不同的贡献，分别承担了不同的使命。

先看古代中国做出的贡献。在春秋战国时代，先秦法家提出了“以法治国”的主张，希望通过“缘法而治”“一断于法”的方式，实现富国强兵。《管子》《商君书》《韩非子》等法家典籍中，都蕴含着丰富的法治思想。先秦法家关于法治的论述，被近代的梁启超概括为“法治主义”（详后）。在《管子传》一书中，梁启超甚至把管子视为人类法治文明最早的发明人，他说：“其最初发明此法治主义，以成一家言者谁乎？则我国之管子也！”[①]梁启超的这个论断虽然存在可以商榷的地方，但是先秦法家至少表达了一个“以法治国，举措而已”[②]的理念。先秦法家的法治实践促成了中国政治从世卿制转向官僚制、从礼治转向法治，并在一定程度上促成了秦朝的统一。在法家之外，先秦儒家虽然强调礼治，虽然传统上儒家礼治经常被置于法家

---

① 梁启超：《梁启超全集》，第1865页。

② 高华平、王齐洲、张三夕译注：《韩非子》，中华书局2015年版，第50页。

法治的对立面，然而先秦儒家推崇的礼治，其实也是规则之治。汉代以后实际采取的“礼法合治”，其实也代表了法治的一种类型，或者说代表了中国法治的古典形态。概而言之，无论是先秦法家推行的法治、先秦儒家看重的礼治，还是汉代以后长期实行的“礼法合治”，都是传统中国对人类法治文明做出的贡献。

在人类文明史上，古埃及成文法在内容上既包含公法与私法的成分，也包含实体法与程序法的成分，表明古埃及已经出现了法治的幼芽。至于古希伯来为人类法治文明做出的贡献，则可以概括为“神学法治”的初始形态。在法学史上饱受关注的古希腊的法治，其实是城邦背景下的法治。其中，“苏格拉底之死”为我们理解古希腊的“城邦法治”以及城邦的民主制度，提供了一个经典性的案例。在古罗马，在共和国时期日渐成熟的罗马法，被恩格斯称为“商品生产者社会的第一个世界性法律”[①]，它包含了相对完善的法律规则与法治技术，较好地满足了商品经济的需要。特别是查士丁尼的《法学总论》，甚至为近现代民法奠定了一个坚实的基础。进入中世纪以后，在整个欧洲范围内，神权总体上居于支配地位，法治的特色主要体现为教会法与世俗法的双峰并峙、“神权法治”与“世俗法治”的二水分流。从17世纪开始，随着资本主义革命在西方各国渐次展开，资本主义法治逐渐形成。各个资本主义国家的法治虽然各有其特色，但也有一些共同的特征，如维护资本主义私有制，强调个体的优先性，主张国家权力的分立与制衡，坚持两党制或多

① 马克思、恩格斯：《马克思恩格斯文集》第4卷，第307页。

党制，实行司法独立，等等。从20世纪开始，推行福利立法逐渐成为西方资本主义法治的一个新趋势。

从总体上把握中西法治文明的演进过程，可以发现，无论是传统中国的法治还是西方历史上不同时期、不同国家、不同民族的法治，都是特定历史条件的产物，各个时期、各个国家、各个民族的法治都曾以各自的方式，满足了国家治理、社会治理的现实需要。相比之下，当代兴起的中国特色社会主义法治作为一种相对晚出的法治形态，应当在正视人类法治文明演进历程的基础上，为人类的未来铸造新的法治模式、开辟新的法治境界、提供新的法治希望、谱写新的法治篇章。中国特色社会主义法治应当承担的这项历史使命，可以从三个方面来理解。

首先，中国特色社会主义法治是中国人民在数十年的政治社会生活中共同创造出来的一种法治，一种适合于统一的、多民族的、大国的法治。从体量、规模来看，这在人类法治文明史上是前所未有的。相比之下，古希腊的法治满足了城邦国家对法治的期待；现代注重福利立法的国家，如挪威、瑞典，只有数百万人口的规模。这样一些法治形态也许能够满足城邦或小国的法治需求，但很难有效满足像当代中国这样的大国对法治的需求。中国既是一个大国，同时也是一个文明古国。但是，鸦片战争后，中国逐渐沦为半殖民地半封建社会，直至1949年才重新找回独立自主的地位。在这样的政治、文化背景下，中国的法治应当怎么走？这是一个前所未见的大问题。数十年来，这个问题长期处于探索的过程中。以《人民日报》的相关报道为素材，可以看到：1949年前后的法治主要是革命的法治，1962年前后的法治主要是在批判打引号的美式“法治”，1975年前后的法治主要是在宣扬与礼治相对立的法治，1980年前后的法治主要是在弘扬与人治相对立的法治，1999年前后的法治主要是在提倡优越于法制的法治，2006年前后的法治主要是在强调社会主义法治理念。[①] 近年来，中国特色社会主义法治逐渐成为当代中国法治的一个定型化表达。这样一个过程表明，中国特色社会主义法治并不是从天上掉下来的，而是在实践探索过程中逐渐生长起来的，它较好地满足了一个大国对国家治理、社会治理的现实需求，这在人类法治文明的历史上，可以说是一种绩效非常突出的法治。

其次，中国特色社会主义法治不是一座“飞来峰”，不是一种突然降临的法治，而是对中国古代法治文明进行创造性转化的结果，其中既有传承也有批判，凸显了推陈出新的理性与智慧。纵观人类文明史，可以发现，一种新文明的兴起常常隐含着一个旧传统的再生。譬如，欧洲中世纪晚期出现的“文艺复兴”，在当时就被理解为古希腊文明、古罗马文明的复兴。中国特色社会主义法治的兴起，其中也蕴含着中国古典的法治经验与法律智慧，特别是上文提到的先秦法家的法治思想及其实践。汉代以后，法家思想虽然在表面上未能占据意识形态主导地位，但是“儒法合流”甚至“阳儒阴法”的格局，一直都流淌在传统中国的政治法律实践过程中，甚至还有学者以“儒法国家”

① 喻中：《中国法治观念》，中国政法大学出版社2011年版，第161—178页。

来概括传统中国的国家形态。[①]19世纪末20世纪初，章太炎的《商鞅》《儒法》等多篇论文，开启了重新认识法家的思想之旅。1904年，梁启超在《中国法理学发达史论》一文中，正式以“法治主义”来定义法家学说。20世纪二三十年代的“醒狮派”、40年代的“战国策派”，都对法家的法治思想及其实践有所彰显。更重要的是，毛泽东在他的青年时代，也曾推崇商鞅的思想与实践（详后）。在社会主义建设时期，毛泽东还在诗词中提到了法家的影响：“百代都行秦政法。”[②]毛泽东所说的“秦政法”，其实就是法家的“政法”。这些现象都可以表明，传统中国的法治经验、法律智慧，与当代中国的法治实践，具有千丝万缕的联系。从这个角度来看，在中国特色社会主义法治的背后，其实有一个古老的法律传统；如果把中国特色社会主义法治比作海面上耸立的冰山，那么中国古老的法律传统就好像隐藏在海面下的冰山之底座。

最后，中国特色社会主义法治还对外来的法治文明进行了广采博纳。应当看到，当下的中国特色社会主义法治是人类命运共同体时代的中国方案、中国选择，它是在中国深化对外开放、广泛开展文明对话的过程中凝聚而成的，已经吸取了世界法治文明的有益经验。譬如，“法律面前人人平等”作为中国特色社会主义法治的一项原则，就吸收了资本主义法治的因素。

---

① 赵鼎新：《东周战争与儒法国家的诞生》，夏江旗译，华东师范大学出版社2011年版，第148页。

② 中共中央文献研究室编：《毛泽东年谱：1949—1976》第6卷，中央文献出版社2013年版，第490页。

“人权”是最初在西方国家得到完整的现代阐发的法治原则，但它早就写进了当代中国的宪法。源出于西方的“正当程序”，也融入了中国特色社会主义法治的实践过程。诸如此类的事例，不胜枚举。这就说明，中国特色社会主义法治是在借鉴世界法治文明的基础上，得以丰富、得以饱满的。在相对晚近的法治理论界，有学者对法治之“薄弱”与“浓厚”进行了划分：就形式法治而论，“比较薄弱”的法治可以概括为“以法而治——法律是政府的工具”，中间状态的法治是“形式合法性——普遍，面向未来，明晰，确定”，“比较浓厚”的法治是“民主+合法性——合意决定法律的内容”；就实质法治而论，“比较薄弱”的法治是“个人权利——财产，隐私，自治”，中间状态的法治是“尊严权和/或正义”，“比较浓厚”的法治是“社会福利——实质平等，福利，共同体的存续”。[①]按照这个理论，中国特色社会主义法治属于“比较浓厚”的法治：一方面，中国特色社会主义法治注重民主，强调党的领导、人民当家作主与依法治国的有机统一，符合“比较浓厚”的形式法治的要求；另一方面，中国特色社会主义法治注重维护国家的存续，关注民生，强调以人民为中心，强调在每个案件中体现公平正义，符合“比较浓厚”的实质法治的要求。除此之外，那些“比较薄弱”的法治形态，那些中间状态的法治形态，无论是形式法治的要素还是实质法治的要素，都可以包容在中国特色社会主义法治的框架内。可见，在人类的法治文明史上，中国特色社

① 塔玛纳哈：《论法治：历史、政治和理论》，第117页。

会主义法治是“比较浓厚”的，甚至是比其他法治形态更加浓厚的法治。

概括地说，中国特色社会主义法治既源于新中国成立后中国人民的生动实践，又有一个历史悠久的法治传统作为根基，还吸收了世界各国优秀的法治经验，这些因素的共同作用，促成了中国特色社会主义法治具有“比较浓厚”，甚至是“更加浓厚”的特质。这样的特质，让中国特色社会主义法治足以承担起为人类的法治文明开拓新模式的历史使命。

二、中国特色社会主义法治对社会主义事业承担的历史使命

中国特色社会主义法治的历史使命，还见于在社会主义事业中应当承担的历史使命。从历史上看，社会主义事业由来已久。早在19世纪初期空想社会主义者的理论与实践中，社会主义事业就已经露出了端倪。对此，恩格斯在《反杜林论》一书中有具体而简洁的概括：“1802年出版了圣西门的《日内瓦书信》；1808年出版了傅立叶的第一部著作，虽然他的理论基础在1799年就已经奠定了；1800年1月1日，欧文担负了新拉纳克的管理工作。”[①]他们三人各有其特点，“如果说，我们在圣西门那里看到了天才的远大眼光，由于他有这种眼光，后来的社会主义者的几乎一切并非严格地是经济的思想都以萌芽状态包

① 马克思、恩格斯：《马克思恩格斯选集》第3卷，第298页。

含在他的思想中，那末，我们在傅立叶那里就看到了他对现存社会制度所作的具有真正法国人的风趣、但并不因此显得不深刻的批判”[①]。至于欧文，则是一个实践者与试验者。在欧文的主导下，“新拉纳克的人口逐渐增加到二千五百人，这些人的成分原来是极其复杂的，而且多半是极其堕落的分子，可是欧文把这个地方变成了一个完善的模范移民区，在这里，酗酒、警察、刑事法庭、诉讼、贫困救济和慈善事业都绝迹了。而他之所以做到这点，只是由于他使人生活在比较合乎人的尊严的环境中，特别是关心成长中的一代的教育”[②]。

这就是社会主义事业最初的起点，他们三个人思考或实践的社会主义虽然还是空想社会主义，虽然受到了恩格斯的批判，但是马克思、恩格斯一直对他们保持着相当的敬意，他们的空想社会主义成为科学社会主义得以诞生的基础。马克思、恩格斯正是在批判空想社会主义的基础上，创立了科学社会主义。在1848年的《共产党宣言》中，马克思恩格斯还只是以“批判的空想的社会主义”概括他们的社会主义事业，但在1878年的《反杜林论》一书中，恩格斯却在为他们辩护：“空想社会主义者之所以是空想社会主义者，正是因为在资本主义生产还很不发达的时代他们只能是这样。他们不得不从头脑中构思出新社会的轮廓，因为这些轮廓在旧社会本身中还没有普遍地明显地表现出来；他们之所以限于为自己的新建筑的基本特征向理性求

① 马克思、恩格斯：《马克思恩格斯选集》第3卷，第300页。
② 同上书，第302页。

助，正是因为他们还不能求助于同时代的历史。”[①]

在空想社会主义的理论与实践兴起之后，随着资本主义生产力的发展与资本主义生产关系的演进，特别是随着马克思关于历史唯物主义与剩余价值学说的发现，科学社会主义随之产生。恩格斯在《反杜林论》一书中，对此已有精准的概括：“这两个伟大的发现——唯物主义历史观和通过剩余价值揭破资本主义生产的秘密，都应当归功于马克思。由于这些发现，社会主义已经变成了科学。”[②]这就是社会主义从空想到科学的转变机理。这个过程表明，圣西门、傅立叶和欧文为社会主义事业做出了初步的设想（所谓“空想”），马克思、恩格斯为社会主义事业绘制了科学的蓝图——这是马克思、恩格斯完成的对社会主义事业的历史使命。

在科学社会主义创立之后，通过列宁领导的无产阶级政党及其革命实践，社会主义事业演进到了一个新的历史阶段，取得了一个新的历史成就，那就是，打碎了资产阶级国家机器，建立了人类历史上第一个社会主义国家，促成了社会主义事业从科学蓝图变成生动实践。1919 年 10 月，列宁在《无产阶级专政时代的经济和政治》一文中，专门论述了俄国无产阶级政党在社会主义事业中应当承担的历史使命。他说：“社会主义就是消灭阶级。为了消灭阶级，首先就要推翻地主和资本家。这一部分任务我们已经完成了，但这只是任务的一部分，而且不是最困难的部分。为了消灭阶级，其次就要消灭工农之间的差

① 马克思、恩格斯:《马克思恩格斯选集》第 3 卷，第 306 页。
② 同上书，第 67 页。

别，使所有的人都成为工作者。这不是一下子能够办到的。这是一个无比困难的任务，而且必然是一个长期的任务。这个任务不能用推翻哪个阶级的办法来解决。”[①]这段话表明，无产阶级政党在社会主义事业中的使命，不仅要推翻地主和资本家的政权，不仅要建立无产阶级自己的国家机器，还要消灭“工农之间的差别”，使所有的人都成为工作者、劳动者。这样的目标和历史使命，其实就是恩格斯在《社会主义从空想到科学的发展》一书中所指出的：“人终于成为自己的社会结合的主人，从而也就成为自然界的主人，成为自己本身的主人——自由的人。完成这一解放世界的事业，是现代无产阶级的历史使命。考察这一事业的历史条件以及这一事业的性质本身，从而使负有使命完成这一事业的今天受压迫的阶级认识到自己行动的条件和性质，这就是无产阶级运动的理论表现即科学社会主义的任务。”[②]

按照马克思主义经典作家的论断，社会主义事业归根到底是一项“解放世界”的事业。所谓“解放世界”，具体地说，就是要造就“自由的人”，这既是现代无产阶级的任务，其实也是社会主义事业的终极目标。列宁领导的无产阶级政党尚未实现这项终极目标，社会主义事业还需要后继之人。

在列宁及其领导的社会主义实践之后，中国共产党领导中国人民建立了全世界体量、规模最大的社会主义国家。中国共产党在人民民主专政的社会主义国家政权建立之后，同样面临

---

① 列宁：《列宁全集》第37卷，人民出版社1986年版，第272—273页。

② 马克思、恩格斯：《马克思恩格斯选集》第3卷，第443页。

着列宁提出的“消灭工农之间的差别”这一历史使命；与此同时，城市和农村之间的差别、脑力劳动与体力劳动之间的差别，也需要消灭。消灭“三大差别”，进而实现人的自由而全面的发展，最终造就“自由的人”，可以说是社会主义事业在当代及未来的根本目标，甚至也可以说是社会主义事业的终极目标。

以上回顾表明，社会主义事业主要走过了四段历程：第一，在19世纪初期，圣西门、傅立叶、欧文的空想社会主义理论与实践代表了社会主义事业的萌芽；第二，19世纪中后期，马克思、恩格斯促成了社会主义从空想到科学的发展；第三，1917年，列宁领导的十月革命造就了世界上第一个社会主义国家；第四，从20世纪中期开始直至今天，中国共产党领导中国人民展开了持续不断的社会主义革命和建设。在这个持续了两百多年的社会主义事业中，中国特色社会主义法治应当承担的历史使命，主要体现在两个方面。

一方面，以法治的方式促成人的自由而全面的发展，最终造就“自由的人”。关于社会主义事业的终极目标，1848年的《共产党宣言》已经给出了一个著名的论断：“代替那存在着阶级和阶级对立的资产阶级旧社会的，将是这样一个联合体，在那里，每个人的自由发展是一切人的自由发展的条件。”① 按照《社会主义从空想到科学的发展》一书的结论，如前所述，那就是让“人成为自身的主人——自由的人”。当然，无论是“自由的人”，还是“一切人的自由发展”，都可以归纳为马克思主

① 马克思、恩格斯：《马克思恩格斯选集》第1卷，人民出版社1972年版，第273页。

义的“自由个性”，它与自由主义的个体优先性之间具有本质性差异。[①] 只是，马克思主义的“自由个性”或“自由的人”，不可能自动实现，更不可能在混乱、无序中实现。“自由个性”或“自由的人”，只有通过法治的方式，准确地规定人与人之间的相互关系，才可能实现“自由个性”这个终极目标，这可以说是中国特色社会主义法治在社会主义事业中应当承担的终极使命。

另一方面，以法治的方式建设社会主义，促使社会主义事业的各个方面都在法治的轨道上运行，可以为社会主义事业的持续发展提供新的理据。立足于传统中国向现代中国的转型，可以看到，传统中国政治社会的终极理据是以《春秋》为核心的五经及经学。汉代盛行的“经义决狱”或“《春秋》决狱”，是把《春秋》承载的义理当作司法判决的依据，但事实上，《春秋》作为居于核心地位的经，不仅是充当处理具体案件的依据，而且在很多时候，都充当了裁断一切政治行为、社会行为是否正当、是否合法的终极依据。然而，帝制终结后，经学也随之瓦解。中国社会整体上从经学时代转向法理时代，以前由经学提供的终极理据，转而由法理来提供，社会治理方式也随之转向法治。换言之，一切政治社会行为，在法理上站得住的，就是正当的；在法治的轨道上运行的，就是正当的。法理及法治由此成为一切政治社会的正当性理据，这就彰显了中国特色社会主义法治在社会主义事业中应当承担的一项历史使命：以法理的论证、法治的方式为社会主义事业提供新的理据。

---

① 参见王贵明：《马克思主义的自由个性与自由主义的个人优先性》，《哲学研究》2001 年第 4 期。

三、中国特色社会主义法治对中华民族伟大复兴承担的历史使命

中国特色社会主义法治的历史使命，还包括在中华民族实现伟大复兴的过程中应当承担的使命，这一历史使命更加现实，更加具有针对性。在这里，我们首先需要理解：中华民族伟大复兴作为一个宏大的目标，它是怎么形成的？它意味着什么？

这个问题的整体背景可以概括为：从鸦片战争开始到抗日战争结束，中华民族经历了一个前所未有的低谷时期。中国宪法在“序言”中有一句话：“一八四〇年以后，封建的中国逐渐变成半殖民地、半封建的国家。中国人民为国家独立、民族解放和民主自由进行了前仆后继的英勇奋斗。”党章总纲中也有一句话：“在毛泽东思想指引下，中国共产党领导全国各族人民，经过长期的反对帝国主义、封建主义、官僚资本主义的革命斗争，取得了新民主主义革命的胜利，建立了人民民主专政的中华人民共和国。”在这些高度概括的权威性表达的背后，正是中华民族在近代面临的严峻危机。特别是1894年甲午中日战争的失败，使中华民族的危机感陡然上升。1895年，严复写下了《论世变之亟》，这篇文章的标题，就已经传达了一个时代的焦虑感、危机感。这篇文章开篇就指出：“观今日之世变，盖自秦以来未有若斯之亟也。”[①] 同样也是在1895年，康有为、梁启超集

① 黄克武编：《中国近代思想家文库·严复卷》，中国人民大学出版社2014年版，第3页。

结数百名举人，联名上书光绪皇帝，反对清政府签订丧权辱国的《马关条约》，史称“公车上书”。自那以后的数十年间，救亡、救时、救国成为一个时代的最强音，各种各样的救亡、救时、救国运动风起云涌。

正是在这个过程中，法治与“救时”“存国”的关系开始凸显出来，法治的重要性开始凸显出来。1904 年，梁启超在《中国法理学发达史论》一文中写道：“逮于今日，万国比邻，物竞逾剧，非于内部有整齐严肃之治，万不能壹其力以对外。法治主义，为今日救时唯一之主义；立法事业，为今日存国最急之事业。稍有识者，皆能知之。”[①] 要“救时”，要“存国”，就需要富国强兵，“而欲举富国强兵之实，惟法治为能致之”[②]。按照这种稍显极端的论述，法治堪称赖以“救时”“存国”的唯一方案；当然，法治也是实现富国强兵的唯一方案。这就是说，只有法治才能拯救当时的中国。这就是梁启超的方案，也是那个时代颇具影响力的一种救国方案。

为什么会提出通过法治救中国的方案？一个根本的原因在于根深蒂固的历史记忆。在以梁启超为代表的那个时代的思想者看来，近代中国所置身其中的世界，就相当于中国的先秦时代：都是“万国比邻”的战国时代。如果把先秦的战国时代称为“旧战国时代”，那么清末中国所置身其中的战国时代，就是所谓的“新战国时代”。两者之间具有很大的可比性：“一方面，

---

① 梁启超：《梁启超全集》，第 1255 页。

② 同上书，第 1280 页。

无论是‘新战国’还是‘旧战国’，都是列国众多、大小强弱不等、相互征战不休；都是时而结盟、时而背信、一切以利益为鹄的；都是强国谋求霸主地位、弱国岌岌于自保。另一方面，在‘旧战国时代’，最强盛的秦国在西方，在‘新战国时代’，最强盛的美国恰好也在西方；甚至‘新战国时代’处于东方的‘礼仪之邦’中国，都可以比作‘旧战国时代’地处东方的‘好礼’之鲁国……诸如此类的现实与事实似乎都可以说明：太阳底下无新事，‘新战国时代’几乎就是‘旧战国时代’的重演与再现。”[①]

在“旧战国时代”，秦国依靠“一断于法”的法家方略实现了富国强兵，不仅在残酷的生存竞争中实现了“存国”的初级目标，而且最终实现了“六王毕，四海一”的高级目标。自清末以降，很多代表性的思想者竞相批判儒家学说，背后其实也隐含着这样的历史记忆：在春秋战国时期，鲁国作为儒家学说的大本营，在列国竞争中并未占据什么优势；在战国七雄中，甚至都没有鲁国的一席之地。这一点可以表明，至少对战国时代的“存国事业”来说，儒家学说并没有表现出明显的优势或有效性；相反，法家学说在战国背景下的有效性或绩效，却通过了历史的检验。换言之，只有法家学说、法家方略，才是战国背景下救亡、救时、救国可以依赖的学说、方略。这就是梁启超等人推崇“法家法治”的根本原因。

其实，在梁启超宣扬法家的法治主义之前，早在 1898 年，

① 喻中：《中国法治观念》，第 78 页。

章太炎就已经开始为法家及其“作法”“行法”实践辩护。那一年，章太炎写下了《商鞅》一文，称：“鞅之作法也，尽九变以笼五官，核其宪度而为治本，民有不率，计划至无俚，则始济之以攫杀援噬。此以刑维其法，而非以刑为法之本也。”从结果来看，“商鞅行法而秦日富”，既能“使民生”，又能“使民膏泽”。[①]商鞅的“作法”“行法”不仅实现了国富，而且促进了民生。这样的法家人物，堪比儒家理想中的圣人。在梁启超之后，陈启天更清楚地阐述了法家复兴的背景，他说：“近代中国已被迫走上了世界的新战国时代，滋长在闭关的大一统帝国之内的儒家思想，便不足应付这个新战国时代的需要。于是法家遂有一种复兴的倾向。法家思想产生于战国时代，今又遇一个世界的新战国时代，自然而然要重行倾向于法家思想。”[②]陈启天的这段话发表于1936年，正值抗日战争全面爆发之前夜。由此可见，陈启天从“新战国”的立场上观察儒家思想的消退与法家思想的复兴，其实具有很大的现实针对性。

“新战国时代”既是《义勇军进行曲》所描述的“中华民族到了最危险的时候”，同时也是中华民族最需要“救时”“存国”的时代。在那个时代的思想者看来，最有效的一种“救时”“存国”方案，就是先秦法家的法治方案。这样的思想进路，可以说是清末民初若干代表性思想人物的普遍选择。与此同时，还应当注意青年毛泽东的选择。他在1912年写下了一篇《商鞅徙

---

① 章太炎：《章太炎全集》，朱维铮点校，上海人民出版社2014年版，第80—83页。

② 陈启天：《中国法家概论》，中华书局1936年版，第115页。

木立信论》:“该文联系社会现实提出，要取信于民、开发民智，必须以法治国。说‘法令者，代谋幸福之具也’，法令之善与不善关系到是否‘利国福民’。作文高度评价商鞅变法，说:‘其法惩奸宄以保人民之权利，务耕织以增进国民之富力，尚军功以树国威，孥贫怠以绝消耗。此诚我国从来未有之大政策’。并说商鞅是首屈一指的‘伟大之政治家’。”[①]可见，青年时代的毛泽东也曾高度认同法家代表人物的“以法治国”。

从清末至民国，基于对法家及其“以法治国”理念的认同，兴起了一个“新法家”思潮。而且，“新法家”思潮中的代表人物，几乎都不是纯粹的书斋学者，而是政治社会领域的行动家。这就是说，主张复兴法家思想特别是梁启超所说的“法治主义”，以实现国家富强，以挽救民族危亡，既是一种思潮，同时也是“新法家”代表人物的实践活动。在全民族救国救亡的艰辛历程中，随着抗日战争、解放战争以及抗美援朝战争的胜利，中华民族开始走出低谷。这一巨大的历史成就，都是中国共产党领导中国人民取得的。但是，在这个过程中，梁启超所说的“法治主义”也发挥了积极的作用。这就是说，梁启超所说的法治和法治主义，对于中华民族走出低谷，发挥了积极而正面的作用。

自20世纪50年代以来，中国人民开始了独立自主建设社会主义国家的历程。经过几十年的持续努力，已经为中华民族的伟大复兴奠定了良好的基础。站在今日，回顾历史，如果

① 中共中央文献研究室编:《毛泽东年谱:1893—1949》上卷，中央文献出版社2013年版，第12页。

说在 20 世纪上半叶，在中华民族走出历史低谷的过程中，梁启超所说的“法治主义”发挥了积极的作用，那么在当下的中国，在中华民族实现伟大复兴的过程中，中国特色社会主义法治也应当发挥作用，也应当承担它的历史使命——那就是，以法治的方式，不断地提升国家治理能力，实现国家治理现代化。

在这样一个走向法理化的时代，法治既是中国提升国家治理能力的基本方式，也是中国参与全球治理的基本方式。今天中国的法治已经不同于梁启超所理解的法治，已经演进到中国特色社会主义法治这样一个新的阶段。中国特色社会主义法治强调党的全面领导，强调马克思主义的指导地位，较之于梁启超所说的法治，具有更加强大的解释并改造这个世界的能力。蕴含这种特质的中国特色社会主义法治，既能够有效地支撑国家治理的现代化，也能够有效地支撑构建人类命运共同体，因而能够承担助推中华民族实现伟大复兴的历史使命。

中国特色社会主义法治的历史使命，就蕴含在“中国特色社会主义法治”这个概念当中。这个概念包含三个核心要素，分别是“法治”“社会主义”“中国”。着眼于此，中国特色社会主义法治的历史使命就可以从三个方面来阐明：首先，它应当承担对法治的使命，准确地说，是应当承担对人类法治文明的历史使命，它应当努力成为人类法治文明的“集大成者”，成为比以往的各种法治更加浓厚、更加饱满、更加丰富的法治；其次，它应当承担对社会主义的使命，具体地说，它要为人的自由而全面的发展提供新的方案，要为不断发展的社会主义事业提供新的理据；最后，它应当承担对中国的使命，具体地说，它应当在中华民族实现伟大复兴的进程中，以法治的方式提升国家治理能力，实现国家治理现代化，以此承担对中华民族实现伟大复兴的历史使命。

第四章
中国特色社会主义法治的历史逻辑

陈寅恪在《冯友兰中国哲学史下册审查报告》一文中写道："窃疑中国自今日以后，即使能忠实输入北美或东欧之思想，其结局当亦等于玄奘唯识之学，在吾国思想史上，既不能居最高之地位，且亦终归于歇绝者。其真能于思想上自成系统，有所创获者，必须一方面吸收输入外来之学说，一方面不忘本来民族之地位。此二种相反而适相成之态度，乃道教之真精神，新儒家之旧途径，而二千年吾民族与他民族思想接触史之所昭示者也。"①

对于中国特色社会主义法治理论及实践来说，这几句话虽然写于20世纪30年代，但至今仍具有启示意义。陈寅恪提到的"玄奘唯识之学"，可以说是中华民族"忠实输入"印度佛教的一个典型。但是，"玄奘唯识之学"并不能在中国思想史上居于最高地位。背后的原因在于，"玄奘唯识之学"虽然是纯正的出于印度的佛学，但它忘记了中华"本来民族之地位"，它

---

① 陈寅恪：《金明馆丛稿二编》，生活·读书·新知三联书店2015年版，第284—285页。

与中华“本来民族”没有进行深度的融合，它没有真正地走进中华“本来民族”的心灵深处，它悬置在中华“本来民族”的精神之外。“玄奘唯识之学”的学术价值不容置疑，但它与中华“本来民族”没有血脉上的交往关系，因而不可能“居最高之地位”。相比之下，陈寅恪在此没有提及的“惠能禅宗之学”，倒是“在吾国思想史上”占据了一个很高的地位，且至今不曾歇绝。试比较“玄奘唯识之学”与“惠能禅宗之学”在中国思想史上的不同命运，我们可以相信陈寅恪的判断：“中国自今日以后”形成的思想、理论及其实践，要想在中国思想史上有所创获，自成系统，必须注意两个要点：“吸收输入外来之学说”“不忘本来民族之地位”。这两个要点，可以简化为：“不忘本来”“输入外来”。只有坚持这两个要点的思想及其实践，才可能在中国思想史上居于最高地位，才可能保持长久的生命力。

在陈寅恪的分析框架中，可以看到，中国特色社会主义法治作为一种理论及实践，既是“不忘本来”的产物，也是“输入外来”的产物。中国特色社会主义法治作为一种新型的法治，是在古今中外的历史交汇点萌生、成长起来的，它是历史的产物，它的历史逻辑也可以归纳为两个方面：“不忘本来”与“输入外来”。中国特色社会主义法治之所以能够“自成系统”，而且“有所创获”，主要原因就在于，它既能“不忘本来”，同时也能“输入外来”，因而能够有效地“成就未来”。对于中国特色社会主义法治所蕴含的这种历史逻辑，可以从三个环节予以分述。

一、中国特色社会主义法治对中华传统法律文化的传承

中国特色社会主义法治是在历史演进过程中逐渐形成的。这里所说的"历史"，可以包括世界其他民族的历史，但主要是中华民族的历史。按照前述陈寅恪之理路，中国特色社会主义法治作为一种理论及实践，须"不忘本来民族之地位"。这就是说，中国特色社会主义法治归根到底是中华民族的法治。中国特色社会主义法治只有自觉打通与中华优秀传统法律文化的联系，才能充分体现"不忘本来民族之地位"，才能为中国特色社会主义法治理论的创新发展、中国特色社会主义法治实践的丰富完善，确立坚实的历史根基。

（一）以法治国

在中国特色社会主义法治理论及实践中，"依法治国"占据了中心地位，以至于我们可以说，中国特色社会主义法治就是围绕着"依法治国"或"全面依法治国"而展开的。[①] 但如果能够从历史上看，那么当代中国的"依法治国"乃是由古代中国的"以法治国"转化而来的。先秦时代兴起的"以法治国"构成了当代中国"依法治国"的历史源头，在相当程度上可以理解为当代中国"依法治国"之滥觞。

---

① 譬如，2018年就已经正式设立了"中央全面依法治国委员会"，从名称上看，其主要职能就在于推进全面依法治国。

西周时期，国家治理的主流是礼乐之治；到了东周时期，随着地方诸侯独立性的增强，“礼崩乐坏”越来越普遍。为了适应诸侯之间相互攻伐、征战不已的现实环境，一些具有现实感的政治家、思想家鉴于“礼崩乐坏”的实际情况，从不同角度反复论述了“以法治国”的主张。在这个政治家、思想家群体中，倘若管子其人的思想可以由《管子》其书来体现，那么管子就是较早提出并实践“以法治国”的主要代表。《管子·明法》:“是故先王之治国也，不淫意于法之外，不为惠于法之内也。动无非法者，所以禁过而外私也。威不两错，政不二门。以法治国，则举错而已。”[①] 按照这个要求，不仅要严格依法办事，而且还要在法的框架下、范围内思考问题。所谓“不淫意于法之外”，就是“不游意于法之外”，这几乎就是当代中国提倡的法律思维或法治思维，亦即根据法律的思维。按照这样的法治思维治国理政，则“举错而已”，意思是“如此办理，无不成功”。《管子·明法解》还进一步解释了“以法治国”的主张：“明主者，一度量，立表仪，而坚守之，故令下而民从。法者，天下之程式也，万事之仪表也。吏者，民之所悬命也。故明主之治也，当于法者赏之，违于法者诛之。故以法诛罪，则民就死而不怨；以法量功，则民受赏而无德也。此以法举错之功也。故《明法》曰：以法治国，则举错而已。”[②] 这既是对“以法治国”内涵的解释，也是对“以法治国”的具体化。

从《明法》到《明法解》，可以看到“以法治国”在管子

① 房玄龄注:《管子》，第 319 页。
② 同上书，第 412 页。

治国思想中的重要地位。正是管子对“以法治国”方略的推崇，让梁启超在1910年写成的《管子传》中得出了这样的结论：“今世立宪之国家，学者称为法治国。法治国者，谓以法为治之国也。夫世界将来之政治，其有能更微于今日之立宪政治者与否，吾不敢知。藉曰有之，而要不能舍法以为治，则吾所敢断言也。故法治者，治之有轨也，而通五洲万国数千年间。其最初发明此法治主义，以成一家言者谁乎？则我国之管子也！”[①]按照梁启超的这个论断，如果说管子是“以法治国”理论及实践的发明者，那么在整个春秋战国时代，这样的理论及实践堪称后世所概括的法家学派的一个共识。

到了战国晚期，作为先秦诸子的最后一个重镇，韩非子还在重述源于管子的“以法治国”。譬如，《韩非子·有度》称：“故明主使其群臣不游意于法之外，不为惠于法之内，动无非法。”因而，“巧匠目意中绳，然必先以规矩为度；上智捷举中事，必以先王之法为比。故绳直而枉木斫，准夷而高科削，权衡县而重益轻，斗石设而多益少。故以法治国，举措而已矣。法不阿贵，绳不挠曲。法之所加，智者弗能辞，勇者弗敢争”。[②]这几乎就是对管子“以法治国”的再阐释。在管子与韩非子之间的商鞅，还提供了替代性的表达方式。譬如，《商君书·慎法》称：“破胜党任，节去言谈，任法而治矣。”“夫以法相治，以数相举。誉者不能相益，訾言者不能相损。”[③]商鞅所说的“任

① 梁启超：《梁启超全集》，第1865页。
② 高华平、王齐洲、张三夕译注：《韩非子》，第49—50页。
③ 石磊译注：《商君书》，中华书局2011年版，第171页。

法而治”或“以法相治”与管子、韩非所说的“以法治国”，没有实质性的区别。

春秋战国时期兴起的“以法治国”，主要在于回应那样一个众多诸侯相互竞争的格局。秦汉之后，中国进入了一个“大一统”的历史时期，虽然“以法治国”的理论与实践有所隐退，但毕竟没有消失。譬如，王安石就在《周公》一文中提出：“君子之为政，立善法于天下则天下治，立善法于一国则一国治。”[①] 到了19世纪晚期，当中国的世界从“天下体系”转向“万国体系”，当中国再次走进一个“新战国时代”，先秦法家反复致意的“以法治国”被重新唤醒，“法治”或“法治主义”的概念被重新提出，新法家开始兴起，法家从第一期演进到第二期。[②] 在梁启超等人重新倡导法治主义之后，又经过一百多年的融合、发展，最终升华成为当代中国的“依法治国”。然而，如果我们要追寻“依法治国”及“全面依法治国”的历史根源，仍可以回溯至管子的“以法治国”。

（二）民惟邦本

中国特色社会主义法治有一个关键性的特征，那就是，“要坚持以人民为中心”，“用法治保障人民安居乐业”。[③] 这种“以人民为中心”的法治理论及实践，也可以在中华民族的历史上找到其最初的源头，那就是源远流长的“民惟邦本”，亦即“民

---

① 王水照主编：《王安石全集》，复旦大学出版社2016年版，第1164页。

② 喻中：《法家三期论》，法律出版社2017年版，第1页。

③ 《坚定不移走中国特色社会主义法治道路，为全面建设社会主义现代化国家提供有力法治保障》，《人民日报》2020年11月18日，第1版。

本”。用现代语言来表达，那就是“以人民为根本”。在传统中国的思想谱系及国家治理体系中，“民本”占据了一个基础性的地位。能够恪守、遵循“民本”之原则，是衡量主政者国家治理能力的一个重要指标。

《尚书·五子之歌》：“皇祖有训，民可近，不可下。民惟邦本，本固邦宁。”[①] 这句话是说，“民”只可亲近，不可轻视，不可疏远，“民”才是国家治理的根本、根基，只有根基稳固，国家才能安宁。根基稳固、国家安宁的关键在于顺民心、顺民意。那么，如何顺民心、顺民意？《尚书·蔡仲之命》：“皇天无亲，惟德是辅；民心无常，惟惠之怀。”[②] 民心所向、民心所系，关键在于主政者的仁德。倘若主政者以仁德之心待民，就能够顺应民心、民意。这种“民惟邦本”的思想与原则，在中国历史上引起了持续不断的回响。

譬如，《管子·牧民》：“政之所兴，在顺民心；政之所废，在逆民心。”[③] 政之兴废，取决于民心之顺逆，取决于主政者能否顺民心，能否遵循“民为邦本”之原则。孟子有一个著名的排序：“民为贵，社稷次之，君为轻。是故得乎丘民而为天子，得乎天子为诸侯，得乎诸侯为大夫。”[④] 孟子此言，建构了一个关于权力的授受关系：能够得到民众认可的，可以成为天子；能够得到天子认可的，可以成为诸侯；能够得到诸侯认可的，可以

---

① 王世舜、王翠叶译注：《尚书》，第 369 页。

② 同上书，第 462 页。

③ 房玄龄注：《管子》，第 2 页。

④ 杨伯峻译注：《孟子译注》，中华书局 2012 年版，第 364 页。

成为大夫。这里的权力授受关系，与现行宪法中的相关规定遥相呼应：国务院各部委对国务院负责，国务院向全国人大及其常委会负责，全国人大常委会向全国人大负责，全国人大向全国人民负责。在这个链条中，人民是权力的终极来源。孟子的“民为贵”，也隐含了这样的法理意涵：民是天子权力及其正当性的源头。

战国末期吕不韦主持编纂的《吕氏春秋》作为一部集成式的著作，其中有一篇就叫《顺民》。此篇总结的历史经验是：“先王先顺民心，故功名成。夫以德得民心以立大功名者，上世多有之矣。失民心而立功名者，未之曾有也。”[①]汉代初期，贾谊在《新书·大政上》之开篇提出：“闻之于政也，民无不为本也。国以为本，君以为本，吏以为本。故国以民为安危，君以民为威侮，吏以民为贵贱。此之谓民无不为本也。”[②]据此，无论是国家、君主还是官吏，都要遵循民本原则。这些关于民本的论述，源于传统中国国家治理的基本经验，它们作为中华民族本来的传统法律文化，已经汇入当代中国“以人民为中心”的中国特色社会主义法治理论及实践中。

（三）明德慎罚

在中国特色社会主义法治道路上，“要坚持依法治国和以德治国相结合，实现法治和德治相辅相成、相得益彰”[③]。中国特

① 许维遹：《吕氏春秋集释》，梁运华整理，中华书局2016年版，第171页。

② 方向东译注：《新书》，中华书局2012年版，第275页。

③《坚定不移走中国特色社会主义法治道路，为全面建设社会主义现代化国家提供有力法治保障》。

色社会主义法治的这个要点，可以追溯到西周初年的“明德慎罚”。在那个时候，甚至在更加遥远的古代，在中华民族的国家治理体系中，就已经出现了“依法治国和以德治国相结合”的萌芽，就已经意识到：良好的国家治理，既离不开法（刑、律、罚），更离不开德。没有德的引领，没有德的支撑，不可能有良好的国家治理。

《尚书·多方》主要记载了周公对殷商遗民的训话。在这篇文献中，周公总结了历代殷商圣王的德政，他说：“乃惟成汤克以尔多方简，代夏作民主。慎厥丽，乃劝。厥民刑，用劝。以至于帝乙，罔不明德慎罚，亦克用劝。”[①]在周公看来，从成汤到帝乙，已经开创了“明德慎罚”的政治实践：成汤既救民于水火，也对犯罪者施以刑罚。前者是明德，后者是慎罚。成汤两手并用，都是为了让人们走向正道。帝乙也是这样的圣王：尽力阐明德教，谨慎使用刑罚。除了纣王这样的例外者，殷商历代圣王都是“明德慎罚”的实践者。

周公认为，“明德慎罚”既然是殷商圣王留下来的一项优秀传统，姬周王朝就应当继承下来。因而，在《康诰》中，周公又以此教导他的弟弟康叔：“予惟不可不监，告汝德之说于罚之行。”[②]“惟乃丕显考文王，克明德慎罚，不敢侮鳏寡，庸庸，祗祗，威威，显民，用肇造我区夏。”[③]文王作为周公与康叔共同的父亲，就是因为遵循了“明德慎罚”的原则，才获得

---

① 王世舜、王翠叶译注：《尚书》，第280页。

② 同上书，第193页。

③ 同上书，第180—181页。

了上天的认同，才能取代纣王获得政权。因此，只有继续遵循“明德慎罚”的原则，才能把殷商遗民治理好，才能把国家治理好。

周公反复申说的“明德慎罚”，在后世被发展成为一个包括“礼乐刑政”或“德礼政刑”之体系。《礼记·乐记》：“礼节民心，乐和民声，政以行之，刑以防之。礼乐刑政，四达而不悖，则王道备矣。”[①]“故礼以道其志，乐以和其声，政以一其行，刑以防其奸。礼乐刑政，其极一也，所以同民心而出治道也。”[②]根据《礼记》中的这些界定，“礼乐刑政”虽然各有指向，但归根到底都是为了实现良好的国家治理，那就是实现“王道”。

相比之下，孔子建构的体系是“德礼政刑”，与《礼记》规定的“礼乐刑政”在内容及排序上略有差异。在《论语·为政》中，孔子认为：“道之以政，齐之以刑，民免而无耻；道之以德，齐之以礼，有耻且格。”[③]在这里，孔子强调德与礼的重要性，但并不因此而否定政与刑在国家治理体系中的作用。在孔子看来，在政与刑的治理下，民众毕竟还是可以免于犯罪的。但是仅仅免于犯罪还是不够的，因为国家治理还应当有更高的德性方面的追求[④]，那就得依据德与礼。对于更好的国家治理来说，德与

① 王文锦译解：《礼记译解》，中华书局2016年版，第476页。

② 同上书，第472页。

③ 陈晓芬、徐儒宗译注：《论语·大学·中庸》，第16页。

④ 瞿同祖就此认为：“从法家的眼光来看，只要使人不敢为恶，法律的目的便已达到，原不问人心善恶，也不要求人心向善。”在法家看来，“法律的作用原在禁奸，非为劝善”。瞿同祖：《瞿同祖论中国法律》，商务印书馆2014年版，第2页。

礼的组合高于政与刑的组合。历史地看，周公偏好“明德”，孔子偏好“德礼”，孔子建构的“德礼政刑”可以看作对周公建构“明德慎罚”的继承和发展。在孔子之后，《吕氏春秋·上德》亦有观点相似的论述：“为天下及国，莫如以德，莫如行义。以德以义，不赏而民劝，不罚而邪止，此神农、黄帝之政也。以德以义，则四海之大，江河之水，不能亢矣。”[①]这里的“德义”不同于孔子的“德礼”，也不同于周公的“明德”，但三者之间有一个最大公约数，那就是政治之“德”。

再往下看，董仲舒在著名的“天人三策”中提出：“圣王之治天下也，少则习之学，长则材诸位，爵禄以养其德，刑罚以威其恶，故民晓于礼谊而耻犯其上。”[②]这就是说，对于“治天下”来说，养德与刑罚都很重要。东汉陈宠认为：“礼之所去，刑之所取，失礼则入刑，相为表里者也。”[③]按照前述孔子的论断，礼和德可以相互关联，刑和罚也可以彼此并称，这同样是在强调德礼与刑罚的综合运用，两者都是服务于国家治理的。当然，相对于“刑罚”来说，“德礼”毕竟还是占据了更加根本的地位，这就正如《唐律疏议·名例》所称：“德礼为政教之本，刑罚为政教之用，犹昏晓阳秋相须而成者也。”[④]

到了宋代，朱熹沿袭了孔子的观点，进而认为：“政者，为治之具。刑者，辅治之法。德礼则所以出治之本，而德又礼之

---

① 许维遹：《吕氏春秋集释》，第450—451页。
② 班固：《汉书》，中华书局2007年版，第565页。
③ 范晔：《后汉书》，中华书局2007年版，第455—456页。
④ 刘俊文：《唐律疏议笺解》，中华书局1996年版，第3页。

本也。此其相为终始，虽不可以偏废，然政刑能使民远罪而已，德礼之效，则有以使民日迁善而不自知。故治民者不可徒恃其末，又当深探其本也。”① 依此，国家治理体系主要是由“德礼政刑”组合起来的，从重要性上看，德先于礼，礼先于政，政先于刑。国家治理能力的提升，需要“德礼政刑”相互配合，形成合力。传统中国从周公到朱熹的这些论述，为中国特色社会主义法治强调的“实现法治和德治相辅相成、相得益彰”，完全可以予以贯通性的理解。

以上列举的三个方面足以表明，中华民族历史中蕴含了丰富的传统法律文化。传统中国的诸子百家之学，其实都有一个最大公约数，那就是聚焦于“治”，这就正像《史记·太史公自序》篇中的一个概括：“易大传：‘天下一致而百虑，同归而殊途。’夫阴阳、儒、墨、名、法、道德，此务为治者也，直所从言之异路，有省不省耳。”② 诸子百家的学说虽然旨趣不同，各有侧重，但它们都在追求一个共同的目标，那就是“治”，因而都可以归属于国家治理的学说。为了实现良好的国家治理，各家学说分别权衡了德、礼、政、刑等多种规范的价值与功能，但它们都具有规范性意义，都有助于实现良好的国家治理。这些具有规范性意义的历史资源，已经以不同的方式，汇入了中国特色社会主义法治的不同环节、不同侧面，体现了中国特色社会主义法治的“不忘本来”。

---

① 朱熹：《四书章句集注》，中华书局2011年版，第55页。

② 司马迁：《史记》，中华书局2006年版，第758页。

二、中国特色社会主义法治对外来法治成果的借鉴

中国特色社会主义法治不仅吸取了中华民族固有的传统法律文化，同时也借鉴了其他民族在其历史演进历程中形成的有益法治成果，因而中国特色社会主义法治也是“输入外来”的产物。数十年来，中国特色社会主义法治正是在“输入外来”有益成果的过程中不断走向成熟的。考察中国特色社会主义法治的理论及实践，即可以发现，其中的很多要素都源于世界其他民族的法治经验。

（一）良法善治与法律权威

中国特色社会主义法治强调良法善治与法律权威。譬如，坚持“科学立法”，主要在于制定出良好的法律；坚持“严格执法”，可以树立法律的权威。在中华民族固有的传统法律文化中，虽然也有对良法善治与法律权威的追求[①]，但是相对来说，在中国特色社会主义法治理论及实践中，强调良法善治与法律权威，却主要是“输入外来”、借鉴外来的结果。

---

① 譬如，《韩非子·心度》认为：“治民无常，唯治为法。法与时转则治，治与世宜则有功。故民朴而禁之以名则治，世知维之以刑则从。时移而治不易者乱，能治众而禁不变者削。故圣人之治民也，法与时移而禁与能变。”高华平、王齐洲、张三夕译注：《韩非子》，第759页。法律须“与时转”，才能实现“治”的目标，这就是韩非想象的良法善治。再譬如，《管子·任法》称：“君臣上下贵贱皆从法，此谓为大治。”房玄龄注：《管子》，第314页。这就是说，所有人都服从法律，就表明法律具有权威性，只有强调法律的权威性，才能实现天下“大治”。

在古希腊时期，亚里士多德就论述了良法善治与法律权威。他提出了一个著名的法治公式："我们应该注意到邦国虽有良法，要是人民不能全都遵循，仍然不能实现法治。法治应包含两重意义：已成立的法律获得普遍的服从，而大家所服从的法律又应该本身是制订得良好的法律。"[①] 这是关于良法善治的经典论述。此外，亚里士多德还强调："凡不能维持法律威信的城邦都不能说它已经建立了任何政体。法律应在任何方面受到尊重而保持无上的权威，执政人员和公民团体只应在法律（通则）所不及的'个别'事例上有所抉择，两者都不该侵犯法律。"[②] 这是关于法律权威的代表性论述。自古希腊以降，西方历史上关于良法善治的理论与实践极为丰富。譬如，形形色色的自然法理论，从古典自然法理论到新自然法理论，在相当程度上都可以理解为关于良法善治的理论。因为，自然法的概念及实践指向，主要就在于为实在法提供一个更高的、可供遵循的标准，这个更高的标准其实就是良法的标准。

进而言之，古典自然法理论通常以理性、正义等相对抽象的价值要素作为自然法的实体内容。这就是说，良好的实在法应当是符合理性、正义等标准的法。譬如，西塞罗认为："法律是植根于自然的、指挥应然行为并禁止相反行为的最高理性"，"这一理性，当它在人类的意识中牢固确定并完全展开后，就是法律"。直白言之，法律应当是最高理性的展开，而且，"正义的来源就应在法律中发现，因为法律是一种自然力；它是聪明

① 亚里士多德：《政治学》，第202页。
② 同上书，第195页。

人的理智和理性，是衡量正义和非正义的标准”。[①]按照这样的论断，良法应当是符合理性的法。在古典自然法的基础上，当代的新自然法理论，更多地开发了关于良法的技术标准，并由此发展出所谓的“程序自然法”。譬如，富勒认为，倘若要将法律作为一项使人类的行为服从规则之治的事业，那么法律就必须符合八个方面的要求：法律要有一般性；法律应当颁布；法律适用于将来而非溯及既往；法律要有清晰性；要避免法律中的矛盾；法律要有稳定性；官方行为与公布的法律规则保持一致；等等。如果法律能够符合这些标准或要求，那就“可以独立确保使人类行为服从于规则之治这一事业的成功”[②]。富勒列举的这八个方面的要求，可以看作关于良法的技术标准，亦即程序自然法的内容。只有符合这些技术标准的法才是良法，只有这样的良法才能保障善治，亦即成就他所说的“规则之治”。

强调法律的权威，强调法律必须符合某些要求，这些关于法律、法治的理论与实践，在西方历史上已经流传了数千年。它们作为外来的法治成果，在经过一百多年的中西文明交汇之后，已经被中国特色社会主义法治所吸收，已经融入中国特色社会主义法治的肌体中。

（二）约束公权与保障人权

从权力与权利的角度来看，中国特色社会主义法治既要约

---

① 西塞罗：《国家篇　法律篇》，沈叔平、苏力译，商务印书馆2011年版，第160页。

② 富勒：《法律的道德性》，第143页。

束公权，又要保障人权。一方面，中国特色社会主义法治注重对权力的制约与监督，因而，“要加快构建规范高效的制约监督体系”[①]。另一方面，正如宪法第三十三条第三款所规定的：“国家尊重和保障人权。”这两个方面相互支撑、相互结合，表达了中国特色社会主义法治的一个重要维度，但从历史渊源上看，这两个方面都借鉴了外来的有益法治成果。

就约束公权来看，其他民族已经积累了丰富的理论与实践。譬如，英国资本主义革命时期的洛克认为：“如果同一批人同时拥有制定和执行法律的权力，这就会给人们的弱点以绝大诱惑，使他们动辄要攫取权力，借以使他们自己免于服从他们所制定的法律，并且在制定和执行法律时，使法律适合于他们自己的私人利益，因而他们就与社会的其余成员有不相同的利益，违反了社会和政府的目的。”[②]法国的孟德斯鸠还提供了更为简洁明快的论述，他说：“自古以来的经验表明，所有拥有权力的人，都倾向于滥用权力，而且不用到极限绝不罢休。”他还认为：“为了防止滥用权力，必须通过事物的统筹协调，以权力制止权力。我们可以有这样一种政治体制，不强迫任何人去做法律不强制他做的事，也不强迫任何人不去做法律允许他做的事。”[③]这些关于权力制约的理论，以及依此展开的实践具有借鉴意义。当

---

① 《坚定不移走中国特色社会主义法治道路，为全面建设社会主义现代化国家提供有力法治保障》。

② 洛克：《政府论》下篇，叶启芳、瞿菊农译，商务印书馆1996年版，第89页。

③ 孟德斯鸠：《论法的精神》上卷，许明龙译，商务印书馆2012年版，第185页。

代中国不搞某些国家的三权鼎立，不搞两党制或多党轮流执政，但是我们可以借鉴其他民族创造的关于权力制约的理论及实践，更加有效地把权力关进法律制度的笼子里，加强对权力的制约与监督，形成不敢腐败的惩戒机制、不能腐败的防范机制、不易腐败的保障机制；杜绝法律之外的权力，促使任何权力的行使都必须为人民服务，对人民负责，受人民监督。

再看保障人权。西方历史很早就孕育出了人权的观念。中世纪时期，意大利文艺复兴运动的先驱但丁有一个论断："帝国的基石则是人权"，"帝国也不能做任何违反人权的事"。[①]资本主义革命时期的启蒙思想家，如霍布斯、洛克、卢梭等等，都从自然法或自然权利的角度阐述了关于人权保障的思想。在丰富的人权思想的铺垫与引领下，1689 年英国《权利法案》开篇宣称："为确保英国人民传统之权利与自由而制定本法律。" 1776 年美国《独立宣言》提出："我们认为这些真理是不言而喻的：人人生而平等，他们都从他们的造物主那里被赋予了某些不可转让的权利。" 1789 年法国《人权和公民权利宣言》认为："组成国民议会的法国人民的代表们，认为不知人权、忽视人权和轻蔑人权是公众不幸、政府腐败的惟一原因，所以决定把自然的、不可剥夺的神圣的人权阐明于庄严的宣言之中。" 在前述思想基础上，20 世纪以来，联合国 1948 年通过的《世界人权宣言》第一次系统地在世界范围内提出了人权的具体内容；联合国 1966 年通过的《经济、社会及文化权利国际公约》《公民和

① 但丁：《论世界帝国》，朱虹译，商务印书馆 2011 年版，第 79 页。

政治权利国际公约》重申了《世界人权宣言》的主要内容，同时还确认了民族自决权等若干新型人权；联合国1986年通过的《发展权宣言》又把发展权确认为一项不可剥夺的人权。时至今日，在西方得到完整现代阐发，后来又经过世界人民共同培植的人权种子，已经在中国特色社会主义法治理论及实践中结出了累累硕果：关于人权的研究已经成为中国特色社会主义法治理论的重要组成部分，在中国特色社会主义法治的实践中，人权保障事业已经蓬勃兴起，并取得了举世瞩目的成就。

（三）司法公正与正当程序

在中国特色社会主义法治实践中，“公平正义是司法的灵魂和生命”，因而，“健全社会公平正义法治保障制度，努力让人民群众在每一个司法案件中感受到公平正义”[①]，一直都是中国特色社会主义法治的一个重要目标。公正司法离不开制度支撑，支撑和保障司法公正的制度主要是程序制度。关于司法公正与程序正义，在其他国家的历史上，已经积累了丰富的经验。

早在古罗马时代，乌尔比安就提出：“致力于法的研究的人首先应该知道‘法’（ius）这个称呼从何而来。法其实来自于正义：实际上，就像杰尔苏非常优雅地定义的那样，法是善良与公正的艺术。”[②]按照这个“优雅”的定义，司法公正就是一种善；相反，不公正的司法就是一种恶。在英国，培根在《论司

---

① 《坚定不移走中国特色社会主义法治道路，为全面建设社会主义现代化国家提供有力法治保障》。

② 费安玲主编：《学说汇纂》第1卷，罗智敏译，纪蔚民校，中国政法大学出版社2008年版，第5页。

法》一文中说："一次不公的判断比多次不平的举动为祸犹烈。因为这些不平的举动不过弄脏了水流，而不公的判断则把水源败坏了。"[①] 在美国，庞德把司法作为实现正义的最佳途径，他说："司法裁判最完全地按照法律来实现正义，它比任何其他裁判形式更好地把确定性和灵活性两者所具有的各种可能性结合起来。"[②] 这些理论学说及其实践意味着，必须恪守司法公正原则，公正司法是维护社会公平正义的最为关键的防线，也是维护社会公平正义的最后一道防线。

司法公正离不开正当程序的保障。正当程序作为一项制度，最初起源于英国的自然正义原则，其基本含义是：任何人不能作为自己案件的法官，当事人的辩护必须公平地听取。正是在自然正义原则的基础上，形成了影响深远的正当程序原则与正当程序制度。1354 年，正当程序原则正式载入英国国王爱德华三世颁布的第二十八号法令，其内容是："未经法律的正当程序进行答辩，对任何财产和身份的拥有者一律不得剥夺其土地或住所，不得逮捕或监禁，不得剥夺其继承权和生命。"[③] 这是对正当程序原则的法律化表达。1628 年，英国的《权利请愿书》重述了这项原则。1791 年，美国《宪法修正案》第五条重申了这项原则："非经大陪审团提出公诉或告发，不得使任何人接受死罪或有辱声名之罪行之控告……不得使任何人因同一罪行处于

---

① 培根：《培根论说文集》，水天同译，商务印书馆 1983 年版，第 193 页。

② 庞德：《通过法律的社会控制 法律的任务》，第 91 页。

③ 丹宁：《法律的正当程序》，李克强、杨百揆、刘庸安译，法律出版社 1999 年版，前言第 1 页。

两次生命或身体之危境；不得在刑事案件中强迫犯人作不利于本人之证词；未经相应法律程序，不得剥夺任何人之生命、自由或财产；非有恰当补偿，私人财产不得充公。”[①] 现在，随着中外法治文明相互交往的不断深入，正当程序原则已经在当代中国的法治理论与法治实践中得到了广泛的借鉴。

概而言之，世界各个民族在自己的演进历程中形成的法治成果，各具特色，各有优长，在细节方面更是丰富多彩，远远不是以上数端所能够概括的。上面所述的三个方面，也仅仅是一些概要式的勾画，主要的意图在于表明：中国特色社会主义法治乃是一种输入外来、借鉴外来、吸收外来之后的新型法治；在中国特色社会主义法治理论及实践中，已经容纳了其他民族在历史上创造的法治成果。无论是当下还是未来，中国特色社会主义法治都要坚持从中国实际出发，但这并不等于关起门来搞法治。只有继续以开放与包容的态度，学习借鉴、广采博纳世界各族人民创造的有益法治成果，才能汇聚更多的资源，持续不断地为中国特色社会主义法治提供更加丰富、更加多样化的养分。

三、中国特色社会主义法治对历史资源的继承、转化与发展

无论是“不忘本来”还是“输入外来”，最终都是为了成就

① 汉密尔顿、杰伊、麦迪逊：《联邦党人文集》，第537—538页。

未来。中国特色社会主义法治在推陈出新、继往开来的历史进程中，只有充分利用中外历史资源，才能更好地成就未来。根据不同的历史资源，采取不同的立场与方法，将有助于更好地成就中国特色社会主义法治的未来。

（一）对“本来”的传统法律文化进行批判性继承

历史总是会影响当下，中华民族本来的传统法律文化与中国特色社会主义法治具有割不断的历史联系。历史法学派认为：“法律堪与语言相比。对于法律来说，一如语言，并无绝然断裂的时刻；如同民族之存在和性格中的其他的一般性取向一般，法律亦同样受制于此运动和发展。此种发展，如同其最为始初的情形，循随同一内在必然性规律。法律随着民族的成长而成长，随着民族的壮大而壮大，最后，随着民族对于其民族性的丧失而消亡。”[①] 倘若借鉴这样的观点，那么一个民族固有的法律传统对于当下的法律、法治、法学，都会产生一定的规范作用，因为古今之间的法律将会遵循“同一内在必然性规律”。从这个角度来看，中华民族本来的传统法律文化对中国特色社会主义法治的影响是必然的，即使想避开这种影响，从根本上看也是不可能的。陈寅恪所说的“不忘本来”，既是一种提醒，在某种意义上也是对一种必然规律或客观规律的揭示与表达。因此，中国特色社会主义法治对中华民族本来的传统法律文化的继承是必然的。但是，与此同时，我们更应该看到，对于中华民族本来的传统法律文化，并不能“照单全收”。对固有的传统法

① 萨维尼：《论立法与法学的当代使命》，第 9 页。

律文化，应当坚持批判性继承的原则。这里所说的批判性继承，可以包括两个不同的指向。

一方面，体现为继承中的批判。在固有的传统法律文化中，有儒、墨、道、法诸家。从形式上看，法家的理论主张与现代的法治有较多的共通性。根据前文的叙述，梁启超曾把管子、商鞅、韩非等人的理论与实践作为中国固有的法治主义来理解，也是基于法家主张与现代法治的某些共通性。在这个意义上，当代中国的“依法治国”，就体现了对先秦法家的“以法治国”的继承。不过，即使先秦法家的“以法治国”可以与当代中国的“依法治国”形成某种相互呼应的关系，从而体现固有的传统法律文化对当代法治的影响，但在当代中国的“依法治国”与先秦法家的“以法治国”之间，毕竟还是存在着相当大的差异：其一，政治背景已经发生了根本性的变化，先秦法家的“以法治国”是君主主权背景下的产物，当代中国的“依法治国”是人民主权背景下的产物；其二，从指导思想来看，先秦法家的“以法治国”仅仅追求富国强兵，没有更高的思想站位，缺乏明确的指导思想，但是当代中国的“依法治国”既追求国家富强，还有其他方面的目标，更有马克思主义作为指导。较之于法家，儒家与当代中国法治的关系，形式上相距较远，但在实质上也是比较切近的。上文提到的民本思想，主要就是儒家的思想，民本思想与当代中国法治中的“以人民为中心”，具有某种共通性，但也有实质性的差异：民本思想中的“民”是与“君”相对应的，孟子所说的“民贵君轻”已经揭示了民本思想的这一特质；然而，“以人民为中心”却是“一切权力属于人民”的产物。传统中国的“以法治国”“民为邦本”只不过是分属于法家、儒家的两个例证。当代的中国特色社会主义法治应当继承这些固有的传统法律文化，但在继承之中应当有批判，只有祛除了这些传统法律文化中不能适应当代实际情况的因素，只有在继承中有所批判，才可能为中国特色社会主义法治增添正面的、积极的历史资源。

另一方面，体现为批判中的继承。在固有的传统法律文化中，有很多内容都是跟传统社会相适应而不适应当代社会的，因而都是需要批判的。但是，在批判的同时，也可以有继承。试举例说明。古代中国有“神判”这种司法方式。《礼记·曲礼上》:“龟为卜，策为筮。卜筮者，先圣王之所以使民信时日、敬鬼神、谓法令也；所以使民决嫌疑、定犹与也。”[①]这就是“神判”的一种存在形式。瞿同祖在《中国法律与中国社会》一书中，也曾专辟一节讨论古代中国的“神判”，他说:“官吏遇有疑难不决的案件，往往祈求神助。名幕兼名吏汪辉祖每就幕馆，次日必斋戒诣城隍庙焚香默祷，将不能不治刑名及恐有冤抑不敢不洁己佐治之故一一祷告。自谓祈祷必应，审理命案多叨神庇。”[②]这也是神判的一种存在形式。对于各种各样的“神判”，曾有法学教科书给予了严厉的批判，譬如称:“这种对鬼神的十分虔诚，实质上却包含着极其凶残的政治内容。”[③]立足于当代，“神判”确有它幼稚或原始的一面，现代社会不太可能继承

① 王文锦译解:《礼记译解》，第30页。

② 瞿同祖:《中国法律与中国社会》，第291页。

③ 张国华主编:《中国法律思想史》，法律出版社1982年版，第19页。

“神判”这样的司法方式，应当从总体上批判“神判”这种司法方式。但是，如果我们换一个角度，则可以看到，古代中国的“神判”，其实是信息能力严格约束下的产物。在古代中国，为了降低定分止争的经济成本，为了更好地恢复秩序，为了更有效地实现对国家的治理，“神判”也曾在特定的历史条件下发挥过积极的、正面的作用。时至今日，“神判”这种具体的司法方式已经不可能被继承，但是由“神判”所体现的“决嫌疑、定犹与”的经验与艺术，依然有继承的必要。由此可见，在批判中注意继承，以披沙沥金的方式对待固有的传统法律文化，也是批判性继承的一个着眼点。

（二）对“外来”的有益法治成果进行创造性转化

如前所述，“输入外来”是必要的，也是不可避免的。尤其是在这样一个全球化的时代，中国特色社会主义法治不可能与外来的有益法治成果彻底隔绝开来。但是，在“输入外来”的过程中，应当坚持创造性转化的原则。因为，外来的有益法治成果即使在总体上是可以吸收的，但毕竟是在另一种历史环境中生长起来的，只有经过创造性转化，才能为中国特色社会主义法治所吸收，才能有效地防范“食洋不化”之弊病。

试举例说明。正如前文所述，“正当程序”是外来的有益法治成果之一。从来源上看，“正当程序”可以追溯到英国1215年的《大宪章》第三十九条：“任何自由人将不受逮捕、监禁、没收财产、剥夺法律保护、流放或以其他任何方式受到伤害，朕亦不会对之施加暴力或派人对之施加暴力，除非通过其平等人士之合法裁决或通过英格兰法裁决。"[①]在西方尤其是在英美的历史上，自1215年以来，"正当程序"作为一种法治理论及实践，已经历了800年的演进过程，对社会公平正义的支撑作用已经得到了反复的检验，因而自20世纪80年代以来，外来的"正当程序"已经融入中国特色社会主义法治理论及实践。

但是，英国式的"正当程序"，不可能原汁原味地复制到中国特色社会主义法治的实践过程中来。譬如，在英国的诉讼程序中，"庭审不应中断，对案件的判决应立即作出：因为陪审团，如果有的话，应尽早结束陪审任务。不论民事或刑事，有些证据应予排除，因为可能在这些不识字的陪审员思想上产生不适当的影响，人们总是假定这些陪审员在场的"[②]。这就是英国式的"正当程序"所包含的一些具体要求。

不过，这样一些具体要求，如果不经过创造性转化，输入之后就会水土不服，就不可能在中国特色社会主义法治实践中发挥应有的作用。其一，英国的"庭审不应中断"，但是，当代中国的庭审过程是可以依法"中断"的。《中华人民共和国民事诉讼法》第一百五十三条已明确规定"有下列情形之一的，中止诉讼"，这些情形包括："一方当事人死亡，需要等待继承人表明是否参加诉讼的；一方当事人丧失诉讼行为能力，尚未确定法定代理人的；作为一方当事人的法人或者其他组织终止，尚未确定权利义务承受人的；一方当事人因不可抗拒的事由，

① 《大宪章》，陈国华译，商务印书馆2016年版，第44—45页。

② 达维德：《当代主要法律体系》，漆竹生译，上海译文出版社1984年版，第335页。

不能参加诉讼的；本案必须以另一案的审理结果为依据，而另一案尚未审结的；其他应当中止诉讼的情形。中止诉讼的原因消除后，恢复诉讼。”只要符合这几种情形，当代中国的民事庭审就可以中断。其二，在英国的庭审过程中，有些证据应当予以排除，一个重要的原因是防止对不识字的陪审员产生不适当的影响；相比之下，当代中国也有非法证据排除规则，但是当代中国的非法证据排除规则主要针对“非法证据”并非考量因素。由此可见，在民事庭审是否可以中断这个具体问题上，在证据排除规则这个具体问题上，当代中国的“正当程序”并没有简单复制英国式的“正当程序”，而是体现了对英国式的“正当程序”的创造性转化。反之，如果不经过这样的创造性转化，这两项具体的英国式的“正当程序”就会像陈寅恪所说的“玄奘唯识之学”之于中国思想史的关系那样，是不可能“输入”中国特色社会主义法治肌体之内的。

外来的有益法治成果是很丰富的，甚至是很难穷尽的。即使在程序法的范围内，除了诉讼程序外，还有立法程序、行政程序、监督程序，以及其他方面的程序；在程序法的范围之外，还有众多的实体法；在成文法之外，还有各种各样的不成文法，以及各种各样的具有规范性、约束力的惯例；等等。其中的很多内容，都可以归属于外来的有益法治成果。但是，要“输入”这样一些外来法治成果，首先需要对它们进行甄别，即使是能够为我所用的成果，也必须对它们进行再加工、再创造，亦即进行创造性转化。有些外来的法治成果，如全球都可以通用的一些法律规则、法律技术，可能只需要经过“物理性质的创造性转化”，就可以被中国特色社会主义法治所吸收；但也有一些外来成果，则需要经过“化学性质的创造性转化”——在分子、原子、质子层面发生化学反应之后，才可能被中国特色社会主义法治所吸收。不用说，还有一些外来的法治方式，在它的原产地或许可以产生一定的正面效果，但却无法在中国特色社会主义法治实践中被汲取，如一些国家实行的两党制、三权鼎立等就属于这种情况。

（三）对早期的红色法治传统进行创新性发展

从时间上看，“不忘本来”“输入外来”与“成就未来”之间的关系问题，并不是从当下开始的，甚至不是从 20 世纪 80 年代开始的。就在陈寅恪提出“不忘本来”“输入外来”的 20 世纪 30 年代，甚至从 19 世纪晚期开始，“不忘本来”“输入外来”的问题就开始了。1898 年，张之洞在《劝学篇》中提出：“旧学为体，新学为用，不使偏废。”[①] 这里的“旧学”就是“中学”，这里的“新学”就是“西学”。“中学为内学，西学为外学；中学治身心，西学应世事”[②]，这就是著名的“中体西用”论。它虽然是一个总体性的理论，但也可以运用于法治领域，因为清末的法治改革与法治走向，也有一个“中学”与“西学”、“旧学”与“新学”的关系问题。这就是说，“本来”与“外来”之间的纠缠，在清朝末年就已经开始了。譬如，清政府 1908 年制定的《钦定宪法大纲》，单从标题来看，所谓“钦

① 冯天瑜、姜海龙译注：《劝学篇》，中华书局 2016 年版，第 195 页。

② 同上书，第 317 页。

定”，就体现了“不忘本来”，因为“钦定”一词乃是中华民族“本来”的概念；但所谓“宪法”，则体现了“输入外来”，因为“宪法”乃是一个标准的外来概念。

对于当代的中国特色社会主义法治来说，在对本来的传统法律文化进行批判性继承、对外来的有益法治成果进行创造性转化的过程中，还有一个历史资源也不容忽视，那就是中国共产党成立以后的红色法治传统或红色法治基因。因而，要开创中国特色社会主义法治的未来，还有必要对百年以降的红色法治传统进行创新性发展。毕竟，当代的中国特色社会主义法治，就是由早期的红色法治传统直接发展而来的。早期的红色法治传统，是当下及未来中国特色社会主义法治的更加直接的历史渊源。没有早期的红色法治传统，就没有现在及未来的中国特色社会主义法治。

早在百年之前，中国共产党甫一成立，很快就领导了香港海员、安源路矿、开滦煤矿、京汉铁路等地的工人大罢工。在领导这些工人运动的过程中，中国共产党就制定了最初的革命法规，其中就蕴含了一些红色的法治基因。1931 年，中国共产党领导制定了《中华苏维埃共和国宪法大纲》，这部宪法大纲规定正在“建设的是工人和农民的民主专政的国家”，在中华苏维埃政权领域内的工人、农民、红军兵士及一切劳苦群众和他们的家属，不分男女、种族、宗教，“在苏维埃法律前一律平等，皆为苏维埃共和国的公民”。[①] 概括地说，在 20 世纪 30 年代的

① 中共中央党史研究室:《中国共产党的九十年》，第 138 页。

中央苏区，“苏维埃政府重视司法建设，临时中央政府先后颁布120多部法律、法令，初步建立起具有鲜明阶级性和时代特征的法律体系。苏维埃政府还建立一整套司法机构，基本形成了较为完整的司法组织系统。通过司法建设，根据地培养、造就了一支司法干部队伍。仅在中央根据地，就有2000余名干部从事司法工作。苏维埃司法工作的创立和开展，为苏维埃政权的巩固和发展作出了重要贡献”①。

抗日战争时期，中国共产党领导的抗日根据地重视法制建设。各根据地借鉴土地革命时期的经验，“相继制定、颁布各种法规和条例，如各级参议会组织条例、各级政府组织条例、选举条例、减租减息条例、改善工人生活条例、婚姻条例、保障人权财权条例、惩治贪污条例，等等。这些法规和条例的制定颁行，使抗日根据地的法制建设初具规模。作为模范区的陕甘宁边区，不仅颁行了一系列行之有效的法规、条例，而且在实践中创造出把党的群众路线和优良传统运用于审案工作的‘马锡五审判方式’，得到中共中央和边区政府的肯定，并为其他根据地所仿效”②。

如果说抗日根据地的法制建设借鉴了土地革命时期的法制经验，那么这些经验在抗日根据地经过创新性发展之后，又汇入了中华人民共和国成立以后的法制建设事业中，并进一步融入中国特色社会主义法治实践中。当代的中国特色社会主义法

---

① 中共中央党史研究室：《中国共产党的九十年》，第140页。

② 同上书，第231—232页。

治理论及实践中的一些关键性特征，如坚持党对法治的领导，就可以在井冈山时期、延安时期的法制实践中找到最初的红色基因、红色传统，党领导法治的原则、制度、方式、方法就是在井冈山时期、延安时期逐渐发展成熟起来的。譬如，延安时期形成的“马锡五审判方式”对当代中国司法的影响就是明显而深远的，它不仅是中国特色社会主义法治的红色传统，甚至就是中国特色社会主义法治的一个要素。

深入研究井冈山时期、延安时期的法制及其背后的深层机理、演进过程，对这些早期的红色法治传统或红色法治基因进行实质性、增量性的创新性发展，把井冈山时期、延安时期的法制与中国特色社会主义法治进行贯通性的研究，既是中国特色社会主义法治的“不忘初心”，也是中国特色社会主义法治“不忘”更加切近的“本来”。

当然，从另一个层面来看，发端于中国共产党成立初期的红色法治传统本身也是中外文明交汇的产物。譬如，无论是井冈山时期的《中华苏维埃共和国宪法大纲》，还是延安时期的《陕甘宁边区宪法原则》，它们作为宪法性文件，都是外来的宪法文化输入中国的产物。至于“马锡五审判方式”，则与古代中国的基层治理有一定的共通性。譬如，随着“马锡五审判方式”的兴起，群众中涌现了一些“先进调解单位和调解模范，其共同特点是：熟悉群众生活，在群众中有较高威望，办事公正无私，有任劳任怨、勤勤恳恳为群众服务的精神”[①]。这样的调解单

① 张希坡：《马锡五审判方式》，法律出版社1983年版，第61页。

位和调解模范，与古代中国的乡贤、乡绅之类的地方精英，就具有一定的可比性。

概括地说，为了开创中国特色社会主义法治的未来，对中华民族固有的传统法律文化应当进行批判性继承，对其他民族在历史演进过程中积累起来的有益法治成果应当进行创造性转化，对中国共产党成立以来形成的红色法治传统及红色法治基因应当进行创新性发展。

中国特色社会主义法治不是无源之水、无本之木，它不是一座“飞来峰”。相反，中国特色社会主义法治是历史的产物：它既是中国历史的产物，也是世界历史的产物，当然也是中国历史融入世界历史的产物，或者说是中华民族的历史与其他民族的历史交汇之后的产物。这就意味着，中国特色社会主义法治是在中外历史的交汇点上兴起的。留意于此，有助于为当下及未来的中国特色社会主义法治增添历史意识。为了强化中国特色社会主义法治的历史意识，有必要勾画中国特色社会主义的历史逻辑。

根据历史学家陈寅恪关于“不忘本来”“输入外来”的分析理路，中国特色社会主义法治的历史逻辑可以概括为：中国特色社会主义法治是对中华民族固有的传统法律文化进行批判性继承的产物，也是对其他民族在其历史进程中形成的有益法治成果进行创造性转化的产物，更是对20世纪20年代以来红色法治基因进行创新性发展的产物。对于中国特色社会主义法治来说，中华民族固有的传统法律文化表征了“本来”，其他民族在其历史过程中形成的有益法治成果体现了“外来”，至于中国共产党成立以来孕育生长的红色法治基因、红色法治传统，其基本性质是更加切近的“本来”，同时也包含了某些“外来”的因素。只有“不忘本来”，同时“输入外来”，才能卓有成效地开创中国特色社会主义法治的未来。这就是中国特色社会主义法治的历史逻辑。

第五章
中国特色社会主义法治理论的性质

在当代中国，坚持和完善中国特色社会主义法治体系，是坚持和完善中国特色社会主义制度、推进国家治理体系和治理能力现代化的必然要求。为了更好地坚持和完善中国特色社会主义法治体系，必须创新发展中国特色社会主义法治理论。为了创新发展中国特色社会主义法治理论，必须对作为一种理论形态的中国特色社会主义法治理论进行整体性的把握：这是一种什么性质的理论？要回答这个问题，就应当思考中国特色社会主义法治理论的思想根基、主要特性与学科定位。

分而述之，研究中国特色社会主义法治理论的思想根基，主要在于回答：中国特色社会主义法治理论从何而来？这是从思想史的角度对中国特色社会主义法治理论之理论性质的考察。研究中国特色社会主义法治理论的主要特性，主要在于回答：中国特色社会主义法治理论具有什么样的理论个性或理论品性？这是从一般意义上关于中国特色社会主义法治理论之理论性质的考察。研究中国特色社会主义法治理论的学科定位，主要在于回答：中国特色社会主义法治理论在学术理论体系中的位置是什么？这是从学术体系上对中国特色社会主义法治理论之性质的考察。

从三个不同的角度考察中国特色社会主义法治理论的性质，是创新发展中国特色社会主义法治理论的前提，也是坚持和完善中国特色社会主义法治体系的前提，因为中国特色社会主义法治理论就是中国特色社会主义法治体系的理论化表达。

一、中国特色社会主义法治理论的思想根基

中国特色社会主义法治理论作为一种理论形态，它的创新发展，既要借鉴吸收中国传统的法律思想，也要借鉴吸收国外优秀的法律学说，这是毋庸置疑的。但是，中国特色社会主义法治理论的思想根基是马克思主义法律思想。马克思主义法律思想与中国特色社会主义法治理论之间，具有源与流的关系：马克思主义法律思想是源，中国特色社会主义法治理论是流。换个角度来看，也可以说，马克思主义法律思想是思想根基，中国特色社会主义法治理论是建基于其上的理论大厦。

历史唯物主义是马克思主义法律思想的特质，是马克思主义法律思想区别于一切非马克思主义法律思想的试金石。马克思主义法律思想是马克思、恩格斯在漫长的革命实践与思想探索过程中创立、发展、深化、完善的。马克思、恩格斯创立的历史唯物主义法律思想在每一个阶段取得的成就，都构成了中国特色社会主义法治理论的思想根基。

（一）创立阶段的马克思主义法律思想

1835—1848 年，是马克思、恩格斯创立历史唯物主义法律

思想的阶段。在这个时期，马克思、恩格斯由最初的新理性批判主义法律思想，逐渐转向历史唯物主义法律思想。其中，《德意志意识形态》奠定了历史唯物主义法律思想的基石。这篇著作系统地阐述了生产力决定生产关系、经济基础决定上层建筑的历史唯物主义原理，论述了法的运动的一般规律，那就是，法产生于"人们的物质关系以及人们由此而产生的互相斗争"[①]。更具体地说，由统治阶级的"共同利益所决定的这种意志的表现，就是法律"[②]。在这样的思想基础上，1848年发表的《共产党宣言》成为历史唯物主义法律思想的纲领性文献，标志着马克思主义法律思想的正式诞生与公开问世。特别是《共产党宣言》第二章的最后一句："代替那存在着阶级和阶级对立的资产阶级旧社会的，将是这样一个联合体，在那里，每个人的自由发展是一切人的自由发展的条件。"[③]这个著名的论断，既表达了历史唯物主义法律思想的核心指向，同时也是"贯穿《共产党宣言》的基本思想"[④]，在人类历史上具有划时代的意义。对中国特色社会主义法治理论来说，《共产党宣言》阐述的这一核心指向、基本思想，具有极其重要的思想引领作用。

（二）发展阶段的马克思主义法律思想

1848—1870年，是马克思、恩格斯发展历史唯物主义法律

---

① 马克思、恩格斯：《马克思恩格斯全集》第3卷，人民出版社1960年版，第363页。

② 同上书，第378页。

③ 马克思、恩格斯：《马克思恩格斯文集》第2卷，第53页。

④ 喻中：《法理四篇》，第51—69页。

思想的阶段。在这个时期，马克思、恩格斯亲自参加欧洲革命，在革命实践中不断检验、发展历史唯物主义法律思想。特别是在《资本论》一书中，马克思提出，“法权关系或意志关系的内容是由这种经济关系本身决定的”[①]，堪称历史唯物主义法律思想的经典性表达。当前，中国特色社会主义法治理论强调实践是法律的基础，强调法律要随着实践的发展而不断发展，强调法律要准确反映经济社会发展的要求，强调法律要更好地协调利益关系，等等。这样一些观念，与马克思关于法权与经济关系的思想一脉相承，体现了历史唯物主义法律思想的基本原理，同时也是对历史唯物主义法律思想的继承和发展。在这个阶段，马克思作为第一国际的精神领袖，为了适应革命斗争的需要，还起草了大量的指导性文献。譬如，在《国际工人协会共同章程》中，马克思提出了“没有无义务的权利，也没有无权利的义务”[②]这一论断。在《总委员会关于继承权的报告》中，马克思认为，为了废除私有制，“我们应当同原因而不是同结果作斗争，同经济基础而不是同它的法律的上层建筑作斗争”[③]。正是在同改良主义、机会主义的斗争中，马克思、恩格斯增强了历史唯物主义法律思想的实践品性，为中国特色社会主义法治理论的创新发展做了很好的示范。

---

① 马克思、恩格斯:《马克思恩格斯全集》第 23 卷，人民出版社 1972 年版，第 102 页。

② 马克思、恩格斯:《马克思恩格斯文集》第 3 卷，第 227 页。

③ 马克思、恩格斯:《马克思恩格斯全集》第 16 卷，人民出版社 1964 年版，第 414 页。

（三）深化阶段的马克思主义法律思想

1871—1883年，是马克思、恩格斯进一步深化历史唯物主义法律思想的阶段。在这个时期，马克思见证了巴黎革命，在《法兰西内战》中对巴黎公社的法制原则进行了全面的论述，正面表述了历史唯物主义法律思想在制度层面上的要求。马克思认为，作为无产阶级专政的雏形，巴黎公社在法律制度上的“真正秘密就在于：它实质上是工人阶级的政府，是生产者阶级同占有者阶级斗争的结果，是终于发现的、可以使劳动在经济上获得解放的政治形式”[①]。马克思在此所说的巴黎公社的“真正秘密”，揭示了历史唯物主义法律思想的一个根本指向，那就是解放劳动者，进而解放全人类。在这个阶段，马克思、恩格斯还通过批判蒲鲁东的“永恒公平”论、巴枯宁的法律虚无主义、杜林的唯心主义法律观，描绘了社会主义条件下的国家与法。譬如，关于按劳分配与按需分配的关系问题，马克思认为，共产主义社会奉行的是“各尽所能，按需分配”的原则。资本主义条件下的按劳分配，表面上看是平等的，这种“平等就在于以同一的尺度——劳动——来计量”，“但这个平等的权利还仍然被限制在一个资产阶级的框框里”[②]，存在诸多弊端。即使到了社会主义社会，这些弊端也不会彻底消除。因为，按劳分配的“弊病，在共产主义社会第一阶段，在它经过长久的阵痛刚刚从

---

① 马克思、恩格斯：《马克思恩格斯全集》第17卷，人民出版社1963年版，第361页。

② 马克思、恩格斯：《马克思恩格斯全集》第19卷，人民出版社1963年版，第21页。

资本主义社会里产生出来的形态中，是不可避免的。权利永远不能超出社会的经济结构以及由经济结构所制约的社会的文化发展”[①]。这些论断，进一步厘清了历史唯物主义法律思想的实践途径，为中国特色社会主义法治理论的创新发展提供了思想指引。

（四）完善阶段的马克思主义法律思想

1883—1895年，是马克思逝世后恩格斯完善马克思主义法律思想的阶段。恩格斯为了“补偿”他的“亡友未能完成的工作”[②]，在马克思辞世的第二年，亦即1884年，就出版了《家庭、私有制和国家的起源》一书。在1919年的《论国家》一文中，列宁把这部著作称为“现代社会主义的基本著作之一”，列宁还进一步指出：“我所以提到这部著作，是因为它在这方面提供了正确观察问题的方法。它从叙述历史开始，讲国家是怎样产生的。”[③]其实，恩格斯的这部著作既是现代社会主义的基本著作，同时也是马克思主义法律思想的基本著作，因为这部著作论述了国家和法的起源：“国家并不是从来就有的。曾经有过不需要国家，而且根本不知国家和国家权力为何物的社会。在经济发展到一定阶段而必然使社会分裂为阶级时，国家就由于这种分裂而成为必要了。”但是，“随着阶级的消失，国家也不可避免地要消失。在生产者自由平等的联合体的基础上按新方式来组织生产的

---

① 马克思、恩格斯：《马克思恩格斯全集》第19卷，人民出版社1963年版，第22页。

② 马克思、恩格斯：《马克思恩格斯文集》第4卷，第15页。

③ 列宁：《列宁全集》第37卷，第62页。

社会，将把全部国家机器放到它应该去的地方，即放到古物陈列馆去，同纺车和青铜斧陈列在一起”。[①] 同样，法的产生与消失也是如此，也要遵循这样的规律，这就为国家与法的唯物史观建构了一个基础性的解释框架，同时也为中国特色社会主义法治理论奠定了一个基础性的解释框架。此后，随着第二国际的成立，恩格斯既批判唯心主义，也批判机会主义，为历史唯物主义法律思想的系统性、科学性、完整性做出了不懈的努力。

（五）列宁对马克思主义法律思想的贡献

在马克思、恩格斯之后，列宁作为人类历史上第一个社会主义国家的主要缔造者，把马克思主义法律思想与俄国实践相结合，提出了一系列关于社会主义法律和法治的论述。第一，在十月革命胜利之初，列宁要求新颁布的法律必须符合广大人民群众的期望，同时要求以法律的方式管理国家、巩固苏维埃政权、保障社会主义秩序。列宁还要求，劳动人民的先锋队既是立法者，又是法律的执行者和武装的保卫者。第二，在外国武装干涉和国内战争时期，列宁要求法律能够得到最严格的执行。列宁认为，只有让法律得到遵守和执行，才能实现人民的意志。第三，在新经济政策时期，列宁要求，苏俄民法典的制定，要充分保障无产阶级国家的利益，不能盲目迎合欧洲，更不能盲目抄袭资产阶级国家的民法。第四，列宁在其政治活动晚期，特别强调法制统一和法律监督。他在《论“双重”领导和法制》一文中写道：“法制不能有卡卢加省的法制，喀山省的

---

① 马克思、恩格斯：《马克思恩格斯文集》第4卷，第193页。

法制，而应是全俄统一的法制，甚至是全苏维埃共和国联邦统一的法制。”[①] 按照这些论述，法律必须为了人民，法律应当得到严格的执行，法律要保障国家的利益，要加强对权力的监督，要维护国家法制的统一，等等。这些思想，体现了列宁对马克思主义法律思想做出的贡献，丰富了中国特色社会主义法治理论的思想根基。

概而言之，中国特色社会主义法治理论与马克思主义法律思想一脉相承，马克思主义法律思想为中国特色社会主义法治理论提供了坚实的思想根基。中国特色社会主义法治理论的创新发展，应当建基于马克思主义法律思想。如前所述，马克思主义法律思想的特质是历史唯物主义，因此继承马克思主义法律思想、创新发展中国特色社会主义法治理论也要坚持历史唯物主义的方法。正如恩格斯在《社会主义从空想到科学的发展》一文中所说：“一切社会变迁和政治变革的终极原因，不应当在人们的头脑中，在人们对永恒的真理和正义的日益增进的认识中去寻找，而应当到生产方式和交换方式的变更中去寻找。”[②] 恩格斯的这个论断，为中国特色社会主义法治理论的创新发展提供了方法论上的指引。

二、中国特色社会主义法治理论的主要特性

中国特色社会主义法治理论是在马克思主义法律思想这个

---

① 列宁：《列宁选集》第 4 卷，人民出版社 2012 年版，第 702 页。
② 马克思、恩格斯：《马克思恩格斯选集》第 3 卷，第 425 页。

基础上建立起来的，这是从思想基石的角度对中国特色社会主义法治理论的理解。在此基础上，可以对中国特色社会主义法治理论的主要特性或理论个性进行描述。通过纵向与横向的比较，可以看到，中国特色社会主义法治理论作为一种理论形态，它的理论特性、理论个性、理论品性主要包括三个方面：中国性、政治性与学术性。

（一）中国特色社会主义法治理论的中国性

循名责实，中国特色社会主义法治理论的首要特性是中国性。所谓“中国性”，是相对于其他国家的法治理论而言的。譬如，“遵循先例”作为一个法治原则，主要是英美法系的法治理论；“虚君共和”作为一个法治原则，主要是英国、日本这一类保留了“虚君”的资本主义国家的法治理论；“三权分立”作为一个法治原则，主要是美国的法治理论。这样一些法治理论，主要是在中国之外的某一个国家或某一类国家流行的。相比之下，中国特色社会主义法治理论，主要是在当代中国的法治实践中兴起的法治理论，同时也是吸收了中国传统法律思想、法律智慧的法治理论。

强调中国特色社会主义法治理论的中国性，并不意味着要割裂中国特色社会主义法治理论与世界的关系。一方面，包括中国在内的世界各国的法治理论，既然都是关于法治的理论，那就必然存在某些共性，这些共性就是世界各种法治理论的最大公约数。譬如，通过法律的治理、平等原则、民主原则、人权原则等，就是各种法治理论的最大公约数。在这些方面，中国特色社会主义法治理论与世界各国的法治理论是可以通约的。另一方面，中华民族从来都有海纳百川的气度与胸怀，中华民族从来都是一个善于吸收外来文化的民族，在这样的文化传统中，中国特色社会主义法治理论以马克思主义法律思想作为自己的思想根基，同时也广泛地借鉴了其他国家、其他民族在法治方面的有益经验。

虽然中国特色社会主义法治理论广泛地借鉴吸收了外来的法律文明、法治学说，但其更加本质的特性还是中国性。中国特色社会主义法治理论既源于中国特色社会主义法治实践，更要服务于中国特色社会主义法治实践，尤其要回应中国人民日益增长的对于法治的新期待。从这个角度来说，中国特色社会主义法治理论还应当更好地展示法治的中国经验、中国逻辑，进一步强化其中国风格、中国气派、中国精神。

（二）中国特色社会主义法治理论的政治性

可以从两个方面来看中国特色社会主义法治理论的政治性。一方面，中国特色社会主义法治理论既是一种法学理论，同时也是一种政治理论。就中国特色社会主义法治理论的内容来看，它既要阐述法治问题、法律问题、法学问题，同时也要阐述政治问题。正是由于这个缘故，中国特色社会主义法治理论是在法律与政治的交叉地带展开的。譬如，党对法治的全面领导，依法执政与依宪执政，党的领导与依法治国的关系，依法治国与依规治党的关系，等等。这样一些关键性的问题，既是中国特色社会主义法治理论关注的重要问题，也是当代中国的政治问题。正是这样一些问题，让中国特色社会主义法治理论具有强烈的政治性。

另一方面，中国特色社会主义法治理论既是一种理论学说，同时也具有政治意识形态色彩。较之于一般的思想、理论、学说，“意识形态通常具有明显的、看得见的感召力、支配力，这是意识形态与‘一般的思想’走向分野的一个主要标志。大致说来，凡是被称为意识形态的思想，都是一个团体、一个政党甚至是一个国家普遍认同的思想。虽然，认同某种意识形态的主体，既可能是某个国家，也可能是某个政党，还可能是某个团体，不过，无论是出于国家的认同、政党的认同抑或团体的认同，都可以揭示出一个规律：意识形态是一种具有群众基础的思想”①。按照这样的辨析与界定，中国特色社会主义法治理论具有明显的政治意识形态的性质，因为这个理论既体现了党的意志，也体现了国家的意志，还体现了人民的意志，具有广泛的群众基础。

事实上，中国特色社会主义法治理论的核心内容，都可以在党和国家的重要文献中找到相应的论述。譬如，党的十九大报告明确提出了发展中国特色社会主义法治理论的要求，党的十九届四中全会对中国特色社会主义法治体系进行了全面的论述。再譬如，宪法第一条规定：“中国共产党领导是中国特色社会主义最本质的特征。”宪法第五条规定：“中华人民共和国实行依法治国，建设社会主义法治国家。”这些权威文献上的明文规

① 喻中：《法学方法论》，法律出版社2014年版，第9页。

定，都可以表明中国特色社会主义法治理论的政治性。中国特色社会主义法治理论的政治性，为中国特色社会主义法治理论赋予了一项重要的使命：作为政治理论与法学理论相互交汇的枢纽，一边连接法学理论，一边连接政治理论。

（三）中国特色社会主义法治理论的学术性

中国特色社会主义法治理论既具有强烈的政治性，也应当具有深刻而严谨的学术性。何谓学术性？学术是什么？早在1911年，梁启超在《学与术》一文中，专门对学与术进行了分疏："学也者，观察事物而发明其真理者也；术也者，取所发明之真理而致诸用者也。"在学与术之间，"学者术之体，术者学之用，二者如辅车相依而不可离。学而不足以应用于术者，无益之学也；术而不以科学上之真理为基础者，欺世误人之术也"。[①] 中国特色社会主义法治理论的学术性，应当兼顾"学与术"。中国特色社会主义法治理论之"学"，主要是指法治的基本原理；中国特色社会主义法治理论之"术"，主要是指法治的运行技术。

从"学"的角度来看，中国特色社会主义法治理论应当揭示中国特色社会主义法治的基本原理，能够反映中国特色社会主义法治的基本规律与内在逻辑。要发展中国特色社会主义法治理论之"学"，可以比较中国特色社会主义法治理论与国外主流法治理论关于法治的不同指向。大致说来，国外主流法治理论通常把法治的重心定位于"法"。譬如，富勒的"程序自然

① 梁启超：《梁启超全集》，第2351页。

法”理论提出了八项要求:(1)法律的一般性,“我们可以将此表述为一般性要求”;(2)“法律必须被公布”;(3)“溯及既往型法律真的是一种怪胎”;(4)“清晰性要求是合法性的一项最基本的要素”;(5)“为了避免法律中的不经意的矛盾,立法者需要十分小心谨慎”;(6)法律不能“要求不可能之事”;(7)“法律不应当频繁改动”;(8)“官方行动与公布的规则之间的一致性”。[①] 这八项要求,实际上就是富勒提出的法治理论。这八项要求的重心,主要是对“法”提出的要求。相比之下,中国特色社会主义法治理论对法治的理解,主要在于“治”:通过中国特色社会主义法治体系,推进国家治理体系和治理能力现代化。

从“术”的角度来看,最能体现中国特色社会主义法治理论之“术”的概念是“综治”。所谓“综治”,在实践过程中有多个方面的体现。其一,实现“治”的责任主体是多元化的,如公安机关、检察机关、审判机关、司法行政机关等。其二,实现“治”的规则是多元化的。正式的法律、法规当然是实现“治”的规则,在正式的法律、法规之外,国家政策、道德规范、民间习惯、民族习惯等,都是实现“天下大治”的规则。其三,实现“治”的方式是多元化的。审判、调解、仲裁、信访、治安管理、危机干预、普法宣传、道德教化等,都是实现“治”的方式。近年来,还特别强调完善人民调解、行政调解、司法调解联动工作体系,特别强调共建共治共享的社会治理,等等。这些多元化的方式,其实可以概括为“综治”。相比之

---

① 富勒:《法律的道德性》,第55—96页。

下，西方一些国家的法治，它们的运行技术则可以概括为“司法”。这就是说，在西方一些国家，法院的司法活动是法治运行的主要方式，审判的方法与技术是最主要的“法治之术”。[①] 由此可见，中国的“综治之术”与其他一些国家的“司法之术”，可以折射出两种不同的“法治之术”。

中国特色社会主义法治理论的学术性与政治性似乎形成了某种张力，与此同时，两者也以互补的方式丰富了中国特色社会主义法治理论的内涵。中国特色社会主义法治理论的学术性，有助于增强中国特色社会主义法治理论的科学性与技术性。这种科学性与技术性，为中国特色社会主义法治理论承担其政治使命提供了坚实的支撑。

三、中国特色社会主义法治理论的学科定位

如果说中国特色社会主义法治理论是一种具有中国性、政治性、学术性的理论学说，那么如何理解它在现有的学科体系中的位置？如何对中国特色社会主义法治理论进行恰当的学科定位？对此，可以从两个不同的方面来回答。

（一）法学学科体系中的中国特色社会主义法治理论

中国特色社会主义法治理论作为一种法治理论，也是一种法学理论，其学科定位首先应当着眼于法学学科。这就是说，它首先是当代中国法学学科体系中的一个重要组成部分。虽然

① 参见喻中：《中国法治观念》，第211—239页。

在现行的体制化的法学学科体系中，它还没有被建构成一个独立的法学二级学科，但是它与既有的法学二级学科具有广泛的联系。正是这些联系，让中国特色社会主义法治理论成为法学学科体系的一个有机的组成部分。

在法学学科体系中，与中国特色社会主义法治理论联系最紧密的法学二级学科是法理学。如果在广义上理解法理学，那么把中国特色社会主义法治理论归属于法理学这个法学二级学科，在一定程度上也是成立的。当然，中国特色社会主义法治理论还是不同于法理学的。法理学作为一个建制性的法学二级学科，注重知识本身的基础性与系统性。今天中国的法理学虽然还有待于进一步完善，但法理学的知识体系已经趋于定型化。法的本体论、历史论、价值论、运行论、社会论，大致构成了法理学知识体系的基本骨架。这个知识体系可以为中国特色社会主义法治理论的生长、创新、发展提供较好的支撑作用。相比之下，中国特色社会主义法治理论主要是关于中国新型法治形态，尤其是中国特色社会主义法治体系的理论化表达，它关注当代中国的法治实践，遵循法治实践的逻辑。大致说来，中国特色社会主义法治理论可以归属于法理学，但却自成一体，承担着特定的政治功能。

在法理学之外，与中国特色社会主义法治理论联系较为密切的法学二级学科是宪法学与法律史学。宪法学的主轴是国家权力与公民权利的关系。中国特色社会主义法治理论与国家权力、公民权利都有紧密的关联。譬如，作为民主原则的人民主权原则，既是宪法学的基本原则，同时也与依法治国形成了有机统一的关系。因而，宪法学与中国特色社会主义法治理论具有一定的交叉性。至于关注传统的法律史学，则可以为中国特色社会主义法治理论提供历史文化方面的滋养。中国特色社会主义法治理论虽然是从实践中生长起来的，但它与历史传统密切相关。中国特色社会主义法治理论只有从历史传统中汲取养分，才可能增强历史意识，成为一种厚重的法治理论。

此外，其他部门法学与中国特色社会主义法治理论的关系也值得注意。从形式上看，中国特色社会主义法治理论是一种政治性的宏大理论。然而，中国特色社会主义法治理论一旦落实到实践过程与运行环节，就必然与各个部门法学相互交织。实践过程中的任何法治环节，都不是空洞的、抽象的，它要么是行政法治，要么是刑事法治，要么是民事法治，要么是国际法治，要么是其他领域的法治。根据法治实践过程中的具体情况，中国特色社会主义法治理论必然与各个部门法学形成交叉关系。中国特色社会主义法治理论需要汲取部门法学的理论成果，从而形成中国特色社会主义法治理论中的“具体法治理论”。反过来说，中国特色社会主义法治理论对部门法学也有一定的引领作用。中国特色社会主义法治理论与部门法学的彼此交融，正好可以相互促进，具有积极而正向的理论意义与实践意义。

中国特色社会主义法治理论可以归属于法学学科，但中国特色社会主义法治理论并不是纯粹的法学理论。如果仅仅从法学学科的角度来理解中国特色社会主义法治理论，那就限制或缩小了中国特色社会主义法治理论的意义。事实上，中国特色社会主义法治理论既是法学学科体系中的一个新兴的分支，同时也是中国特色社会主义理论的一个分支。因此，中国特色社会主义法治理论既是一种法学理论，同时也是中国特色社会主义理论的一个组成部分。不仅如此，中国特色社会主义法治理论与社会科学中的政治学、社会学都有紧密的联系，与人文学科中的哲学、史学（特别是思想史）也有紧密的联系。其中，中国特色社会主义法治理论与政治学的关联尤为紧密。如果我们把法学与政治学的交叉研究称为政治法学，那么中国特色社会主义法治理论就是当代中国政治法学的集中表达，甚至可以说是政治法学的中国化表达。中国特色社会主义法治理论代表了当代中国居于主导地位的政治法学。

中国特色社会主义法治理论既可以归属于法学学科，也可以归属于中国特色社会主义理论。实际上，中国特色社会主义法治理论是多种人文社会科学交叉融合的产物，在学科定位上，虽然它的主体部分可以归属于法学学科，但它有一个浓厚的学科交叉背景。从这个角度来看，中国特色社会主义法治理论的创新发展，需要来自众多相关学科的理论滋养。

（二）法治理论谱系中的中国特色社会主义法治理论

在人类文明史上，法治理论源远流长，已经形成了一个内容极其丰富的法治理论谱系。在西方，早在古希腊时代，亚里士多德就提出了一个著名的“法治公式”：“法治应包含两重意义：已成立的法律获得普遍的服从，而大家所服从的法律又应该本身是制订得良好的法律。”[①] 据此，法治可以概括为“普

① 亚里士多德：《政治学》，第 202 页。

遍服从良法”。在古罗马时代，西塞罗认为：“官吏的职能是治理，并发布正义、有益且符合法律的指令。由于法律治理着官吏，因此官吏治理着人民。而且可以确切地说，官吏是会说话的法律，而法律是沉默的官吏。”[①] 这就是说，法治的核心要义在于官吏根据法律的指令治理民众。在中世纪，1215 年的《大宪章》第三十八条规定：“今后任何官员不得仅凭自己一句话，在没有可信证人证明其真实性之情况下，对一个人进行审判。”第三十九条规定：“任何自由人将不受逮捕、监禁、没收财产、剥夺法律保护、流放或以其他任何方式受到伤害，朕亦不会对之施加暴力或派人对之施加暴力，除非通过其平等人士之合法裁决或通过英格兰法裁决。”[②] 按照这样的规定，法治的核心要义在于保障人的权利。

近代以来，各种各样的法治理论更是数不胜数。对于从古迄今不断变迁的法治理论，当代学者塔玛纳哈的《论法治：历史、政治和理论》一书做出了比较清晰的概括与梳理。塔玛纳哈认为：“关于法治的备选理论构想。尽管相竞争的构想不少，但它们可以被归纳成两种基本类型，即理论家们众所周知的‘形式的’和‘实质的’两种类型，每一种都展现出三种形式。”按照从“比较薄弱”到“比较浓厚”的方向，形式版本的法治构想包括：“以法而治——法律是政府的工具”“形式合法性——普遍，面向未来，明晰，确定”“民主 + 合法性——合意决定法律的内容”。实质版本的法治构想包括：“个人权利——

---

① 西塞罗：《国家篇 法律篇》，第 226 页。

② 《大宪章》，陈国华译，第 44—45 页。

财产，隐私，自治”“尊严权和 / 或正义”“社会福利——实质平等，福利，共和体的存续”。塔玛纳哈还说：“这些备选理论构想将按从薄弱到浓厚的顺序阐述，我的意思是从要求较少到要求更多的方向展开。一般地讲，每一种后续的构想都吸收了前面构想的主要方面，使它们呈现出渐进发展的样式。”①

在多元化、多样化的法治理论谱系中，中国特色社会主义法治理论虽然相对晚出，却占据了一个相对特殊、相对有利的地位。其一，中国特色社会主义法治理论可以批判地借鉴“前面构想的主要方面”。譬如，“普遍守法”“科学立法”的原则，就可以参考亚里士多德关于“普遍服从良法”的法治公式；“依法行政”“法治政府”的目标，也可以借鉴西塞罗关于“法律治理着官吏”的观点；塔玛纳哈概括的形式法治与实质法治，哪怕是“比较浓厚”的法治版本，都可以融入中国特色社会主义法治理论之中。譬如，就实质法治的“最浓厚”版本来看，关于“社会福利”以及“实质平等”等方面的要求或要素，都可以为中国特色社会主义法治理论所吸纳。其二，较之于人类历史上曾经兴起的各种法治理论，中国特色社会主义法治理论可以说是迄今为止“最为浓厚”的法治理论。所谓“最为浓厚”，主要体现为中国特色社会主义法治理论所包含的诸多新要素，如党对法治的全面领导，依法治国必须与党的领导、人民当家作主形成有机统一的关系，依法治国、依法执政、依法行政共同推进，法治国家、法治政府、法治社会一体建设，等等。其

---

① 塔玛纳哈：《论法治：历史、政治和理论》，第 117 页。

三，中国特色社会主义法治理论是中国特色社会主义法治实践的产物。这就是说，中国特色社会主义法治理论不是某个或某些法学家在法学研究中推导出来的法治理论，而是法治实践的理论结晶。从实践中生长出来的中国特色社会主义法治理论，丰富了既有的法治理论谱系，代表了人类法治理论谱系中的最新形态。

中国特色社会主义法治理论作为一种新型的理论形态，可以从三个方面来透视：第一，从中国特色社会主义法治理论的思想根基来看，虽然在创新发展中国特色社会主义法治理论的过程中，中国传统的法律思想、国外优秀的法律学说都是需要借鉴吸收的文化资源、学术资源，但只有马克思主义法律思想才是中国特色社会主义法治理论的思想根基；第二，从中国特色社会主义法治理论的主要特性来看，中国特色社会主义法治理论既具有鲜明的中国性，也具有强烈的政治性，还应当具有严谨的学术性；第三，从中国特色社会主义法治理论的学科定位来看，可以从法学学科体系与法治理论谱系这两个不同的角度，对中国特色社会主义法治理论进行初步的学科定位。归结起来，前文论述中国特色社会主义法治理论的思想根基、主要特性、学科定位，主要回答了三个方面的问题：中国特色社会主义法治理论立基于何处、呈现何种特性、与何种理论学说相关联。回答这三个基础性的理论问题，既是为了创新发展中国特色社会主义法治理论，更是为了坚持和完善中国特色社会主义法治体系、推进国家治理体系和治理能力现代化。

第六章
中国特色社会主义法治理论的体系

中国特色社会主义法治理论作为一种理论形态，虽然还不是一个独立的法学二级学科，但却是当代中国法学体系一个极其重要的组成部分，而且在当代中国法学体系中承载着特殊的使命，履行着特殊的功能。换言之，当代中国确实存在着一种理论，它的名字就叫“中国特色社会主义法治理论”。但是，关于这个理论的体系化建构，却是一个尚未得到有效解决的问题。在当下及未来，在创新发展中国特色社会主义法治理论的进程中，中国特色社会主义法治理论的体系化建构，始终都是一个不容回避的问题。从学术理论发展的一般规律来看，要完成中国特色社会主义法治理论的体系化建构，不可能一蹴而就，还需要经历一个反复探索、缓慢成熟的过程，这是一个逐渐展开的过程，甚至是一个不断试错的过程。有鉴于此，下文试图就中国特色社会主义法治理论的体系化建构问题，做一些初步的探索。

中国特色社会主义法治理论的体系化建构，就是要建构中国特色社会主义法治理论的体系。中国特色社会主义法治理论的体系，就是关于中国特色社会主义法治的理论体系。这个理论体系应当围绕着中国特色社会主义法治来建构，归根到底，是针对中国特色社会主义法治而形成的理论体系。这个理论体系主要包括以下四个相对独立的理论板块。

一、中国特色社会主义法治的指导思想

任何法治都是在某种思想指导之下展开的。要深入研究关于某种法治的理论，特别是要建构关于某种法治的理论体系，就需要研究关于某种法治的指导思想。

一种法治与它的指导思想的关系，可以看作一种“上下关系”：指导思想处于上位，法治处于下位。当然，这样的“上下关系”仅仅是一个形象的比喻，这样的“上下关系”也可以理解为牵引与被牵引的关系：指导思想居于思想引擎的地位，法治居于被牵引的地位，就像火车头对火车车身的牵引，又像帆对船的牵引。试举例说明。近代西方形成的法治，就是在近代西方居于主导地位的“启蒙思想”的牵引下展开的，霍布斯、洛克、孟德斯鸠、卢梭等人的思想，就是近代西方法治的指导思想。再往前追溯，西方中世纪的法治，主要是在西方中世纪的宗教思想或神学思想指导下形成的。可见，如果要深入研究西方近代的法治或西方中世纪的法治，就需要研究十七八世纪的“启蒙思想”或阿奎那等人的思想。至于传统中国从汉至清的“法治”，则主要是在儒家思想牵引下形成的。要研究传统中国从汉至清的“法治”，就需要研究四书五经所承载的儒家思想。

同样，中国特色社会主义法治作为现代中国逐渐生成的、

极其鲜活的法治形态，也有它的指导思想，也会在这个指导思想的牵引下不断发展、不断走向成熟。因此，在关于中国特色社会主义法治的理论体系中，第一个理论板块或理论单元，就是它的指导思想。那么，中国特色社会主义法治的指导思想是什么？显然，关于这个问题，我们的时代已经形成了比较确定的答案，那就是马克思主义法治思想。马克思主义法治思想是历史唯物主义的法治思想，亦可称为“唯物史观的法治思想”。马克思主义法治思想本身就是一个庞大的思想体系，既包括马克思、恩格斯、列宁的法治思想，也包括中国化马克思主义的法治思想。

马克思、恩格斯是历史唯物主义法治思想的创立者。马克思早在他批判黑格尔法哲学之际，就已经开始阐述历史唯物主义法治思想。正如马克思在后来的《〈政治经济学批判〉序言》中所言：“为了解决使我苦恼的疑问，我写的第一部著作是对黑格尔法哲学的批判性的分析，这部著作的导言曾发表在1844年巴黎出版的《德法年鉴》上。我的研究得出这样一个结果：法的关系正像国家的形式一样，既不能从它们本身来理解，也不能从所谓人类精神的一般发展来理解，相反，它们根源于物质的生活关系。”[①]这就是说，人类精神并不能决定法的关系，只有“物质的生活关系”才能决定法的关系。马克思早在1844年就得出的这个结论，奠定了历史唯物主义法治思想的基础。对于这个过程，恩格斯在《关于共产主义者同盟的历史》中还有专

① 马克思、恩格斯：《马克思恩格斯文集》第2卷，第591页。

门的说明："1845年春天当我们在布鲁塞尔再次会见时，马克思已经从上述基本原理出发大致完成了阐发他的唯物主义历史理论的工作，于是我们就着手在各个极为不同的方面详细制定这种新形成的世界观了。"[①]马克思、恩格斯"再次会见"之后共同写成的《德意志意识形态》，再次阐述了历史唯物主义法治思想的基础："我们首先应当确定一切人类生存的第一个前提也就是一切历史的第一个前提，这个前提就是：人们为了能够'创造历史'，必须能够生活。但是为了生活，首先就需要衣、食、住以及其他东西。因此第一个历史活动就是生产满足这些需要的资料，即生产物质生活本身。"[②]这里所说的"一切人类生存的第一个前提"，既是历史唯物主义的第一个前提，也是历史唯物主义法治思想的第一个前提，因为法律、法治作为上层建筑，就是以"物质生活"作为基础的。接下来，如果说1846年完成的《德意志意识形态》表达了历史唯物主义法治思想的核心内容，那么1847年实际完成、1848年正式问世的《共产党宣言》则是一篇历史唯物主义及其法治思想的纲领性文献。随着这篇文献的公开发表，历史唯物主义的法治思想不仅作为一种思想，而且还为实现"每个人的自由发展"[③]这一伟大的事业提供了思想引擎。自19世纪40年代以降的数十年间，马克思、恩格斯持续不断地发展、深化历史唯物主义的法治思想。直到1884年，由马克思开其端绪、由恩格斯最终完成的《家庭、私有制与国

---

① 马克思、恩格斯：《马克思恩格斯文集》第4卷，第232页。
② 马克思、恩格斯：《马克思恩格斯全集》第3卷，第31页。
③ 马克思、恩格斯：《马克思恩格斯文集》第2卷，第53页。

家的起源》一书，标志着历史唯物主义的法治思想得到了追根溯源式的论证。从理论逻辑上看，这篇文献既是“马克思主义的‘创世记’”[①]，同时也是马克思主义法治思想的“创世记”。

在马克思、恩格斯之后，在缔造与建设人类历史上第一个社会主义国家的过程中，列宁发展了马克思主义法治思想。早在19世纪90年代，列宁就继承了马克思、恩格斯开创的历史唯物主义的法治思想。1894年，列宁在《什么是“人民之友”以及他们如何攻击社会民主党人？》一书中，就阐明了物质生活关系对政治法律的决定作用：相对于政治法律形式来说，生产关系居于基础地位。在1899年的《论工业法庭》一文中，列宁认为：“对工人最重要的，不单是要从书本上获得法律知识，而是要在生活中熟悉法律，这样他们才会了解，这些法律是为谁制定的，那些运用法律的人是为谁服务的。任何一个工人一旦熟悉了法律，就会很清楚地看出，这些法律代表的是有产阶级、私有者、资本家、资产阶级的利益，而工人阶级，在他们还没有争得权利选举自己的代表参加法律的制定和监督法律的执行以前，永远也不能可靠地从根本上改善自己的景况。”[②] 这样的论述，站在经济、阶级的立场上，表达了历史唯物主义法治思想的根本旨趣。在1917年的十月革命之后，列宁阐述了无产阶级专政的实质，对民主集中制进行了系统的论证。在立法方面，列宁在《答左派社会革命党人的质问》中指出：“新政权颁布了符合广大人民群众的要求和希望的法律，从而在新的生活

① 喻中：《法理四篇》，第1页。

② 列宁：《列宁全集》第4卷，人民出版社1984年版，第243页。

方式的发展道路上立下了里程碑。各地苏维埃可以因地、因时制宜，修改和扩充政府所制定的基本条例。”[①] 在执法、司法、守法、法律监督以及党的领导与法律的关系等方面，列宁都有全面而系统的论述。把这些论述进行概括与提炼，就可以凝聚成列宁的法治思想。列宁的法治思想既是列宁主义的法治思想，也是马克思主义法治思想运用于第一个社会主义国家的产物，构成了马克思主义法治思想的一个重要环节与重要组成部分。

在列宁之后，马克思主义法治思想主要体现为中国化马克思主义的法治思想。中国化马克思主义的法治思想是马克思主义经典作家阐述的法治思想与中国的新民主主义革命实践和社会主义建设实践相结合的产物，既体现了历史唯物主义法治思想的基本原理，又具有鲜明的中国特色。分而述之，主要包括毛泽东思想中的法治思想、邓小平理论、“三个代表”重要思想、科学发展观中的法治思想，尤其是习近平法治思想。在毛泽东思想中，蕴含着丰富的法治思想。譬如，在1949年的《论人民民主专政》一文中，毛泽东指出：“总结我们的经验，集中到一点，就是工人阶级（经过共产党）领导的以工农联盟为基础的人民民主专政。这个专政必须和国际革命力量团结一致。这就是我们的共识，这就是我们的主要经验，这就是我们的主要纲领。”[②] 到了社会主义建设时期，“依法办事是进一步加强法制的中心环节”[③]。邓小平理论、“三个代表”重要思想、科学发

① 列宁：《列宁全集》第33卷，人民出版社1985年版，第52页。
② 毛泽东：《毛泽东选集》第4卷，人民出版社2009年版，第1480页。
③ 董必武：《董必武政治法律文集》，法律出版社1986年版，第487页。

展观中的法治思想主要包括：关于民主与法制关系的思想，关于党的领导、人民当家作主、依法治国有机统一的思想，关于依法执政的思想，关于尊重与保障人权的思想，等等。譬如，关于民主与法制的关系，邓小平指出："为了保障人民民主，必须加强法制。必须使民主制度化、法律化，使这种制度和法律不因领导人的改变而改变，不因领导人的看法和注意力的改变而改变。"[①] 这个论断，可以说是邓小平理论中的法治思想的一个代表性论点。

习近平法治思想是中国化马克思主义的法治思想之最新成果，是党的十八大以来逐渐形成的。习近平法治思想主要体现为"十一个坚持"：坚持党对全面依法治国的领导；坚持以人民为中心；坚持中国特色社会主义法治道路；坚持依宪治国、依宪执政；坚持在法治轨道上推进国家治理体系和治理能力现代化；坚持建设中国特色社会主义法治体系；坚持依法治国、依法执政、依法行政共同推进，法治国家、法治政府、法治社会一体建设；坚持推进科学立法、严格执法、公正司法、全民守法；坚持统筹推进国内法治和涉外法治；坚持建设德才兼备的高素质法治工作队伍；坚持抓住领导干部这个"关键少数"。[②] 这"十一个坚持"，既表达了习近平法治思想的科学内涵，也阐明了习近平法治思想的核心要义。由"十一个坚持"支撑起来的习近平法治思想，作为马克思主义法治思想与中国特色社会

① 邓小平：《邓小平文选》第2卷，第146页。

② 《坚定不移走中国特色社会主义法治道路，为全面建设社会主义现代化国家提供有力法治保障》。

主义相结合的产物，构成了中国特色社会主义法治的最新的指导思想。对于中国特色社会主义法治来说，坚持马克思主义法治思想的指导，集中体现为坚持习近平法治思想的指导。

二、中国特色社会主义法治的演进历程

如果说中国特色社会主义法治的指导思想，作为一个思想体系，其与中国特色社会主义法治的关系可以理解为“上与下”，那么着眼于“前与后”的关系，就可以研究中国特色社会主义法治的演进历程或形成过程：中国特色社会主义法治从前是一个什么样的形态？后来又是如何演变成为现在这种形态？对这个问题的回答，主要在于形成关于中国特色社会主义法治的历史叙事。简而言之，就是要建构一部“中国特色社会主义法治史”。

要建构“中国特色社会主义法治史”，首先需要解决的问题是：中国特色社会主义法治史应当从何说起？在此基础上需要进一步思考：中国特色社会主义法治史应当如何分段？对于这两个问题，不同的研究者基于不同的标准，可能会做出不同的回答。我们认为，建构中国特色社会主义法治史有三个重要的参照，那就是：中国共产党党史、中华人民共和国史、党的十一届三中全会以来的中国改革开放史。应当从党史、国史、改革开放史的角度，来形成关于中国特色社会主义法治的历史叙事。做出如此安排的理由在于：没有中国共产党就没有中国特色社会主义，也就没有中国特色社会主义法治及其历史。反

过来说，自从有了中国共产党，中国特色社会主义法治就处于萌芽、生长、演进、成熟的过程中。从这个角度来看，中国特色社会主义法治的形成过程、演进历程，也就是中国共产党开创中国特色社会主义法治的过程。中华人民共和国的成立与改革开放的展开，则构成了中国特色社会主义法治史上的关键节点。着眼于此，中国特色社会主义法治的演进历程，可以分成三个时期来分述。

（一）中国特色社会主义法治的萌芽初生时期（1921—1949）

可以把 1921—1949 年作为中国特色社会主义法治的萌芽初生时期，亦即初步萌生时期。也许有人会提出疑问：在那个历史时期，中国特色社会主义尚未形成，何来中国特色社会主义法治？应当看到，在 1949 年之前，中国革命尚处于新民主主义阶段，中国确实还没有建成社会主义。但是，即使是在 1949 年之前，中国特色社会主义法治中的某些因素，甚至是一些关键性因素，就已经萌生了，并得到了广泛的实践。举个例子，党对法治的领导，堪称中国特色社会主义法治的一个关键性因素与标志性特征，这个因素或特征在井冈山时期，在延安时期，就已经成为现实。再如，“重调解”是中国特色社会主义法治一个比较具体的特征，但这个特征在延安时期的“马锡五审判方式”中，就已经形成了极其生动的实践，出现了“若干典型案例”[①]。由此可见，中国特色社会主义法治并不是一座“飞来峰”，

① 张希坡:《马锡五审判方式》，第 26 页。

它并不是在某一个特定的时刻突然降临的；相反，中国特色社会主义法治是在百年之间渐次生长、逐渐丰满而成的。在20世纪上半叶，尽管中国特色社会主义并没有建成，但中国特色社会主义法治却已经处于孕育生长的过程中。

进一步察看，中国特色社会主义法治在1921—1949年之间的孕育生长又可以分为三个更加具体的段落。第一个段落是1921—1927年。在这个时间段落，中国共产党在领导工人运动与农民运动的过程中，特别是在领导省港大罢工与上海工人运动的过程中，为中国特色社会主义法治播下了最早的种子。譬如，在省港大罢工的过程中，党领导制定了一系列革命法规，以之监督各个罢工机构工作人员严格奉公守法。再如，在北伐战争中，随着农民运动在湖北、湖南等地的兴起，董必武团结国民党左派，推动制定了湖北省《惩治土豪劣绅暂行条例》《审判土豪劣绅暂行条例》等。[①]这些法规推动了党领导的农民运动。第二个段落是1927年以后的中央苏区时期，中国共产党先后创建了井冈山革命根据地、赣南闽西革命根据地等。在这个阶段，中国共产党领导人民先后制定了《中华苏维埃共和国宪法大纲》以及组织法、土地法、婚姻法、劳动法等，推动了中央苏区的依法治理，为中国特色社会主义法治积累了早期经验。第三个段落是全面抗日战争时期，亦可以称为延安时期。其间，中国共产党领导的法治事业得到了进一步的发展。譬如，在依宪治理方面有《陕甘宁边区宪法原则》以及“三三制”的宪制实践，

① 《董必武年谱》编纂组编:《董必武年谱》，中央文献出版社2007年版，第81页。

在刑事法治方面有著名的黄克功案[①]，在民事法治方面有著名的“马锡五审判方式”。

（二）中国特色社会主义法治的艰难探索时期（1949—1979）

1949—1979年的30年间，随着社会主义制度的正式建立，中国特色社会主义法治也经历了一个曲折的艰难探索过程，艰难探索时期亦可以理解为艰难摸索时期。1949年，在废除了旧的“六法全书”之后，以新的具有临时宪法性质的《中国人民政治协商会议共同纲领》为依据，中华人民共和国宣告成立。1950年，国家制定了《海关法》《工会法》《土地改革法》《婚姻法》等，1951年又制定了《惩治反革命条例》，这些新的法律支撑了中华人民共和国成立初期的国家治理，提高了国家治理能力，初步形成了一个新的国家治理体系。1954年制定的宪法进一步确立了我国社会主义社会的根本政治制度：“中华人民共和国是工人阶级领导的、以工农联盟为基础的人民民主国家。”（第一条）“中华人民共和国的一切权力属于人民。人民行使权力的机关是全国人民代表大会和地方各级人民代表大会。”（第二条）1954年宪法还明确了我国向社会主义过渡的方向和途径：“中华人民共和国依靠国家机关和社会力量，通过社会主义工业

---

① 为了这个案件，毛泽东还专门致信当时的陕甘宁边区高等法院院长雷经天。据《毛泽东文集》：“黄克功，少年时加入红军，参加过井冈山的斗争和长征。当时是抗日军政大学第六队队长。一九三七年十月，他对陕北公学女学生刘茜逼婚不遂，开枪把刘茜打死。经陕甘宁边区高等法院审判，黄克功被处以死刑。”毛泽东：《毛泽东文集》第2卷，人民出版社1993年版，第39—40页。

化和社会主义改造，保证逐步消灭剥削制度，建立社会主义社会。”（第四条）1954 年宪法作为一部社会主义类型的宪法，体现了人民民主原则与社会主义原则，为中国特色社会主义法治奠定了坚实的基础。

“社会主义改造”在 1956 年的基本完成，表明社会主义基本制度已经在中国正式形成。1956 年，党的八大的召开，“标志着党对中国社会主义建设道路的探索取得初步成果。《论十大关系》的提出，则是这一探索的开始”[①]。1956 年 4 月问世的《论十大关系》作为一篇名文，虽然不是法律文件，但它所阐述的“十大关系”涉及经济关系与政治关系，特别是中央与地方的关系，还有国家、生产单位、个人的关系，以及沿海与内地的关系、汉族与少数民族的关系，等等。[②]《论十大关系》通过界定这些关系，实际上是为国家治理确立了一个基本框架，从而在那个特定的历史时期，产生了直接而明显的规范作用，从中国特色社会主义法治的角度来看，则可以体现出法律与政治关系的中国特色。

“从 1956 年到 1966 年‘文化大革命’爆发前的十年，我国的社会主义建设取得了无可否认的巨大成就，但也历经曲折甚至遭受过严重挫折。”[③] 此间，中国特色社会主义法治的探索也经历了曲折、遭受了挫折。不过，“总结这十年间中国共产党领导全国人民进行的各项工作，正如 1981 年 6 月党的十一届六中

① 中共中央党史研究室:《中国共产党的九十年》，第 466 页。
② 毛泽东:《毛泽东文集》第 7 卷，人民出版社 1999 年版，第 23—44 页。
③ 中共中央党史研究室:《中国共产党的九十年》，第 545 页。

全会作出的《关于建国以来党的若干历史问题的决议》所指出的：'我们现在赖以进行现代化建设的物质技术基础，很大一部分是这个期间建设起来的；全国经济文化建设等方面的骨干力量和他们的工作经验，大部分也是在这个期间培养和积累起来的。'"[①] 按照历史唯物主义的基本原理，法律、法治都属于上层建筑，归根到底是由经济基础或物质生活条件所决定的。从这个角度来看，20 世纪 80 年代以后的中国特色社会主义法治建设，作为中国特色社会主义现代化建设的一个组成部分，它所依赖的"物质技术基础"，"很大一部分是这个期间建设起来的"。因此，"文化大革命"之前的十年对中国特色社会主义法治的积极意义，还有待给予更积极的评估。不过，"文化大革命"十年期间，法律与法治遭到严重破坏，教训极其深刻。

（三）中国特色社会主义法治的全面建设时期（1979 年至今）

1978 年 12 月召开的党的十一届三中全会，不仅实现了伟大的历史转折，而且正式开创了中国特色社会主义。从 1979 年开始，中国特色社会主义法治作为中国特色社会主义建设事业的一个组成部分，开始全面展开。1980 年，五届全国人大三次会议接受中共中央建议，决定成立宪法修改委员会，主持修改宪法。1982 年通过了新修改的《中华人民共和国宪法》，这部新的宪法不仅完善了人民代表大会制度、中国共产党领导的多党合作和政治协商制度、民族区域自治制度、基层民主制度，而

---

① 中共中央党史研究室：《中国共产党的九十年》，第 553 页。

且加快了中国特色社会主义法治建设的步伐。据统计，在“六届、七届全国人大期间，共审议通过法律96部”。“在执法方面，遵循有法可依、有法必依、执法必严、违法必究的原则，人民法院、人民检察院和公安部门等认真履行职能，努力维护社会主义法制的权威，维护公民的合法权益”[①]，在“八二宪法”的框架下，中国特色社会主义法治建设全面展开，渐入佳境。

1992年召开的党的十四大，标志着改革开放进入新阶段。“党的十四大提出，要积极推进政治体制改革，使社会主义民主和法制建设有一个较大的发展。党的十五大把依法治国提到党领导人民治理国家的基本方略的高度，提出要在党的领导下，在人民当家作主的基础上，依法治国，发展有中国特色社会主义民主政治，建设社会主义法治国家。”[②]1992—2002年十年间，中国特色社会主义法治建设再写新篇。譬如，在立法领域，就制定了《公司法》《行政处罚法》《证券法》《合同法》等一系列重要的法律。2002—2012年十年间，中国特色社会主义法治继续向前发展，在全面建设小康社会的背景下，形成了中国特色社会主义法律体系，司法体制改革得到了深入的推进，中国特色社会主义法治取得了重要的进展。

党的十八大的召开，标志着中国特色社会主义法治建设进入了一个新时代。党的十八大以来，中国特色社会主义法治在中国特色社会主义事业中的地位，达到了前所未有的新高度。在走中国特色社会主义法治道路的过程中，在建设中国特色社

---

① 中共中央党史研究室:《中国共产党的九十年》，第734—735页。

② 同上书，第833页。

会主义法治体系的实践中，中国特色社会主义法治作为人类法治文明中的一种新型法治，已经在华夏大地上形成了生动实践，时至今日还处于不断完善的过程中。

把中国特色社会主义法治的萌芽初生时期、艰难探索时期、全面建设时期结合起来，可以形成一部完整的中国特色社会主义法治史。全面对接中国共产党党史、中华人民共和国国史、中国改革开放史，认真对待中国特色社会主义法治史，是建构中国特色社会主义法治理论体系的必要前提，认真书写中国特色社会主义法治史是建构中国特色社会主义法治理论体系的必要环节。

三、中国特色社会主义法治的外部关系

中国特色社会主义法治的外部关系，主要是指中国特色社会主义法治与其他现象之间的关系。中国特色社会主义法治绝不是一个孤立的事物，它必然要与其他现象发生各种各样的交往关系，它必然要与其他现象形成相互影响的关系。因此，要深化关于中国特色社会主义法治的研究，要创新发展中国特色社会主义法治理论，要完成中国特色社会主义法治理论的体系化建构，中国特色社会主义法治的外部关系也是一个极其重要的理论主题或理论板块。这个理论板块的意义在于：把中国特色社会主义法治置于一个更大的系统中来研究。这个更大的系统就是中国特色社会主义。中国特色社会主义是一个整体，具有全局性，相比之下，中国特色社会主义法治只是其中的一个

局部。在中国特色社会主义这个整体性、全局性的大系统中，中国特色社会主义法治必然要与这个系统中的其他部分发生各种各样的关系，由此形成了多种相互交往的关系——从中国特色社会主义法治的角度来看，就是中国特色社会主义法治的外部关系。透过这些外部关系，可以在一个更大的系统中把握中国特色社会主义法治的特质、功能。分而述之，在中国特色社会主义的框架下，中国特色社会主义法治的外部关系主要包括以下数端。

（一）法治与政治的关系

法治与政治不可分，法治与政治具有复杂的交往关系，相互之间深度嵌入。从法治的角度来看，在任何法治形态的背后，都有一套特定的、与之相伴随的政治逻辑、政治框架、政治体制。譬如，近现代美国的法治，它偏重强调司法独立，这种法治的背后是三权分立的政治体制。站在政治的角度来看，政治也需要在法治的框架下来运行。譬如，美国四年一度的总统大选，可以说是一个典型的政治活动，它就必须按照相关的法律来运行；如果在选举过程中出现了争议，就必须由法院来裁决。这就正如托克维尔所见："在美国，几乎所有政治问题迟早都要变成司法问题。"[①] 由此看来，常态化的政治通常会以法治的方式来运行。这就是政治对法律、法治的信赖。

在当代中国语境下，法治与政治的关系具有极其重要的理

① 托克维尔：《论美国的民主》上卷，董果良译，商务印书馆2011年版，第341页。

论与实践意义。在当代中国，法治与政治的关系可以从多个方面来理解，但集中体现为党的领导与依法治国的关系。一方面，党的领导离不开依法治国提供的规范化支撑。所谓“规范化”，亦即法律化、制度化、程序化。从实践过程来看，依法治国就是讲规范、讲制度、讲程序。因此，“依法治国有助于加强和改进党的领导。规范化作为依法治国的思想指向、制度指向、技术指向，同时也是加强和改进党的领导的基本路径。在党内，讲规范的核心是依规治党；在党与国家、社会的关系上，讲规范的核心是依法执政。概而言之，要加强和改进党的领导，要进一步提升党的执政能力，就离不开依法治国提供的规范性支撑”。另一方面，依法治国更离不开党的领导。“依法治国首先需要有法可依，法的创制过程作为凝聚人民共同意志的过程，离不开党的领导。实践中的法的创制过程，都是在党的领导下展开的。由此制定出来的法，既凝聚了人民的共同意志，同时也反映了党的意志，是党的意志与人民意志高度融合的结晶。党的领导不仅保障了人民共同意志的有效凝聚，保障了法的创制过程的有序展开，还保障了法的有效实施。法的运行过程，无论是行政执法还是司法，都是在党的领导下展开的。党的领导为依法治国的有效实践提供了政治保障。”①

立足于党的领导与依法治国之间的辩证关系，还可以进一步研究党规与国法的关系、党的政策与国家法律的关系、依法治国与依规治党的关系等。这些关系，都是党的领导与依法治

① 喻中：《中国政治协调发展的必由之路》，《北京日报》2017 年 3 月 16 日，第 17 版。

国辩证关系的延伸和拓展，都是法治与政治的关系在当代中国的具体表现。

（二）法治与经济的关系

根据历史唯物主义的基本原理，法治是上层建筑，经济基础对法治具有决定作用，法治对经济具有反作用，经济要发展，就“要以法治‘保护产权、维护契约、统一市场、平等交换、公平竞争、有效监管’”[①]。在当代中国，法治与经济的关系具有丰富的内容，试举其要。一方面，既要以法治的方式巩固和发展公有制经济，也要以法治的方式鼓励、支持、引导非公有制经济。在国有企业改革方面，应当在法治的框架下建立中国特色的现代企业制度；在非公有制经济方面，应当进一步完善支持民营企业、外商投资企业发展的法治环境。在农村，应当在法治的轨道上深化集体产权制度改革，以法治的方式发展农村集体经济，完善农村基本的经营制度。

另一方面，分配的法治化也是法治与经济关系的一个重要领域。宪法第六条第二款规定：“国家在社会主义初级阶段，坚持公有制为主体、多种所有制经济共同发展的基本经济制度，坚持按劳分配为主体、多种分配方式并存的分配制度。”宪法这一规定，已经为分配的法治化提供了巨大的制度空间。但是，这个空间内部还有待进一步完善与充实：支撑这个空间的法治框架是什么？如何在法治的轨道上确保按劳分配的实现？多种分配方式如何在法治的轨道上运行？各种分配方式之间的衔接

① 卫兴华：《社会主义市场经济与法治》，《经济研究》2015 年第 1 期。

机制是什么？这些与经济有关的法治问题，在现有的法治理论中尚未得到有效的展开。一座以分配为轴心的法治理论的富矿，尚有待挖掘。

针对法治与经济的关系，党的十九届四中全会的《决定》在“加快完善社会主义市场经济体制”的框架下，还提出了更具体的要求：“建设高标准市场体系，完善公平竞争制度，全面实施市场准入负面清单制度，改革生产许可制度，健全破产制度。强化竞争政策基础地位，落实公平竞争审查制度，加强和改进反垄断和反不正当竞争执法。健全以公平为原则的产权保护制度，建立知识产权侵权惩罚性赔偿制度，加强企业商业秘密保护。推进要素市场制度建设，实现要素价格市场决定、流动自主有序、配置高效公平。强化消费者权益保护，探索建立集体诉讼制度。”这些要求，分别针对竞争制度、产权制度、要素市场制度、消费者权益保障制度等，都是当代中国法治与经济关系中的关键环节。

（三）法治与社会的关系

在法学的理论谱系或知识谱系中，源远流长的法社会学就是关于法与社会的理论。因而，法治与社会的关系也可以在法社会学的理论框架下来理解。在当代中国，在中国特色社会主义法治的实践过程中，倘若要把法治与社会连接起来，已经有一个现成的概念，那就是“法治社会”。因而，在法治实践中，关于法治社会的理论，在相当程度上可以代表法治与社会之相互关系的理论。

关于法治社会，中共中央2020年12月印发的《法治社会建设实施纲要（2020—2025年）》（以下简称《纲要》）已经指出："法治社会是构筑法治国家的基础，法治社会建设是实现国家治理体系和治理能力现代化的重要组成部分。"按照这份《纲要》："到2025年，'八五'普法规划实施完成，法治观念深入人心，社会领域制度规范更加健全，社会主义核心价值观要求融入法治建设和社会治理成效显著，公民、法人和其他组织合法权益得到切实保障，社会治理法治化水平显著提高，形成符合国情、体现时代特征、人民群众满意的法治社会建设生动局面，为2035年基本建成法治社会奠定坚实基础。"①

根据这份《纲要》，法治与社会的关系主要涉及多个方面的理论与实践问题。其一，在全社会树立法治观念。可以通过各种形式的法治教育，以促进法治信仰，以培育法治意识，以强化全社会的法治观念。其二，实现社会领域的法治化。这是一个极其宽广、极其生动的法治世界，它可以包括教育、劳动就业、社会保障、医疗卫生、食品药品、安全生产、道路交通、扶贫、慈善、社会救助等社会领域的法治化，以及退役军人、妇女、未成年人、老年人、残疾人正当权益保护等领域的法治化。其三，社会规范建设。社会规范是直接萌生于社会的规范，如居民公约、村规民约、行业规章、社会组织章程等，都可归属于社会规范。在法学体系中，它们通常被归属于民间法或习惯法研究。这方面的理论与实践，可以归属于法治与社会的关

① 《法治社会建设实施纲要（2020—2025年）》，《人民日报》2020年12月8日，第1版。

系。此外，加强社会信用体系建设，以之促成各种社会主体诚实守信，也可以在法治与社会的关系中来理解。其四，公民权利保护。举凡公共决策中的公众参与、执法司法过程中的人权保障、满足公众对法律服务日益增长的需求等，都属于公民权利保护的题中应有之义。其五，社会治理的法治化与网络空间的法治化，也是法治与社会关系研究的重要内容。

（四）法治与文化的关系

法治与文化具有相互影响的复杂关系。文化是一个宽泛的概念。绵延不绝的传统文化可能会影响法治，居于支配地位的主流文化更会影响法治。反过来说，法治实践也会对文化产生塑造作用。这就像托克维尔所看见的美国："司法的语言差不多成了普通语言；法学家精神本来产生于学校和法院，但已逐渐走出学校和法院的大墙，扩展到整个社会，深入到最低阶层，使全体人民都沾染上了司法官的部分习性和爱好。"[①] 当代中国的法治与文化也具有密切的关联。20 世纪八九十年代，在"文化热"的大背景下，关于法律文化的研究受到了普遍的关注。因而，法治与文化的关系也可以归于"法律文化"的理论谱系之中。譬如，以中国特色社会主义法治作为轴心，既可以比较它与西方资本主义法治的异同，也可以比较它与传统法家"以法治国"的异同，还可以比较它与传统儒家强调的"以孝治天下"或"礼治"的异同。

在当代中国的法治实践中，就法治与文化的关系来看，还

---

① 托克维尔：《论美国的民主》上卷，第 341 页。

有更多具有实践意义的主题，有待理论上的挖掘与拓展。其一，马克思主义法治思想对中国特色社会主义法治的引领问题。如前所述，马克思主义法治思想是中国特色社会主义法治理论体系的一个组成部分。这就是说，马克思主义法治思想居于中国特色社会主义法治理论体系之中；但与此同时，关于中国特色社会主义法治的各种理论与各种实践，又要接受马克思主义法治思想的指导。因此，应当建立马克思主义法治思想在法治领域指导地位的制度。其二，社会主义核心价值观融入法治理论各层面、法治实践各环节的问题，这其实是社会主义核心价值观与中国特色社会主义法治的结合、融合问题。其三，人民文化权益的法治保障问题。随着时代的进步，随着国家与社会的发展，人民对文化的需要日益增长，人民的文化权益也需要在法治轨道上予以加强，这也是法治与文化研究的一项重要内容。

上文立足于政治、经济、社会、文化之间的划分，宏观地展示了中国特色社会主义法治的外部关系。需要说明的是，以上四种关系并没有穷尽中国特色社会主义法治的外部关系。譬如，与以上四种关系相并列的，还可以有生态方面的内容，亦即法治与生态的关系。此外，在政治、经济、社会、文化之间，还存在一些交叉或重叠的地带，如民生问题，既可归属于社会领域，也可归属于经济领域，既可以在法治与经济的关系中看民生，也可以在法治与社会的关系中看民生。尽管存在诸多有待斟酌的地方，但在中国特色社会主义的框架下，政治、经济、社会、文化诸领域，毕竟还是各有所指。因此，在对中国特色社会主义法治理论进行体系化建构的过程中，如果要分门别类地考察中国特色社会主义法治的外部关系，那么法治与政治的关系、法治与经济的关系、法治与社会的关系、法治与文化的关系，还是可以充当“中国特色社会主义法治的外部关系”这一理论板块的骨架。

四、中国特色社会主义法治的内在结构

要实现中国特色社会主义法治理论的体系化建构，最终还是要回归中国特色社会主义法治本身。因此，中国特色社会主义法治理论体系，还需要关注的一个根本性问题，就是中国特色社会主义法治的内在结构，这是着眼于中国特色社会主义法治的内部，来拓展中国特色社会主义法治的理论。

如何把握中国特色社会主义法治的内在结构？一个现成的答案就是中国特色社会主义法治体系。党的十九届四中全会的《决定》提出：“建设中国特色社会主义法治体系、建设社会主义法治国家是坚持和发展中国特色社会主义的内在要求。必须坚定不移走中国特色社会主义法治道路，全面推进依法治国，坚持依法治国、依法执政、依法行政共同推进，坚持法治国家、法治政府、法治社会一体建设，加快形成完备的法律规范体系、高效的法治实施体系、严密的法治监督体系、有力的法治保障体系，加快形成完善的党内法规体系，全面推进科学立法、严格执法、公正司法、全民守法，推进法治中国建设。”这段纲领性的论述，不仅阐明了中国特色社会主义法治体系的内容，而且还揭示了中国特色社会主义法治的内在结构。

从内容来看，中国特色社会主义法治的内在结构由五个部分或五个子系统构成，它们分别是完备的法律规范体系、高效的法治实施体系、严密的法治监督体系、有力的法治保障体系与完善的党内法规体系。立足于这五个方面的研究而形成的法治理论，可被称为关于“中国特色社会主义法治的内在结构”的理论。在这个理论板块或理论单元中，主体部分包括法律规范理论、法治实施理论、法治监督理论、法治保障理论与党内法规理论。

分而述之，法律规范理论的重心是立法或“科学立法”。为了形成完备的法律规范体系，必须发展创新中国特色社会主义的立法理论。其一，在立法原则上，在注重科学立法原则的同时，还应当坚持民主立法、依法立法的原则，应当研究将这些基本原则在立法实践中进行创造性地运用。其二，在立法体制上，应当在单一制国家结构的宪法框架下，注意从体制上发挥中央立法与地方立法的积极性。当前，地方立法呈现出迅猛发展的趋势。在这个过程中，应当确保地方立法的规范性与科学性，同时还要确保中国社会主义法律规范体系的统一性。其三，在立法过程中，应当注意制定法律、修改法律、废止法律与解释法律之间的平衡。应当看到，21 世纪 20 年代的立法，已经不同于 20 世纪八九十年代的立法，新时代的立法是在中国特色社会主义法律体系基本形成的前提下展开的；与此相适应，当代及未来中国的立法理论也应当适应新环境与新挑战，当然也应当抓住其中蕴含的新机遇。

法治实施理论的重心主要是行政执法、司法及守法。为了形成高效的法治实施体系，应当强调法治实施的体系化建设。其一，从不同性质的法治实施机构来看，应当实现不同机构之间的有效衔接、无缝对接。譬如，在刑事法治领域，就需要在公安部门、人民检察院、人民法院及司法行政部门之间形成一个环环相扣的体系。关于刑事法治的研究，既有的理论主要是在刑法学、刑事诉讼学中展开的。然而，如果从高效的法治实施体系的角度来看，就可能发现并形成新的刑事法治实施及其体系的理论，因为相对于刑法学、刑事诉讼法学的专业性，刑事领域的法治实施体系是一个更加综合、更加通透的主题，具有跨学科的性质。其二，从不同层级的法治实施机构来看，应当更加合理地划分不同层级的法治实施机构的职权，确保权责一致。在法治实施过程中，有一些较低层级的机构，譬如乡镇政府，甚至村（居）民委员会，它们承担了较多、较重的实际责任，但它们的法定权力却相对较少、较小，职权与职责不相匹配，导致法治实施不够顺畅，妨碍了法治实施的效果、效益、效率，这是法治实施体系中有待解决的一个问题。其三，从不同地区的法治实施机构来看，体系化建设的方向也应当进一步加强。具体地说，有必要遏制法治实施过程中的地方化现象，消除地方保护主义，在全国范围内建立起更加高效的法治实施体系。

法治监督理论的重心就是法治监督。从学术史的角度来看，“法治监督”这个概念是从法律监督演变而来的一个新概念。较之于既有的法律监督理论，法治监督理论体现了两个方面的创新：一方面，法治监督理论突出了监督的法治化，法治监督成为中国特色社会主义法治体系的一个组成部分；另一方面，法治监督理论的关键在于法治监督的体系化建设。体系化的法治监督并不是各种监督制度的简单堆积，而在于促成多种监督制度形成一个有机的整体，发挥制度合力，进而转化为国家治理体系和治理能力现代化的推动力。根据党的十九届四中全会的《决定》，法治监督的体系化建设，可以从三个方面着眼。其一，党内监督。在法治监督体系中，党内监督居于主导地位，具有主导作用。党内监督的重点是加强对高级干部、各级主要领导干部的监督，强化对高级干部、各级主要领导干部的政治监督。其二，纪检监察。在纪检监察的框架下，推进纪律监督、监察监督、派驻监督、巡视监督之间的统筹衔接。其三，人大监督、民主监督、行政监督、司法监督、群众监督、舆论监督以及审计监督、统计监督。在这几种监督制度中，人大监督是人民代表大会制度的一个组成部分，是人民当家作主的一种具体形式，健全人大监督有助于加强人民民主；民主监督是中国共产党领导的多党合作和政治协商制度的一个组成部分，是多党合作与政治协调的一种具体形式，健全民主监督有助于加强统一战线；其他几种监督制度各有不同的指向与功能。从总体上看，当代中国的法治监督体系包含了丰富的制度，如何整合各种监督制度，如何对各种监督制度进行体系化的建构，还有待进一步的研究。

法治保障理论主要面向法治保障体系。作为一个具有鲜明中国特色、时代特色的法治问题，法治保障体系是保障中国特色社会主义法治沿着正确道路前进的制度体系。所谓“法治保障体系”，实为保障法治的体系。在当代中国的法治实践中，保障法治的体系首先是政治上的保障，其核心是党的领导。法治必须坚持党的领导，党的领导是法治能够有效运行的政治保障。其次是经济上的保障。按照经济基础决定上层建筑的唯物史观，如果没有一定的经济条件，法治是无法正常运行的。有学者专门讨论权利的成本，论证了“为什么贫困的政府不能保护权利”①。根据同样的道理，法治也有经济成本。倘若没有足够的经济条件，像法治、法律这样的上层建筑是很难有效运行的。因此，只有具备一定的物质基础，才可能保障法治。简而言之，法治离不开物质条件方面的保障。再次是人才方面的保障。传统中国早已认识到，“徒善不足以为政，徒法不能以自行”②。只有法律，不可能成就法治，法律需要人去运行。创制良法、执行良法、根据良法做出公正的判决，以及良好的法律服务，都需要法律方面的专业人才。如果实际运行法律的人既有良好的法律专业知识，又有良好的法律职业道德，那么，法治的运行就有了可靠的人力保障。良好的法治人才离不开完善的人才培养体系，由此可见，有力的法治保障体系其实是一个系统工程，需要政治、经济、文化教育等方面的支撑。

党内法规理论主要面向党内法规体系。这是中国特色社会主义法治体系中的一个重要组成部分。在中国特色社会主义法治框架下研究党内法规，主要涉及两个方面的理论问题。一方

---

① 霍尔姆斯、桑斯坦:《权利的成本：为什么自由依赖于税》，毕竟悦译，北京大学出版社2004年版，第17页。

② 杨伯峻译注:《孟子译注》，第173页。

面，是关于党内法规体系本身的研究。党内法规体系与国家法律体系具有一定的可比性：党内法规体系中的党章就相当于国家法律体系中的宪法。在党章之下，有党的中央机构制定的党内法规，也有党的地方机构制定的党内法规。党内法规作为规范，它的制定与实施，与国家法律的制定与实施有一定的相似性，但也有自身的规律与特性。因此，研究党内法规体系，既需要研究这个体系中极其丰富的具体问题，也需要形成基础理论，从而为党内法规体系的完善提供基础理论方面的支撑。另一方面，还要研究党内法规体系与国家法律体系之间的衔接问题，目的在于促进依法治国与依规治党之间的相互协调。从根本上看，在中国特色社会主义法治框架下，党内法规与国家法律作为并立的两类规范，实为支撑当代中国文明秩序的两根主要支柱。

中国特色社会主义法治体系所包含的五个子系统，可以比较全面地展示中国特色社会主义法治的内在结构。在此基础上，还应当看到中国特色社会主义法治的建设路径，这个建设路径可以概括为“一体建设”：无论是坚持依法治国、依法执政、依法行政共同推进，还是坚持法治国家、法治政府、法治社会一体建设，以及全面推进科学立法、严格执法、公正司法、全民守法，都可以归结为“法治一体建设”。打个比方，“建设社会主义法治就像建造一只木桶，只有确保每一块木板都有足够的长度，才能保证木桶的容量。任何一块木板太短或缺失，都会严重影响木桶的功能，甚至使木桶的功能完全丧失。同样的道理，社会主义法治建设也不能有明显的短板，社会主义法治的短板也会影响社会主义法治的功能。为了消除社会主义法治的短板，应当树立社会主义法治一体建设的理念，应当把一体建设作为社会主义法治建设的基本要求。概括地说，所谓社会主义法治一体建设，是指统筹协调社会主义法治建设的各个领域、各个环节、各个层面，把社会主义法治视为一个整体，以一体建设的思维，全面推进社会主义法治建设"[①]。因而，可以把"一体建设"作为中国特色社会主义法治的内在结构这个理论板块、理论单元的方法论。

上文分述了中国特色社会主义法治的指导思想、演进历程、外部关系、内在结构。首先，准确地理解、严格地遵循中国特色社会主义法治的指导思想，可以确保中国特色社会主义法治在正确的方向与道路上前行。其次，全面地回顾、科学地总结中国特色社会主义法治的演进历程，可以展示中国特色社会主义法治从萌生到成熟的生命轨迹。再次，在中国特色社会主义框架下把握中国特色社会主义法治的外部关系，有助于理解中国特色社会主义法治与其他现象之间的辩证关系。最后，在中国特色社会主义法治框架下把握中国特色社会主义法治的内在结构，有助于厘清中国特色社会主义法治体系内部的理论与实践。

从以上四个方面关注中国特色社会主义法治，可以形成关于中国特色社会主义法治的四个方面的理论。把这四个理论板块汇聚起来，融为一体，就形成了关于中国特色社会主义法治

① 喻中:《论中国法的精神》，第85—86页。

的理论体系，即中国特色社会主义法治理论的体系。

我们关于中国特色社会主义法治理论的体系化建构，主要着眼于中国特色社会主义法治这个中心，是从“上下”“前后”“内外”等不同的结构或关系中理解中国特色社会主义法治的产物。这样的体系化建构，大致可以反映出中国特色社会主义法治理论的全貌。

在此基础上，我们也要注意到，这个理论体系中的每一个理论板块、理论单元，都还有进一步斟酌、进一步优化的空间。其一，就中国特色社会主义法治的指导思想来看，如何对这个指导思想进行更加精准的叙述，既是一个学术问题，同时也是一个政治性很强的问题，它与国家的主流意识形态有关。怎样拿捏其中的分寸，才能同时回应学术与政治两个方面的要求，尚有待进一步的研究。其二，把中国特色社会主义法治的历史与中国共产党的历史重叠起来，是不是一个最优、最妥当的选择？中国特色社会主义法治的历史是否还可以追溯到中国共产党成立之前？或者只应当追溯至中华人民共和国成立之后，甚至只能追溯至改革开放之初？换言之，关于中国特色社会主义法治史的叙述框架，到底应当绑定中国共产党党史，还是应当绑定中华人民共和国史，抑或应当绑定改革开放史？对于这样的问题，不同的研究者可能会得出不同的结论。在这里，为了精准起见，我们还可以把中国特色社会主义法治的历史分为“正史”与“前史”，这样的划分也许可以缓解不同观点之间的紧张，但也可能加剧不同观点之间的紧张。由此我们看到，关于中国特色社会主义法治的历史书写，也是一个政治性很强的理论主题。其三，关于中国特色社会主义法治的外部关系，固然可以从政治、经济、社会、文化来考察，但还有一些专门性的现象与事物也应当予以注意。譬如，法治与改革的关系，就是一个颇具现实性的问题；再如，法治与德治的关系，以及依法治国与以德治国的关系，也可以归属于中国特色社会主义法治的外部关系。从这个方面来看，中国特色社会主义法治的外部关系，还可以从更加宽广的视野中来考察。其四，关于中国特色社会主义法治的内在结构，上文主要参考了政治文献中关于中国特色社会主义法治体系的表述，如何对这种表述进行学术化的再阐释，则是一个有待进一步探索的主题。以上几点延伸性的分析表明，关于中国特色社会主义法治理论的体系化建构，还有很多学术理论问题有待进一步研究。上文所呈现的，仅仅是一个初步的探讨。

附　录　论中国特色社会主义法治政府理论的体系化构建

“加强中国特色社会主义法治政府理论研究”是《法治政府建设实施纲要（2021—2025年）》（以下简称《纲要》）提出的一项明确要求。要回应这样的要求，要创新和发展中国特色社会主义法治政府理论，要让中国特色社会主义法治政府理论与法治政府建设的实践相适应，要让中国特色社会主义法治政府理论全面、系统地满足法治政府建设的需要，就有必要加强中国特色社会主义法治政府理论的体系化构建。结合《纲要》的精神与内容，中国特色社会主义法治政府理论的体系应当容纳以下五个部分。

（一）法治政府的政治论

法治政府的政治论是从政治的角度研究法治政府，旨在深化法治政府建设需要遵循的政治方向、政治原则等方面的理论问题，以保证法治政府建设与党和国家事业发展的全局相适应。在当下，从政治的角度研究法治政府，有必要重点研究四个方面的问题。其一，法治政府建设如何坚持中国特色社会主义。法治政府建设的政治方向是由中国特色社会主义伟大旗帜来引领的，必须坚持中国特色社会主义，这样法治政府建设才不会偏离正确的政治方向。其二，法治政府建设如何坚持马克思列宁主义、毛泽东思想、邓小平理论、“三个代表”重要思想、科学发展观、习近平新时代中国特色社会主义思想的指导。从19世纪中叶到21世纪，马克思主义作为一脉相承的思想体系经历了三个世纪，在漫长的吐故纳新过程中已发展至最新形态，那就是习近平新时代中国特色社会主义思想。必须坚持马克思主义，特别是坚持习近平新时代中国特色社会主义思想这一马克思主义中国化的最新形态，法治政府建设才不会偏离正确的政治方向。其三，法治政府建设如何贯彻习近平法治思想。习近平法治思想具有丰富的内容，其中就包含了关于法治政府建设的思想。在法治政府建设实践中全面贯彻习近平法治思想，能够确保法治政府建设不偏离正确的政治方向。其四，法治政府建设应当坚持什么样的政治原则。对此，《纲要》已经指出："坚持党的全面领导，确保法治政府建设正确方向；坚持以人民为中心，一切行政机关必须为人民服务、对人民负责、受人民监督；坚持问题导向，用法治给行政权力定规矩、划界限，切实解决制约法治政府建设的突出问题；坚持改革创新，积极探索具有中国特色的法治政府建设模式和路径；坚持统筹推进，强化法治政府建设的整体推动、协同发展。"坚持这些基本原则，能够确保法治政府建设始终在正确的政治方向上行稳致远。

（二）法治政府的历史论

法治政府的历史论是从历史的角度研究法治政府。当代中国的法治政府建设不是无源之水，不是无本之木，更不是一座突然降临的"飞来峰"。当代中国的法治政府建设是历史的产物，因此应当用历史的眼光来看待它、研究它。《纲要》已有这样的提示。《纲要》的内容虽然主要针对未来五年的法治政府建设，但《纲要》首先叙述的，是在已经过去的五年里，各地区各部门多措并举、改革创新，在法治政府建设中取得的重大进展。这就是《纲要》体现的历史意识。以牢固的历史意识研究法治政府，就可以形成法治政府的历史论。这样一个历史论，有必要重点研究四个方面的问题。其一，改革开放以来、中华人民共和国成立以来、中国共产党诞生以来的法治政府建设，经历了一个什么样的历史过程，其间发生了一些什么样的转化与变迁。从一定层面看，法治政府建设的历史，也是改革开放史、新中国史、中国共产党党史的一个组成部分。当然，更值得研究的问题，是党的十八大以来的法治政府建设史，它作为最新、最近的历史，更生动，更鲜活，现实意义更大，更需要理论上的总结与提炼。其二，与前述法治政府建设的历史相对应，还要研究法治政府理论的历史。理论是实践的一面镜子，法治政府理论与法治政府建设实践总是在相互影响的过程中不断演进。研究法治政府理论的历史，既有助于把握法治政府的精神史，更有助于把握法治政府建设的历史规律。掌握这样的规律，有助于为当下的法治政府建设增添更多的历史智慧。其三，研究法治政府建设的历史，还有必要专门研究中国共产党领导中国人民探索建设法治政府的历史。这段历史起于何时，兴于何地，经于何人，成于何事，如果细加梳理，可以从历史的纵深处，集中展示党领导人民建设法治政府的历程。其四，关于法治政府历史的其他方面的研究，作为一个开放的空间，可以容纳各种各样的法治政府史研究，可以成就法治政府的各种专门史，如行政立法史、行政执法史、地方法治政府史等。

（三）法治政府的机构论

法治政府的机构论从政府机构的角度研究法治政府，大致可以对应于《纲要》第二部分所讲的“健全政府机构职能体系”。法治政府的机构论旨在研究如何形成边界清晰、分工合理、权责一致、运行高效、法治保障的政府机构职能体系。这里的“机构论”，也可以理解为“机构职能论”或“组织结构论”。从行政法学的体系来看，法治政府的机构论大致可以对应于关于行政组织法的理论。在当前，法治理论的机构论需要研究的问题主要包括两个层面。其一，在机构与机构之间，如何推进政府机构职能优化协同高效？如何统筹优化政府组织结构与促进政府职能转变，理顺部门职责关系？如何使政府机构设置更加科学、职能更加优化、权责更加协同？《纲要》反复强调机构之间的协同高效，说明这是法治政府建设实践中需要重点关注的一个问题，它与机构的设置有关，与机构的职能有关。应当看到，政府是由一系列的机构组合而成的，机构之间总是会发生交往。机构之间的交往如果不能协同高效，不仅会耗费大量的行政资源，政府的职能也难以及时有效地发挥出来。其二，在政府机构与自然人、法人或其他组织之间，如何深入推进“放管服”改革？如何把更多行政资源从事前审批转到事中事后监管上来？如何提高政务服务效能？如何优化营商环境？《纲要》列举的这些关键问题，其实都可以归属于政府机构与其服务对象之间的关系问题。譬如，针对政府机构与一般服务对象的关系，《纲要》要求：“全面提升政务服务水平，完善首问负责、一次告知、一窗受理、自助办理等制度。”针对政府机构与企业之间的关系，《纲要》要求：“依法平等保护各种所有制企业产权和自主经营权，切实防止滥用行政权力排除、限制竞争行为。”综合地看，以上两个层面的问题，都是以政府机构的设置、职能为中心的。研究以上两个层面的问题，可以发展法治政府的机构论。

（四）法治政府的行为论

法治政府的行为论是从政府行为的角度研究法治政府。根据《纲要》，法治政府的行为需要从多个不同的方面分别予以研究。其一，要研究法治政府的立法行为。政府的立法行为是为政府的其他行为提供规则的。《纲要》提出的总体要求是：“坚持科学立法、民主立法、依法立法，着力实现政府立法质量和效率并重并进，增强针对性、及时性、系统性、可操作性，努力使政府治理各方面制度更加健全、更加完善。”特别是若干重要领域、新兴领域的政府立法，更有待专门的研究。其二，要研究法治政府的决策行为。法治政府的决策行为会影响政府辖区内的所有人，影响广泛，责任重大。《纲要》提出的总体要求是：“坚持科学决策、民主决策、依法决策，着力实现行政决策程序规定严格落实、决策质量和效率显著提高，切实避免因决策失误产生矛盾纠纷、引发社会风险、造成重大损失。”其三，要研究法治政府的执法行为，亦即行政执法。这也是行政法学理论中历久弥新的一个重要问题。与决策行为不同的是，政府的执法行为直接针对每一个具体的自然人、法人或其他组织。《纲要》提出的总体要求是："着眼提高人民群众满意度，着力实现行政执法水平普遍提升，努力让人民群众在每一个执法行为中都能看到风清气正、从每一项执法决定中都能感受到公平正义。"其四，要研究法治政府的应急行为。应急行为就是政府应对突发事件的行为。依法实施应急行为，对法治政府建设提出了更高的要求。在日常状态下，法治政府可以按部就班地运行；但在紧急状态下，在突发事件面前，法治政府的应急行为要依法实施，就面临着较大的挑战。其五，要研究法治政府的解纷行为，亦即社会矛盾纠纷行政预防调处化解行为。以上几种政府行为，发生的场景不同（譬如，决策行为通常发生在会议室，执法行为可能发生在街头、路边等各种地方），尽管都是政府行为，但呈现出来的规律并不完全相同，行为逻辑也不一样，应当分别予以研究。把这些研究结合起来，可以深化法治政府的行为论。

（五）法治政府的保障论

法治政府的保障论是从保障机制的角度来研究法治政府。法治政府的保障机制很重要。就像当代中国的法治体系中包含了一个专门的法治保障体系一样，法治政府理论体系中也应当有一个理论板块，专门研究法治政府的保障机制。根据《纲要》，法治政府的保障论有必要研究三个方面的问题。其一，要研究党的领导为法治政府建设提供的根本保障。《纲要》中的原话是："党的领导是全面依法治国、建设法治政府的根本保证，必须坚持党总揽全局、协调各方，发挥各级党委的领导作用，把法治政府建设摆到工作全局更加突出的位置。”这就是说，党的领导为法治政府建设提供了根本的保障。需要进一步研究的问题是，党的领导如何保障法治政府建设？相关的制度安排与技术路径如何优化？其二，要研究监督与制约为法治政府建设提供的动力保障。法治政府建设需要持续不断的动力保障。对行政权力的监督与制约既是严管也是厚爱，既是约束也是激励。结合《纲要》的相关内容，法治政府建设的动力保障主要体现在：“坚持严管和厚爱结合、激励和约束并重，做到依规依纪依法严肃问责、规范问责、精准问责、慎重问责，既要防止问责不力，也要防止问责泛化、简单化。落实‘三个区分开来’要求，建立健全担当作为的激励和保护机制，切实调动各级特别是基层政府工作人员的积极性，充分支持从实际出发担当作为、干事创业。”其三，要研究面向数字法治政府的科技保障。《纲要》为此做出了原则性的安排：“坚持运用互联网、大数据、人工智能等技术手段促进依法行政，着力实现政府治理信息化与法治化深度融合，优化革新政府治理流程和方式，大力提升法治政府建设数字化水平。”实现这个目标，把法治政府建设与信息技术紧密结合起来，能够保障法治政府建设不断适应科技进步带来的新要求。

以上分析表明，法治政府的政治论、历史论、机构论、行为论、保障论，可以分别面向法治政府的五个维度、五个侧面。如果要创新发展中国特色社会主义法治政府理论，以上分述的

"五论"，都需要分别展开。如果把这"五论"整合起来，就可以形成一个体系化的中国特色社会主义法治政府理论。经过这样的体系化构建，可以发现，中国特色社会主义法治政府理论的体系与行政法学理论的体系虽然是相通的，但两者之间还是有一些值得注意的差异。至为明显的是，中国特色社会主义法治政府理论的研究，虽然在总体上归属于法学学科，特别是法学中的行政法学，但它同时也牵涉到法学之外的政治学、马克思主义理论、公共管理等多个一级学科。从这个角度来看，体系化的中国特色社会主义法治政府理论需要运用多学科的理论与方法来研究。

第三编　广论

第七章
法治作为中国特色社会主义核心价值

把“社会主义”与“法治”这两个要素结合起来，可以形成一个偏正结构的概念——社会主义法治。早在改革开放之初，学界就开始关注“社会主义法治”这个主题。[①] 自那以后，四十年来，关于“社会主义法治”的研究一直是一个理论热点。随着这个主题及相关研究的不断深入，建设“社会主义法治”逐渐获得学界、政界以及其他社会各界的广泛认同，并逐渐成为一个共识。这样的共识已经在宪法文本中得到正式的确认：在1982年，宪法序言中的规定是“健全社会主义法制”；但是，在2018年的宪法修正案中，“健全社会主义法制”已经被修正为“健全社会主义法治”。

检索四十多年来的学术理论文献，可以看到，以“社会主义法治”作为主题的研究成果数量庞大。[②] 众多论著虽然风格不

---

① 参见凌相权：《总结经验教训，坚定不移地实行社会主义法治——我系召开法治与人治问题讨论会》，《法学研究资料》1980年第3期；杨贻泽：《批判封建主义，实行社会主义法治》，《晋阳学刊》1980年第3期。

② 在中国知网的“总库·中文”中，根据“主题”检索“社会主义法治”，共有17 735篇，根据“篇名”检索“社会主义法治”，共有4355篇。检索时间：2022年2月25日。

同、指向各异，但都秉持一个共同的旨趣，那就是用“社会主义”来修饰“法治”，希望建成的法治是社会主义的法治，以此确保法治的政治方向始终符合社会主义的原则与要求。这是极其必要的，也是极其重要的。然而，在研究“社会主义法治”的同时，还应当思考一个与之紧密相关的主题，那就是法治对社会主义的意义。“社会主义法治”的重心是法治，相比之下，法治对社会主义的意义，作为一个主题，其重心却系于社会主义，这样一个主题旨在追问：对于社会主义来说，尤其是对于中国特色社会主义来说，法治意味着什么？

对于这样一个问题，其实已有现成的答案。一方面，社会主义核心价值体系中就包含了“法治”这个要素，简而言之，法治是社会主义的核心价值。另一方面，党的十九届四中全会通过的《中共中央关于坚持和完善中国特色社会主义制度 推进国家治理体系和治理能力现代化若干重大问题的决定》还指出：“建设中国特色社会主义法治体系、建设社会主义法治国家是坚持和发展中国特色社会主义的内在要求。”[①] 按照这个论断，法治是中国特色社会主义的内在要求。法治既是社会主义的核心价值，也是社会主义的内在要求。这就是说，当代中国的学术研究不仅应当按照宪法的精神，为“健全社会主义法治”进行学术理论奠基，还有必要认真对待“法治作为社会主义核心价值”这个命题。因为，通过“法治作为社会主义核心价值”这个命题，重新思考法治对中国特色社会主义的意义，至少有助于进

① 《中共中央关于坚持和完善中国特色社会主义制度 推进国家治理体系和治理能力现代化若干重大问题的决定》，《人民日报》2019 年 11 月 6 日，第 5 版。

一步深化、拓展“社会主义”与“法治”这两个要素之间的内在关联。

应当看到，“社会主义”与“法治”的关系，既是一个法学、法治领域的专业问题，同时也是一个关系到社会主义前途与命运的问题。既有关于“社会主义法治”的学术理论文献，主要立足于法学、法治的角度。在此学术背景下，我们试图阐明的“法治作为社会主义核心价值”，侧重于回应社会主义理论及实践在这个时代提出的新要求。下文的论证试图表明：法治作为社会主义核心价值，乃是我们这个时代所面临的一个重大理论问题，既是社会主义事业与法治事业协调发展的必然产物，更是社会主义这条河流与法治这条河流在分别穿山越岭后最终汇合起来的产物。汇合起来的这条更加壮阔的河流，从法治的角度看，是“社会主义法治”；从社会主义的角度看，就是把法治作为内在要求的社会主义。如前所述，关于“社会主义法治”的论述，已经蔚为壮观；论述“法治作为社会主义核心价值”，论述社会主义对法治的依赖，论述法治对社会主义的意义，则是下文的旨趣。

从研究视角与研究方法来说，为了更有效地阐明“法治作为社会主义核心价值”，就不能仅仅从法治的角度去探讨；相反，有必要更多地从社会主义的角度去探讨、去展开。“社会主义法治”与“法治作为社会主义核心价值”虽然都关涉法治，虽然都关涉社会主义，但是两者的理论指向略有差异：围绕“社会主义法治”形成的理论，主要是中国特色社会主义法治理论、法学理论；“法治作为社会主义核心价值”这个命题，既可归属于中国特色社会主义法治理论、法学理论，也可归属于中国特色社会主义理论。中国特色社会主义理论当然会涉及法治与法学，但又超越了专业性的法治领域、法学领域。

因此，下文的基本思路是：先从华夏文明转型的角度，再从社会主义演进的角度，分别阐明“法治作为社会主义核心价值”之含义。在此基础上，回到“法治作为社会主义核心价值”这个命题自身，从道统、政统、法统三个不同层面，将“法治作为社会主义核心价值”这一命题进行结构化、立体化的建构。希望通过这样一个初步的论证，能够揭示“法治作为社会主义核心价值”这一命题之思想理论内涵。

一、从华夏文明的转型看法治作为中国特色社会主义核心价值

把法治作为社会主义核心价值，既可以揭示中国特色社会主义的内在要求，也可以反映社会主义在当代中国兴起的历史背景。历史地看，法治作为社会主义核心价值，主要是华夏文明转型的产物，是华夏文明从传统转向现代的产物。具体地说，主要是华夏文明的政治、社会走向法理时代的产物，是法理时代提出的必然要求。当然，反过来说，法治作为社会主义核心价值，作为一个具有鲜明中国风格、中国精神的命题，也是对转向法理时代的华夏文明作出的一种理论回应。

从合法性依据、正当性依据的角度来看，华夏文明在当下所处的这个时代，是一个走向法理化的时代；与法理时代相对

应，从实践、过程的角度来说，华夏文明在当下所处的这个时代，也是一个走向法治化的时代。华夏文明在这个走向法理化、法治化的时代持续不断地建设社会主义，这个时代的社会主义必然形成对法治的高度依赖，必然把法治作为内在要求，必然把法治作为核心价值。

也许有人会提出疑问：华夏文明在当下所处的这个时代还可以称为“信息时代”，甚至还可以是更加具象化的“高铁时代”“5G 时代”，为什么不特别强调这个时代的社会主义对信息的依赖，甚至是对高铁或 5G 的依赖？这个时代的新生事物层出不穷，可以用来修饰这个时代的词语日新月异，为什么要以“法理时代”描述华夏文明在当下所处的这个时代？为什么要把法治作为这个时代的中国特色社会主义之核心价值？

最根本的理由就在于：一个时代总是相对于其他时代而言的。立足于当下看华夏文明的转型，就华夏文明的漫长历史来说，最具本质意义的时代划分，莫过于古与今，或曰传统与现代，相比之下，其他各种各样的时代划分都是“第二义”的，都是第二层次及以下的时代划分。所谓“古今之变”，其实就是华夏文明从传统转向现代，而且在传统与现代之间出现了一种深刻的政治转型、社会转型；在政治、社会转型的最深处，则是正当性依据、合法性依据的转变，亦即文明秩序原理的根本转变。

在华夏文明历史上，以 1911 年辛亥革命作为传统中国与现代中国的分界线，可以看到，传统中国一切大大小小的政治行为、社会行为，是否具有合法性、正当性，最终是通过经学来裁断的。换个角度来说，传统中国政治社会的合法性、正当性，都需要由经学来论证、来支撑。四书五经在不同的时代充当传统中国政治社会正当性、合法性的终极依据。在四书五经的范围内，《春秋》一经具有更重的分量。《春秋》在传统中国的实际地位，很多时候就相当于现代中国的宪法，甚至是比宪法地位更高的“高级法”或“自然法”，或者说，是承载了程朱理学视野中的“天理”。[①]且看《史记》记载的一个著名论断：“《春秋》之义行，则天下乱臣贼子惧焉。”[②]这就是说，天下一切“乱臣贼子”，都担心依据《春秋》做出的判决；在天下一切“乱臣贼子”看来，根据《春秋》做出的判决就相当于“终审判决”或“末日审判”。正是在这个意义上，以《春秋》为核心的四书五经，为传统中国的政治与社会提供了最终的合法性依据、正当性依据，这就是经学时代的传统中国。

但是，随着清朝的覆灭与民国的肇始，以《春秋》为核心的四书五经，其权威性迅速消解，经学及经学时代亦随之终结。自民国以来，中国政治社会的正当性依据、合法性依据，已经不能再依赖于经学了，只能转而由法理来提供。这就是说，在现代中国，只有符合法理的政治行为与社会行为，才是合法的、

---

① 譬如，程颢（明道先生）就论证了“天理”所具有的至高无上、永恒不变的性质，他说：“天理云者，这一个道理，更有甚穷已？不为尧存，不为桀亡。人得之者，故大行不加，穷居不损。这上头来，更怎生说得存亡加减？”程颢、程颐：《二程集》，王孝鱼点校，中华书局1981年版，第31页。朱子关于“天理”的一个著名论断是：“圣贤千言万语只是明天理，灭人欲。天理明，自不消讲学。”黄士毅编：《朱子语类汇校》第1册，徐时仪、杨艳汇校，上海古籍出版社2014年版，第231页。

② 司马迁：《史记》，第330页。

正当的政治行为与社会行为。试举例说明。1915年，针对袁世凯实行的洪宪帝制，梁启超写下了著名的《异哉所谓国体问题者》[①]一文。这篇影响巨大的雄文既批判了袁氏复辟帝制的政治行为，同时还为1915—1916年的护国运动提供了正当性依据。梁启超在这篇文章中所凭借的依据，就不再是传统经学或春秋大义之类，而是以民主共和为核心的法理。袁世凯称帝的政治行为，由于不符合以民主共和为核心的法理，因而没有正当性与合法性，这就是经学时代终结之后的法理时代及其政治逻辑。

这样的法理时代，有学者称之为“后经学时代”。按照学者的概括，所谓“后经学时代”，亦即清末以来的现代中国正在经历的这个时代，这个时代主要有两个方面的特点：“其一，在社会政治层次上，经学失却其合法性依据的地位，中国社会形式上走向法理化的时代；其二，在学术文化的层次上，对经的研究不必站在宗经的立场上。”[②]在这里，“学术文化的层次”暂且不论，只就“社会政治层次”来说，当今的法理时代是相对于传统的经学时代而言的，是经学时代消逝之后的时代；或者更准确地说，随着传统中国转向现代中国，法理成为经学的替代物。如果我们以经学时代描述从汉至清的传统中国，那么法理时代就是对现代中国的一种描述、一种定位。如果说经学时代可以称为“礼治时代”，那么法理时代就可以称为“法治时代”。法理时代、法治时代的社会主义，必然对法理、法治形成高度的依赖关系，这就像经学时代的传统中国对经学、礼治的高度

---

① 梁启超：《梁启超全集》，第2900—2905页。

② 陈少明：《汉宋学术与现代思想》，广东人民出版社1995年版，第128页。

依赖一样。正是在这个意义上，我们可以发现，法治之所以成为当下中国特色社会主义的核心价值，乃是华夏文明从经学时代转向法理时代的产物。

对于华夏文明经历的古今之变及其思想史意义，对于当代中国所置身于其中的法理时代，对于当代的中国特色社会主义对法治的依赖，还可以借助马克斯·韦伯的经典理论予以阐释和验证。韦伯关于统治或支配，提出了颇有影响的支配类型理论。他说："正当性支配有三个纯粹类型。对正当性的主张之是否妥当，必须建立于：1. 理性的基础——确信法令、规章必须合于法律，以及行使支配者在这些法律规定之下有发号施令之权利（法制型支配，legale Herrschaft）。2. 传统的基础——确信渊源悠久的传统之神圣性，及根据传统行使支配者的正当性（传统型支配，traditionale Herrschaft）。3. 卡理斯玛的（Charisma）基础——对个人、及他所启示或制定的道德规范或社会秩序之超凡、神圣性、英雄气概或非凡特质的原则立场献身和效忠（卡理斯玛支配，Charismatische Herrschaft）。"①

韦伯关于支配类型的这个理论，其实就是关于政治社会之正当性依据、合法性依据的分类理论。它虽然只是一种纯粹化、理想型的支配类型理论，虽然在现实生活中很难找到一种支配，说它就是一种纯粹的法制型支配或传统型支配，而丝毫没有其他支配类型的成分。但是，这个理论的概括力、解释力以及洞察力却得到了较为广泛的承认。根据韦伯的这个理论，传统中

① 韦伯：《经济与历史 支配的类型》，康乐等译，广西师范大学出版社2010年版，第297页。

国的支配类型主要是传统型支配，其中当然也包含一些卡理斯玛支配的现象。譬如，华夏文明初期的唐尧所代表的支配类型，就是比较典型的卡理斯玛支配[①]；还有一些王朝的开国君主，也有一些卡理斯玛的成分，如对刘邦斩蛇起义的戏剧性渲染或神秘化处理[②]。但是，从总体上看，自汉代以后，大多数君主身上的卡理斯玛色彩都比较淡薄，都是比较寻常、比较世俗化的君主；他们作为传统与制度的产物，较少被神化。迁延至现代中国，在某些特定的时间段落里，也曾经出现过卡理斯玛支配的一些痕迹。但是，在当下的中国，在三种支配类型中，法制型支配还是占据了主导地位。按照韦伯的说法，法制型支配基于理性，其实际含义与内在逻辑可以概括为：由于支配的依据是理性的法制，因此支配是正当的。根据法制或通过法制的支配，其实就是当代中国语境下的法治。法治应当符合一定的理据，那就是法理。因此，韦伯所说的法制型支配也可以称为法治型支配或法理型支配。

---

① 《尚书·尧典》开篇即称："曰若稽古，帝尧曰：放勋，钦明文思安安，允恭克让，光被四表，格于上下。克明俊德，以亲九族。九族既睦，平章百姓。百姓昭昭，协和万邦。黎民于变时雍。"这里描述的唐尧光芒四射，就是一个典型的卡理斯玛形象。曾运乾注：《尚书》，第2—3页。

② 据《史记·高祖本纪》："高祖以亭长为县送徒骊山，徒多道亡。自度比至皆亡之，到丰西泽中，止饮，夜乃解纵所送徒。曰：'公等皆去，吾亦从此逝矣！'徒中壮士原从者十余人。高祖被酒，夜径泽中，令一人行前。行前者还报曰：'前有大蛇当径，愿还。'高祖醉，曰：'壮士行，何畏！'乃前，拔剑击斩蛇。蛇遂分为两，径开。行数里，醉，因卧。后人来至蛇所，有一老妪夜哭。人问何哭，妪曰：'人杀吾子，故哭之。'人曰：'妪子何为见杀？'妪曰：'吾子，白帝子也，化为蛇，当道，今为赤帝子斩之，故哭。'人乃以妪为不诚，欲苦之，妪因忽不见。后人至，高祖觉。后人告高祖，高祖乃心独喜，自负。诸从者日益畏之。"司马迁：《史记》，第72页。这段话旨在渲染高祖并非寻常之人，乃是"赤帝子"。

根据韦伯的支配类型理论，当下的华夏文明正处于法制型支配的时代，当然也是一个走向法理化的时代。在这样一个法理化的时代建设中国特色社会主义，当然需要把法治作为其内在要求与核心价值。由此可见，把法治作为社会主义核心价值，乃是对华夏文明从经学时代转向法理时代之后的一种理论回应。

二、从社会主义的演进看法治作为中国特色社会主义核心价值

从社会主义的演进历程来看，把法治作为社会主义的核心价值与内在要求，有助于把当代的中国特色社会主义与其他各种各样的社会主义区分开来，有助于理解当代的中国特色社会主义在社会主义演进史上的地位。

如果我们回顾社会主义有史以来的理论变迁与实践过程，可以发现，自从"社会主义"这个概念、理论及实践形成以来，针对"社会主义"这个概念，一直都有各种各样的修饰词（详后）。各种不同的修饰词正好可以反映社会主义的演进历程，中国特色社会主义就是在社会主义的演进历程中兴起的，代表了社会主义发展演进史上的一个新阶段。因此，有必要在社会主义的演进历程中来透视中国特色社会主义及其对法治的依赖。

早在1848年的《共产党宣言》中，马克思、恩格斯就已经批判地指出，围绕社会主义这个概念，既有反动的社会主义，也有保守的或资产阶级的社会主义，还有批判的空想的社会主义。马克思、恩格斯还告诉我们，在反动的社会主义范围之内，

还可以进一步细分为封建的社会主义、小资产阶级的社会主义、德国的或“真正的”社会主义。其中，譬如说封建的社会主义，主要就是“法国和英国的贵族，按照他们的历史地位所负的使命，就是写一些抨击现代资产阶级社会的作品”。随着这些作品的诞生，“就产生了封建的社会主义，半是挽歌，半是谤文，半是过去的回音，半是未来的恫吓；它有时也能用辛辣、俏皮而尖刻的评论刺中资产阶级的心，但是它由于完全不能理解现代历史的进程而总是令人感到可笑”。[①] 这就是马克思、恩格斯指出的封建的社会主义的可笑之处。至于其他各种反动的社会主义，则各有各的可笑之处。相比之下，批判的空想的社会主义的著作，毕竟还是“含有批判的成分。这些著作抨击现存社会的全部基础。因此，它们提供了启发工人觉悟的极为宝贵的材料”[②]。

正是因为批判的空想的社会主义著作“提供了启发工人觉悟的极其宝贵的材料”，它们才受到了马克思主义经典作家的特别注意。在《共产党宣言》发表30年之后，恩格斯在批判杜林的过程中，完成了《社会主义从空想到科学的发展》这部经典文献的写作。在这部著作中，恩格斯不再过多地理会那些反动的社会主义，他把关注的重心转向社会主义的两个主要的历史阶段：空想社会主义与科学社会主义。其中，空想社会主义主要以圣西门、傅立叶、欧文等人为代表，他们的社会主义之所以是空想的，主要是因为在他们生活的18世纪末19世

① 马克思、恩格斯:《马克思恩格斯文集》第2卷，第54—55页。

② 同上书，第63页。

纪初，“资本主义生产方式以及随之而来的资产阶级和无产阶级之间的对立还没有得到充分发展”，“这种历史情况也决定了社会主义创始人的观点。不成熟的理论，是同不成熟的资本主义生产状况、不成熟的阶级状况相适应的。解决社会问题的办法还隐藏在不发达的经济关系中，所以只有从头脑中产生出来”。[①] 在这里，恩格斯还是把空想社会主义者当作社会主义的“创始人”来看待的，虽然他们的社会主义理论还是“不成熟的理论”。

至于科学社会主义，则是“两个历史地产生的阶级即无产阶级和资产阶级之间斗争的必然产物”。这是着眼于阶级状况得出的结论，是无产阶级与资产阶级的对立充分发展的产物。倘若着眼于理论状况，那么科学社会主义作为一种思想、一种理论的形成，则主要根源于“这两个伟大的发现——唯物主义历史观和通过剩余价值揭开资本主义生产的秘密，都应当归功于马克思。由于这两个发现，社会主义变成了科学”。[②]

如果站在历史唯物主义的立场上，更具体地描绘科学社会主义的产生机理，那就可以看到，科学社会主义归根到底还是源于无产阶级和资产阶级之间的矛盾，至于矛盾的解决，则是这样的一个过程：“无产阶级将取得公共权力，并且利用这个权力把脱离资产阶级掌握的社会化生产资料变为公共财产。通过这个行动，无产阶级使生产资料摆脱了它们迄今具有的资本属性，使它们的社会性质有充分的自由得以实现。从此按照预定

① 马克思、恩格斯：《马克思恩格斯文集》第3卷，第528页。
② 同上书，第545—546页。

计划进行的社会生产就成为可能的了。生产的发展使不同社会阶级的继续存在成为时代错乱。随着社会生产的无政府状态的消失，国家的政治权威也将消失。人终于成为自己的社会结合的主人，从而也就成为自然界的主人，成为自身的主人——自由的人。完成这一解放世界的事业，是现代无产阶级的历史使命。深入考察这一事业的历史条件以及这一事业的性质本身，从而使负有使命完成这一事业的今天受压迫的阶级认识到自己的行动的条件和性质，这就是无产阶级运动的理论表现即科学社会主义的任务。"[①] 恩格斯的这段话表明，"科学社会主义的任务"，最终还是为了人自身，最终还是为了造就"自由的人"。所谓"解放世界的事业"，最终也是为了造就"自由的人"，这就是"现代无产阶级的历史使命"。

以上我们结合马克思主义经典作家的论述，简要地回顾了科学社会主义的由来，旨在表明在马克思、恩格斯的科学社会主义诞生之前，已经存在着形形色色的"社会主义"，有的可笑，有的反动，有的既可笑又反动。当然，也有关于社会主义的具有启发性的探索，如批判的科学的社会主义。不过，一直要等到科学社会主义的正式创立，才标志着社会主义的理论完全走向成熟。成熟的科学社会主义随之成为全世界"无产阶级运动的理论表现"，当然也是现代中国"无产阶级运动的理论表现"。

在马克思恩格斯创立的科学社会主义的思想引领下，自俄国十月革命以来，在社会主义的实践过程中，无论是在苏联还

① 马克思、恩格斯:《马克思恩格斯文集》第3卷，第566—567页。

是在中国，都已经取得了很大的成绩。特别是在中国，中国特色社会主义事业更是取得了举世瞩目的成就。但是，即使是中国的社会主义，也走了一些弯路，以至于在1984年的时代背景下，邓小平还曾总结性地指出："什么叫社会主义，什么叫马克思主义？我们过去对这个问题的认识不是完全清醒的。马克思主义最注重发展生产力。我们讲社会主义是共产主义的初级阶段，共产主义的高级阶段要实行各尽所能、按需分配，这就要求社会生产力高度发展，社会物质财富极大丰富。所以社会主义阶段的最根本任务就是发展生产力。"① 邓小平的这段话，是有针对性的，他针对的实际情况是：在改革开放之前，在中国的社会主义实践过程中，没有很好地发展生产力的状况。以这样的论断为基础，在八年之后的1992年，邓小平在著名的"南方谈话"中，又提出了一个影响更大、内容更丰富的论断："社会主义的本质，是解放生产力，发展生产力，消灭剥削，消除两极分化，最终达到共同富裕。"② 这个关于社会主义本质的论述，较之1984年又有了新的内容：社会主义不仅要发展生产力，最终还要实现共同富裕。发展生产力的标志是经济发展，实现共同富裕的核心是社会公正。在这里，我们可以把经济发展与社会公正并列起来理解：社会主义既要实现经济发展，又要维护社会公正。但是，更加准确的理解应当是：通过发展生产力，"最终达到共同富裕"。经济发展主要是工具、手段、路径，社会公正才是社会主义"最终"应当实现的价值目标。

---

① 邓小平：《邓小平文选》第3卷，第63页。

② 同上书，第373页。

从邓小平关于社会主义本质的论述，回溯至恩格斯关于科学社会主义的论述，还可以发现，在发展生产力、“最终达到共同富裕”之后，社会主义还应当造就“自由的人”。如何理解恩格斯所说的“自由的人”？对于这个问题，《共产党宣言》已经做出了回答：“代替那存在着阶级和阶级对立的资产阶级旧社会的，将是这样一个联合体，在那里，每个人的自由发展是一切人的自由发展的条件。”[①]这样一种强调“每个人的自由发展”之“联合体”的思想，早在1842年的《第179号“科伦日报”社论》一文中，马克思就已经提出来了，他说，国家乃是“相互教育的自由人的联合体”[②]。在1867年的《资本论》中，马克思又说：“让我们换一个方面，设想有一个自由人联合体，他们用共同的生产资料进行劳动，并且自觉地把他们许多个人劳动力当作一个社会劳动力来使用。”[③]经典作家提出的这些历史唯物主义的科学论断表明，恩格斯期待的“自由的人”，其实就是“自由人联合体”中的人。“自由人联合体”作为取代“旧社会”的新社会形态，就是马克思所说的自由个性社会。进一步看，马克思所说的自由个性社会，就是挣脱了“人的依赖性”与“物的依赖性”之后的社会[④]，其实就是共产主义社会——社会主义社会是它的初级阶段。当然，这里需要特别注意的是，马克思主义的自由个性，不同于自由主义的个人优先性，两者具有本

---

① 马克思、恩格斯：《马克思恩格斯文集》第2卷，第53页。

② 马克思、恩格斯：《马克思恩格斯全集》第1卷，第118页。

③ 马克思、恩格斯：《马克思恩格斯文集》第5卷，人民出版社2009年版，第96页。

④ 喻中：《法理四篇》，第78页。

质上的差异[①]，两者之间绝不能相互混淆。

把马克思、恩格斯与邓小平关于社会主义的论述结合起来，可以发现，社会主义的目标主要包括两个方面：一是社会公正，二是自由个性。要实现社会主义的这两大目标，法治是最有效的运载工具。一方面，社会公正的实现需要法治来保障，法治具有中国古人所说的“不别亲疏，不殊贵贱，一断于法”[②]的特质，因而可以充当维护社会公正的利器；另一方面，自由个性更需要法治来保障，“每个人的自由”与“一切人的自由”只有在法治的轨道上，只有在法治的框架下，只有通过良好的法律制度，才可能变成现实。[③]从法治与社会公正的关系来看，以及，从法治与自由个性的关系来看，以法治作为装置、作为平台、作为内在要求、作为核心价值的中国特色社会主义，是维护社会公正、追求自由个性的社会主义，代表了科学社会主义的新阶段与新形态。由此可见，法治作为社会主义核心价值，乃是社会主义在当代中国发展演进的产物。

三、法治作为中国特色社会主义核心价值的三个层面

上文分别从华夏文明的转型与社会主义的演进这样两个不

① 王贵明：《马克思主义的自由个性与自由主义的个人优先性》。

② 司马迁：《史记》，第759页。

③ 从法理的角度阐明“自由个性的制度表达”，详见喻中：《法理四篇》，第78—97页。

同的维度，讨论了法治作为社会主义核心价值的两种关切、两种面向。由此可以表明，把法治作为社会主义核心价值，既可以回应华夏文明转型之后在正当性依据方面产生的新需求，也可以反映社会主义在演进过程中出现的新形态。在此基础上，有必要回到“法治作为社会主义核心价值”这个命题本身，从道统、政统、法统三个不同的层面，对“法治作为社会主义核心价值”之理论内涵，做出更直接、更全面的描绘与界定。这里所谓的“道统”，试图解释“法治作为社会主义核心价值”之命题在形而上层面的基本属性；这里所谓的“法统”，试图阐明“法治作为社会主义核心价值”之命题在形而下层面的运行制度；至于政统，它居于道统与法统之间，上承道统，下启法统，主要界定“法治作为社会主义核心价值”之命题在中间层面应当遵循的政治原则。

（一）道统层面：该命题可以归属于马克思、恩格斯创立的科学社会主义

正如前文所述，科学社会主义是马克思、恩格斯在批判空想社会主义的基础上，同时也是在发现历史唯物主义与剩余价值学说的基础上创立的。对此，恩格斯在《社会主义从空想到科学的发展》一书中，已有详细的论证，这里不再重述。在科学社会主义诞生之后，列宁根据这一无产阶级运动的理论，领导俄国的无产阶级政党，通过 1917 年的十月革命，成功地建立了人类历史上第一个社会主义国家。但是，在列宁之后，苏联的社会主义在实践过程中出现了诸多问题，其中最为突出的问

题之一，是社会主义法制遭到了破坏。社会主义必须跟法治结合起来；只有厉行法治的社会主义，只有把法治作为内在要求的社会主义，只有把法治作为核心价值的社会主义，才可能成为行稳致远的社会主义。

这其实也是从一个特殊的角度表明，社会主义核心价值观强调法治这样的价值要素。党的十九届四中全会强调法治是社会主义的内在要求，正是借鉴了苏联社会主义的前车之鉴。因此，当代中国把法治作为社会主义的核心价值，恰好可以代表社会主义的正道与大道。从学科划分来看，这里的“法治”似乎仅仅是一个专业性的法学问题、法治问题，但从政治效果来说，“法治”这个基本的价值要素，或者说把法治作为社会主义核心价值，其实已经把社会主义分成了两种不同的类型：把法治作为核心价值的社会主义与严重破坏法制的社会主义。在社会主义的实践过程中，严重破坏法制的社会主义，已经昭示了社会主义的曲折、教训、失败。只有把法治作为核心价值的社会主义，才可能为社会主义积累更多的成功经验。从这个角度上说，把法治作为社会主义的核心价值，就是把法治作为基础、作为前提、作为内在要求的社会主义。以至于我们可以说，没有法治就没有社会主义的科学实践。

概而言之，在科学社会主义的框架中，把法治作为社会主义的核心价值与内在要求，既是当代中国对科学社会主义理论及实践的创新性发展，同时也是马克思、恩格斯创立的科学社会主义与中国实践相结合的产物，表达了科学社会主义在当代中国的存在形式，代表了科学社会主义的新方向。

（二）政统层面：该命题在实践层面需要遵循的政治原则主要是坚持中国共产党的领导

把法治作为社会主义的核心价值，这就意味着相对于法治这个价值要素，社会主义乃是一个上位概念，法治主要是一个下位概念，法治事业归根到底是从属于社会主义事业的。宪法第一条明文规定："中国共产党领导是中国特色社会主义最本质的特征。"党的领导既是中国特色社会主义最本质的特征，其实也是中国法治最本质的特征，当然也就是"法治作为社会主义核心价值"这个命题应当遵循的首要的政治原则。

这里所谓的"首要"，就体现为宪法开宗明义的规定。宪法第一条的明文规定对"法治作为社会主义核心价值"这个命题来说，具有两个方面的意义：一方面，要理解并实践"法治作为社会主义核心价值"这个命题，坚持党的领导乃是一个根本的政治原则，表达了"法治作为社会主义核心价值"这个命题之政统，这既有宪法上的依据，更有事实上、经验上的依据，可以说是"循实责名"的产物①；另一方面，党的领导还构成了"法治作为社会主义核心价值"这个命题有效性的政治保障。从

---

① 既有的成语是"循名责实"，如果从相反的方向化用这个成语，那就是"循实责名"。按照《现代汉语词典》的解释，"循名责实"的意思是："要求实质跟名称或名义相符。"因而，它提出的方向是："名称"固定不动，"实质"需要靠近、符合"名称"。与之相反，这里化用的"循实责名"主要是指："实质"相对固定，让"名称"去靠近"实质"，如果"名称"与"实质"不一致，那就要寻找新的"名称"，让"名称"符合"实质"。在"法治作为社会主义核心价值"中，党的领导是一个事实或"实质"，因此把它称为"法治作为社会主义核心价值"的政治原则或曰政统，为党的领导这个"实质"确立一个"名称"，是为"循实责名"。

政治上看，法治之所以能够成为社会主义的核心价值与内在要求，根本原因就在于党的领导。事实上，把法治作为社会主义的核心价值，已经表征了一种新型的社会主义的兴起。这种新型的社会主义，乃是党的领导在思想理论层面与政治实践层面取得的硕果。可见，党的领导既是促成“法治作为社会主义核心价值”的根本原因，也是保障“法治作为社会主义核心价值”的核心力量。

以上两个方面表明，党的领导堪称“法治作为社会主义核心价值”这个命题所蕴含的政统。在实践过程中，坚持把法治作为社会主义的核心价值，尽管会涉及政治制度、经济制度、社会制度、文化制度、生态制度等各个方面的制度，但所有这些制度都必须以党的领导为前提，在各种制度的实际运行过程中，都需要坚持、加强和改善党的领导。

党的领导集中表达了“法治作为社会主义核心价值”这一命题应当遵循的政治原则。进一步看，“法治作为社会主义核心价值”在政统层面的这一定位，其实已经表明：社会主义事业的未来，在相当程度上取决于党的领导与法治的关系，这是一个居于枢纽地位的理论与实践问题。对于这个问题，当代中国的社会主义实践其实已经做出了回答。对此，既需要从理论上再做深入细致的提炼，也需要在实践中再做进一步的完善。分而述之：一方面，从党的领导这一侧来看，党的领导与法治的关系主要体现为党对法治的全面领导，包括党对法治的思想领导、政治领导、组织领导；另一方面，从法治这一侧来看，党的领导与法治的关系就是要把党的领导贯穿于法治的所有环节。

举其要点来说，法的创制过程必须在党的领导下展开。譬如宪法，既反映了全国人民的共同意志，也反映了党的意志，宪法是党的意志与全国人民意志高度融合的结晶。在宪法之下，其他法律无一例外，都是党的意志与人民意志高度融合的产物。法的运行过程也离不开党的领导，无论是行政机关的行政过程、监察机关的监察过程还是审判机关的审判过程、检察机关的检察过程，都必须在党的领导下展开。概括地说，党是中国法治的塑造者，在法治的全过程与各领域，都要坚持党的领导。党的领导作为中国特色社会主义最本质的特征，作为中国法治最本质的特征，当然也是"法治作为社会主义核心价值"之命题在政统层面的集中表达。

（三）法统层面：该命题在运行层面的基本制度安排就是法治本身

在这里，法治既是价值要素，法治又是运行制度，法治也是实践方式。法治既然是社会主义的核心价值，那就必然要更多地突出法治在社会主义事业中的地位，那就必然要求社会主义的经济、政治、社会、文化、生态等各个领域，都要在法治的轨道上来运行。为了实现这个目标，就要求法治的各个环节都不能有短板。

具体地说，在立法环节，需要立法者制定出符合实际需要、符合时代发展方向的法律，这是一个很高的要求。为了满足这个要求，为了制定出良好的法律，既要强调民主立法，也要强调科学立法。民主立法的核心指向在于：制定出来的法律既要符合民意、众意，还要符合世情、国情。民主立法既是一个实体性的要求，也是一个程序性的要求。相比之下，科学立法的核心指向在于立法的技术、策略：在立法过程中，如何协调各种利益，如何凝聚各方共识，都需要科学的安排，甚至法律的形式、结构、语言诸方面的设计，都应当秉持科学态度，讲求科学精神。在执法环节，执法者既要严格执法，严格依法办事，同时又要发挥能动性，创造性地实现立法的意图，充分考虑执法的实际效果，注重执法的成本、效率，谨慎地规避执法过程中可能出现的各种异化现象。在司法环节，司法者应当在每一个案件中持续不断地运送公平正义，让每一个案件都成为公平正义的载体与象征。司法过程承载的公平正义是当事人能够亲身感受的公平正义，是具体的公平正义，因而能够在全社会创造出更多的对于公平正义的切身体验。这样的司法过程越多，社会主义在社会公正方面的目标就会越切近。在守法环节，要让所有的法律主体成为平等的守法者，法律面前没有特殊的主体，倘若出现违法现象，没有可以豁免的所谓"铁帽子王"，这其实是法律面前人人平等原则在守法环节的具体体现，也是社会公正的直观体现。

数十年来，关于法治的观念、制度与技术，关于依法治国，理论上的论述与实践中的探索都很丰富。法治事业在多个方面取得的丰硕成就，既可以支撑"法治作为社会主义核心价值"这个命题，也让"法治作为社会主义核心价值"之法统得以生动呈现、饱满呈现。对于当下的中国特色社会主义事业来说，只有始终坚持法治的思维与方式、不断完善法治的体系与技术，才可能有效实现社会主义的两大目标：一是社会公正，二是自由个性。正如《共产党宣言》为未来的新社会设定的目标："每个人的自由发展是一切人的自由发展的条件。"[①]

在道统、政统、法统三个不同层面的讨论与界定，大致可以描述"法治作为社会主义核心价值"这个命题的整体框架。由此可见，"法治作为社会主义核心价值"作为一个命题，可以容纳丰富的内容：它不但有一个根深蒂固的道统（科学社会主义），还有一个坚实的政统（党的领导），还有一个体系化的法统（法治）。这样一来，"法治作为社会主义核心价值"作为一个命题，既可以汇入中国特色社会主义法治理论，也可以汇入中国特色社会主义理论。

从历史上看，"法治作为社会主义核心价值"作为一个命题，既是数千年的华夏文明从经学时代转向法理时代的产物，同时也是数百年的社会主义从前法治形态转向法治形态的产物。就前者来说，倘若华夏文明固有的政治与社会不曾从经学时代转向法理时代，倘若今天的中国依然在固守像《春秋》这样的经所确立的义理，"法治作为社会主义核心价值"作为一个命题就不可能出现，也不可能成立。就后者来说，倘若中国没有选择社会主义道路，倘若在一百多年的社会主义实践过程中不曾出现诸多经验与教训，"法治作为社会主义核心价值"作为一个命题，同样不可能出现。这就是说，"法治作为社会主义核心价

① 马克思、恩格斯：《马克思恩格斯文集》第2卷，第53页。

值”这个命题，其实是华夏文明的转型与社会主义的演进两大历史潮流交汇的结果，它既是历史的选择，也是历史的必然。

从理论上说，“法治作为社会主义核心价值”其实是一个开放性的命题，既可以对接社会主义核心价值观，也可以对接中国特色社会主义法治理论，具有较大的兼容性，包含了比较广阔的理论生长空间，可以吸纳各种有益的思想因子与实践经验。正是这样的特质，“法治作为社会主义核心价值”作为一个新命题，才能够承载更多的新思想与新观念，能够为社会主义的理论与实践拓展新的空间，能够为中国特色社会主义探索新的未来。

第八章
法家学的历史变迁

传统中国有儒家，儒家的学说可以简称为儒学；传统中国有法家，但法家的学说却不能简称为“法学”。这是因为，近代以来的“法学”另有所指，所以法家的学说只能称为“法家之学”，只能简称为“法家学”。作为中国固有的一种理论学说，法家学从东周绵延至今，数千年来一直不绝如缕。针对历史如此悠久的法家学，是否有可能予以分期考察？提出这样一个问题，既是基于儒学分期理论的启示，也是对儒学分期理论的一个回应，当然，更是全面理解法家学自身的一个前提。

在儒学领域，既有牟宗三的“儒学三期说”，也有李泽厚的“儒学四期说”。按照李泽厚的说法：“‘儒学四期说’有它的‘直接源起’和‘间接源起’。‘直接源起’是针对由牟宗三提出、杜维明鼓吹、而在近年开始流行的‘儒学三期说’。‘儒学三期说’以心性论作‘道统’来概括和了解儒学，认为这是儒学的‘神髓’‘命脉’。从而，孔、孟是第一期，孟死后不得其传焉，直到宋明理学发扬心性理论，成为儒学第二期。按牟宗三的说法，自明末刘宗周死后，有清三百年又失其传，一片黑暗，直到熊十力出来，传至牟宗三、唐君毅等人，才又光大，是为儒学第三期。他们认为，今天的任务就在继续发扬这个以牟宗三为核心代表的‘儒学第三期’。”[1]对于这样的“儒学三期说”，李泽厚提出了批评，他认为，“儒学三期说”忽略了汉代儒学，是不妥的，应当加上由董仲舒所代表的汉代儒学，以之作为儒学第二期；至于宋明理学，则当列为儒学第三期；至于熊十力等人开启的现代新儒学或现代宋明理学，也许可以称为儒学第四期。这就是李泽厚的“儒学四期说”。

无论是牟宗三、杜维明的“儒学三期说”还是李泽厚的“儒学四期说”，都促使我们思考法家学的分期问题。如果说，孔子以降的儒学可以分为三期或四期来把握，那么，法家学作为一种与儒学并立的理论学说，也有必要予以分期考察。根据“法家三期”的划分[2]，法家学的历史变迁，也可以从三个历史时期来分述，那就是法家第一期的法家学、法家第二期的法家学与法家第三期的法家学，它们分别展示的“不忘本来”之旨趣、“吸纳外来”之特质、“走向未来”之姿态，可以逐一分述如下。

一、不忘本来：法家第一期的法家学

所谓法家第一期，是指从东周至19世纪末期的法家，当然，重心还是春秋战国时期的法家。在这个历史时期兴起、绵延的法家学，其理论谱系包括三个板块：法家人物创造的法家学居于主导地位，此外还有儒家人物的法家学与道家人物的法

① 李泽厚：《说儒学四期》，上海译文出版社2012年版，第5页。
② 喻中：《法家三期论》，《法学评论》2016年第3期，第173页。

家学。描绘法家第一期的法家学，旨在寄寓法家学研究“不忘本来”之旨趣。

（一）法家人物的法家学

法家第一期的法家学主要是先秦法家代表人物阐述的法家学。从实践与学说的关系来看，毫无疑问，是先有法家的实践，然后才有法家的理论学说。法家的实践由来已久，其早期源头，甚至可以一直追溯到殷周之际的吕尚。[①]但是，法家的理论学说，主要还是在春秋战国时期兴起的。托名管仲的《管子》一书，固然可以视为法家人物群体铺陈法家学的一个重要载体，由孔子弟子卜商（子夏）开启的“西河学派”也可以视为法家学的一个滥觞。[②]不过，相对说来，如果要论及早期法家学的标志性文献，那就不能避开商鞅及其《商君书》。因为，商鞅是典型的法家人物，他在秦孝公的支持下，既是秦国政务的实践主持者，同时又对法家学做出了创造性的探索。

在《商君书》首篇《更法》中，面对孝公“虑世事之变，讨正法之术，求使民之道”的问题意识，商鞅的回答是：“臣闻之：‘疑行无名，疑事无功。’君亟定变法之虑，殆无顾天下之议之也。且夫有高人之行者，固见负于世；有独知之虑者，必见骜于民。语曰：‘愚者暗于成事，智者见于未萌。’‘民不可与虑始，而可与乐成。’郭偃之法曰：‘论至德者不和于俗，成大功者

---

① 喻中：《论吕尚的法理学——兼及中国功利主义法学的起源》，《法学杂志》2018年第9期，第64页。

② 孔祥骅：《子夏氏“西河学派”初探》，《学术月刊》1985年第2期，第44页。

不谋于众。’法者，所以爱民也；礼者，所以便事也。是以圣人苟可以强国，不法其故；苟可以利民，不循其礼。”[①]

商鞅此论，引用了当时流行的话语，提到了晋文公时期的大臣郭偃的观点，从而为秦国的“更法”提供了多方面的依据，具有较强的理论说服力。类似的论证在《商君书》中不胜枚举。这就表明，商鞅不仅是法家的实践者，同时也是法家学的阐述者。他阐述法家学的基本方式是：结合一个具体的实际问题，提出一个具有普遍意义的理论。譬如，“圣人苟可以强国，不法其故”就是一个具有普遍意义的理论命题。

申不害的法家学与商鞅的法家学具有“家族相似性”，因为申、商是同一个类型的法家：都是一国政务的实际主持者，正是由于这个缘故，“申商”成了一个相对固定的表达方式。相比之下，慎到代表了法家人物的另一个类型：没有主持一国政务的经历，基本上是一个“不治而议论”的人物。正如《史记·田敬仲完世家》所载：“宣王喜文学游说之士，自如邹衍、淳于髡、田骈、接予、慎到、环渊之徒七十六人，皆赐列第，为上大夫，不治而议论。是以齐稷下学士复盛，且数百千人。”[②]据此，慎到可以归属于齐国的“稷下学士”群体。

“稷下学士”群体包括各家各派的人，生活于其中的慎到有一定的道家色彩，但也可以归属于法家，正如郭沫若所说：“慎到著的书，《史记·孟荀列传》说有‘《十二论》’，发明黄老道德之意。但《艺文志》却说有‘四十二篇’，被列于法家。这不

① 石磊译注：《商君书》，第1—3页。
② 司马迁：《史记》，第318页。

知道是一是二。现存《慎子》只是残余的辑本，虽有七篇之名而每篇均非全豹。七篇之外颇多佚文。据这辑本《慎子》来看，差不多全部都是法理论，黄老的气息比较稀薄，但这一部分的法理论毫无疑问也是道家思想的发展。”① 郭沫若还比较了慎到与申不害之异：“慎子与申子亦复不同，慎子明法，而申子言术，慎是严格意义的法家，而申是法家的变种——术家了。”②

查阅慎到的《德威》篇，可以看到这样的论断：“法虽不善，犹愈于无法，所以一人心也。夫投钩以分财，投策以分马，非钩策为均也。使得美者，不知所以德；使得恶者，不知所以怨，此所以塞愿望也。故蓍龟，所以立公识也；权衡，所以立公正也；书契，所以立公信也；度量，所以立公审也；法制礼籍，所以立公义也。凡立公，所以弃私也。”③ 这些议论可以佐证郭沫若的一个判断：慎到“是严格意义上的法家”。

如果说商鞅、申不害是“行动的法家”，慎到是“议论的法家”，那么韩非的情况又另当别论。韩非其人，既是荀子的弟子，又是韩国的宗室公子，虽然深度参与了韩国政务，却又没有实际主持韩国政务，这就让韩非成为一个身在庙堂且有机会将法家理论与法家实践紧密结合起来的人物。由此看来，在先秦法家人物中，韩非占据了更多的有利条件，他也因此而对法家学做出了更为突出的贡献，充当了公认的先秦法家学的集大成者。

---

① 郭沫若：《十批判书》，人民出版社2012年版，第129页。

② 同上书，第262页。

③ 许富宏：《慎子集校集注》，中华书局2013年版，第17—18页。

所谓“集大成”，主要体现为对前人已有学说的综合。譬如，在《韩非子·定法》篇中：“问者曰：‘申不害、公孙鞅，此二家之言孰急于国？’应之曰：‘是不可程也。人不食，十日则死；大寒之隆，不衣亦死。谓之衣食孰急于人，则是不可一无也，皆养生之具也。今申不害言术而公孙鞅为法。术者，因任而授官，循名而责实，操杀生之柄，课群臣之能者也。此人主之所执也。法者，宪令著于官府，刑罚必于民心，赏存乎慎法，而罚加乎奸令者也。此臣之所师也。君无术则弊于上，臣无法则乱于下，此不可一无，皆帝王之具也。’”[①] 这样一番自问自答，就体现了韩非对申、商二子的比较研究。

韩非既研究申子、商子这些“法家前辈”的学说，同时也研究“道家前辈”的学说，《韩非子》中的《解老》《喻老》两篇，就是他研究老子学说的成果。此外，他还直接受教于“儒家季圣”荀子。正是这样的广采博纳，让韩非成为先秦法家人物研究法家学的首席代表。

自汉代以后，在“大一统”的政治背景下，在儒家意识形态的主导下，在“阳儒阴法”的思想格局中，法家学的合法性受到质疑，法家学从“显学”转变为“潜学”。像桑弘羊、诸葛亮这样一些人，都具有较为明显的法家偏好，他们带有法家倾向的议论，大体上也可以归属于法家人物的法家学。

（二）儒家人物的法家学

在春秋战国时期，由于法家相对于儒家晚出，而且法家人

① 高华平、王齐洲、张三夕译注：《韩非子》，第620页。

物多为儒家人物的弟子，因此先秦儒家人物对法家并没有太多的研究，甚至没有太多的关注。譬如，在孟子看来，跟儒家形成较强竞争关系的学派，主要是道家与墨家，正如《孟子·滕文公下》称："圣王不作，诸侯放恣，处士横议，杨朱、墨翟之言盈天下。天下之言不归杨，则归墨。杨氏为我，是无君也；墨氏兼爱，是无父也。"[①] 这些论断表明，至少在孟子的视野中，法家之言还不能与杨、墨之言相提并论。换言之，在孟子时代的儒家人物看来，申、商之言还未达到足够的思想理论高度，还不足以与杨、墨之言并立。尽管如此，先秦儒家人物对法家也有一些议论，我们可以把这些议论归属于先秦儒家人物的法家学。

首先是孔子。作为儒家的大宗师，他所知道的可以归属于法家的人物主要有管仲、子产等人。[②] 先看子产。据《论语·公冶长》："子谓子产：'有君子之道四焉：其行己也恭，其事上也敬，其养民也惠，其使民也义。'"[③] 显然，这是对子产的称赞。针对更早一些的管仲，孔子既有批评，也有称赞。据《论语·八佾》："子曰：'管仲之器小哉！'或曰：'管仲俭乎？'曰：'管氏有三归，官事不摄，焉得俭？''然则管仲知礼乎？'曰：'邦君树塞门，管氏亦树塞门。邦君为两君之好，有反坫，管氏亦有反坫。管氏而知礼，孰不知礼？'"[④] 孔子在此所言，

---

① 杨伯峻译注：《孟子译注》，第 165 页。

② 郭沫若在《前期法家的批判》一文中，开篇就说："法家的产生应该上溯到子产。"详见郭沫若：《十批判书》，第 240 页。

③ 杨伯峻译注：《论语译注》，中华书局 2012 年版，第 66 页。

④ 同上书，第 43 页。

主要是对管仲的批评：管仲其人，气量狭小，不节俭，不知礼。

不过，在《论语·宪问》中，孔子又多次称赞管仲。《宪问》第九节："问管仲。曰：'人也。夺伯氏骈邑三百，饭疏食，没齿无怨言。'"这是称赞管仲的手段高明。《宪问》第十六节："子路曰：'桓公杀公子纠，召忽死之，管仲不死。'曰：'未仁乎？'子曰：'桓公九合诸侯，不以兵车，管仲之力也。如其仁，如其仁。'"这是称赞管子的能力与仁德，而且，政治上的仁德，要通过力量、能力来显示，这种现象和规律，也许可以概括为"仁以力显"。《宪问》第十七节："子贡曰：'管仲非仁者与？桓公杀公子纠，不能死，又相之。'子曰：'管仲相桓公，霸诸侯，一匡天下，民到于今受其赐。微管仲，吾其被发左衽矣。岂若匹夫匹妇之为谅也，自经于沟渎而莫之知也。'"[①] 这是称赞管仲不拘小节，善于从大处着眼，善于通过政治之力维系文明于不坠。从总体上看，孔子对管仲的政治才能、外在事功是认同的。

孔子对管仲、子产的正面评论，可以视为对法家的正面肯定。从儒家的角度来看，管仲、子产的这些品质，在一定意义上可以呼应儒家的外王理想，亦即在"治国""平天下"方面的追求，因为管仲的"一匡天下"已经近于"平天下"。

孔子之后的荀子虽然是韩非、李斯之师，且主张礼法并重，却对法家人物没有正面评价。《荀子·解蔽》批评慎子："慎子蔽于法而不知贤。"[②]《荀子·天论》批评慎子的另一面："慎子有

① 杨伯峻译注：《论语译注》，第206—210页。

② 王先谦：《荀子集解》，第380页。

见于后，无见于先。”[①] 在《荀子·非十二子》中，荀子又将慎子、田骈归为一派，说他们这些人：“尚法而无法，下修而好作，上则取听于上，下则取从于俗，终日言成文典，反紃察之，则倜然无所归宿，不可以经国定分；然而其持之有故，其言之成理，足以欺惑愚众，是慎到、田骈也。”[②] 在荀子时代，虽然没有“法家”之名，但荀子眼里的慎子“尚法”，表明慎子恰好可以作为法家的代表。从荀子的相关评论来看，他对法家总体上持否定与批判的态度，因而，荀子的法家学，可以概括为“法家批判学”或“批判法家学”。

汉兴以后，从汉武帝、董仲舒时代开始，儒家占据了意识形态的支配地位。在贾谊《过秦论》的牵引下，儒家人物持续不断地批判法家。因此，从汉至清两千年间，儒家人物的法家学，总体上都是沿着荀子的“法家批判学”之路在延伸。譬如，在宋代，据朱熹的《孟子精义纲领》：“明道曰：‘杨墨之害甚于申韩，佛老之害甚于杨墨。杨氏为我疑于仁，墨氏兼爱疑于义，申韩则浅陋易见，故孟子只辟杨墨，为其惑世之甚也。’”[③] 在程颢看来，申韩之弊害，虽然稍逊于杨墨及佛老之弊害，但也因为过于浅陋，应当予以否弃。

朱熹当然赞同程颢之论，同时还进一步指出了法家的另一种弊害，那就是“惨刻”。据《朱子语类》，“法家者流，往往常患其过于惨刻。今之士大夫耻为法官，更相循袭，以宽大为事，

① 王先谦：《荀子集解》，第 312 页。
② 同上书，第 92—93 页。
③ 朱熹：《朱子全书》第 7 册，上海古籍出版社 2010 年版，第 711 页。

于法之当死者，反求以生之。殊不知‘明五刑以弼五教’，虽舜亦不免。教之不从，刑以督之，惩一人而天下人知所劝戒，所谓‘辟以止辟’。虽曰杀之，而仁爱之实已行乎中。今非法以求其生，则人无所惩惧，陷于法者愈众，虽曰仁之，适以害之。”①朱熹所说的“惨刻”，其实就是贾谊在《过秦论》中所说的“仁心不施”②。

明清之际，王夫之在明亡的背景下，为了复兴正统的儒学，接过了“法家批判学”的接力棒。在《读通鉴论》中，王夫之将“申、韩之说”置于“王道”的对立面，认为：“任人任法，皆言治也，而言治者曰：任法不如任人。虽然，任人而废法，则下以合离为毁誉，上以好恶为取舍，废职业，徇虚名，逞私意，皆其弊也。于是任法者起而摘之曰：是治道之蠹也，非法而何以齐之？故申、韩之说，与王道而争胜。乃以法言之，《周官》之法亦密矣，然皆使服其官者习其事，未尝悬黜陟以拟其后。盖择人而授以法，使之遵焉，非立法以课人，必使与科条相应，非是者罚也。”③在王夫之看来，只有辟“申、韩之说”，才能兴王道。

在《尚书引义》中，王夫之将政治之恶归咎于“申、韩之过”：“法立于画一，以别嫌而明微；教养以从容，或包荒而养正。君子所甚惧者，以申、韩之酷政，文饰儒术，而重毒天下也。朱子于此，有遗议矣。唐仲友之不肖，夫人而知之也。王

---

① 朱熹：《朱子全书》第16册，上海古籍出版社2010年版，第2662—2663页。
② 方向东译注：《新书》，第7页。
③ 王夫之：《船山遗书》第9册，中国书店2016年版，第223页。

淮之党奸，亦夫人而知之也。蠹国殃民，党邪丑正，暴之市朝，彼何所辞？而以醉饱房帷之事，假严蕊以致之罪，则仲友之罚，可矜疑于风波，而锻炼钳网之名，反归之君子。矫之以严，欲辞申、韩之过而不得矣。”[①] 据此，“申、韩”堪称各种恶政或酷政的代名词。

（三）道家人物的法家学

先秦时期的道家人物较少直接论及法家，背后的原因包括但不限于：道家人物相对比较超脱，不太容易对功利化的法家人物、法家学说产生兴趣。

但是，道家人物对法家人物也有所议论。譬如，《庄子·天下》分述诸子百家，就将慎到与彭蒙、田骈归为一家，称他们这些人：“公而不党，易而无私，决然无主，趣物而不两，不顾于虑，不谋于知，于物无择，与之俱往。古之道术有在于是者，彭蒙、田骈、慎到闻其风而悦之。”关于慎到本人，《天下》篇还说：“慎到弃知去己，而缘不得已。泠汰于物，以为道理。曰：‘知不知，将薄知而后邻伤之者也。’奚髁无任，而笑天下之尚贤也；纵脱无行，而非天下之大圣；椎拍輐断，与物宛转；舍是与非，苟可以免。不师知虑，不知前后，魏然而已矣。推而后行，曳而后往。若飘风之还，若羽之旋，若磨石之隧，全而无非，动静无过，未尝有罪。是何故？夫无知之物，无建己之患，无用知之累，动静不离于理，是以终身无誉。故曰：‘至于

① 王夫之：《船山遗书》第 2 册，中国书店 2016 年版，第 330 页。

若无知之物而已，无用贤圣。夫块不失道。’豪桀相与笑之曰：‘慎到之道，非生人之行，而至死人之理，适得怪焉。’”最后得出的结论是：“彭蒙、田骈、慎到不知道。虽然，概乎皆尝有闻者也。”[①]

《天下》篇关于慎到的这些概括与评论，主要突出了慎到的道家色彩，慎到作为法家代表人物的精神与风格，并未展示出来。《天下》篇中的这些选择性议论，同样也寄寓了道家人物对于法家的态度：慎到其人，既有道家的一面，也有法家的一面，其道家之学颇有评析的价值，至于其法家之学，因为缺乏精神高度，没有玄妙之理趣，被庄子或《天下》篇的作者视而不见。由此看来，先秦道家人物对法家学，在整体上也是否定的。

到了西汉早期，道家学说或黄老学说一度占据了意识形态的主导地位，这就为道家人物评析包括法家在内的各家学说提供了良好的机会。其时，司马谈作为颇具代表性的道家人物，写成了他的名篇《论六家之要指》，此文在褒扬道家的前提下，对其他各家的利弊都有所评析。他对法家的评析流传甚广：“法家严而少恩；然其正君臣上下之分，不可改矣。”进一步说，“法家不别亲疏，不殊贵贱，一断于法，则亲亲尊尊之恩绝矣。可以行一时之计，而不可长用也，故曰‘严而少恩’。若尊主卑臣，明分职不得相逾越，虽百家弗能改也。”[②]这些评论表明，法家虽然有其“弗能改”之长处，但法家较之于道家，毕竟只能“行一时”，“而不可长用”，因而，法家之学远逊于

① 方勇译注：《庄子》，第577—578页。
② 司马迁：《史记》，第758—759页。

道家之学。

从庄子或《天下》篇的作者至司马谈，道家人物大多不能认同法家学的根本原因，主要在于道家与法家所持立场迥异：法家心系庙堂，道家心系山林；法家是极度功利的，道家是极度逍遥的。

以上我们立足于法家、儒家、道家之间的划分，详略不等地分述了法家人物正面阐述的法家学，以及儒家人物与道家人物的法家学。三者之间，法家人物的法家学代表了法家学的主流，这是不言而喻的，也是极其自然的。但是，儒家与道家的法家学也构成了法家第一期的法家学的组成部分，儒家与道家对法家的褒贬也应当归属于这个时期的法家学，以示“不忘本来”之旨焉。

二、吸纳外来：法家第二期的法家学

法家第二期是指从 19 世纪末至 20 世纪 40 年代末的法家，经历的历史长度大约是半个世纪。在这个时期，法家学受到了各方面的关注，得到了较好的发展，背后的原因是多方面的，思想史方面的原因在于：从 19 世纪末期开始，随着传统经学的坍塌，在思想神殿空寂的语境下，法家逐渐走出了长达两千年的被污名的泥淖，关于法家的研究获得了正当性，法家学由此全面复兴。相对于此前“不忘本来”的法家学，这个时期的法家学广泛吸纳了外来的各种学术思想资源，体现了“吸纳外来”的特质，代表了法家学演进史上的第二个高潮。

（一）法家人物的法家学

推动这个时期的法家学的复兴，法家人物的贡献当然是最为显著的。然而，如果要具体指出：在这50年间，哪些人物可以归属于法家？可能就是一个容易引起争议的问题，可能难以形成广泛的共识。有学者认为："研究晚清的法家学及其法治主义，首先必须确定其主要的代表人物。考释清末法政诸家及其法政文论，大约有章太炎、刘师培、梁启超、沈家本、汤学智、麦孟华等人，而由章、刘、梁三人担纲主导。沈家本作为法学大家，亦属非常重要。"[①] 在这些人物中，章太炎或可视为首出之人。章太炎其人，能否被称为法家人物，这里暂且置而不论，但至少他发出了正面评价法家的先声。

在完成于1898年7月的《商鞅》一文中，章太炎开篇即写道："商鞅之中于谗诽也两千年，而今世为尤甚。其说以为自汉已降，抑夺民权，使人君纵恣者，皆商鞅法家之说为之倡。呜呼！是惑于淫说也甚矣。"章太炎提醒世人："法者，制度之大名。周之六官，官别其守，而陈其典，以扰乂天下，是之谓法。故法家者流，则犹西方所谓政治家也，非胶于刑律而已。"如果要说商鞅之法，那么，"鞅之作法也，尽九变以笼五官，核其宪度而为治本。民有不率，计画至无俚，则始济之以擢杀援噬。此以刑维其法，而非以刑为法之本也。故大史公称之曰：行法十年，秦民大说，道不拾遗，山无盗贼，家给人足"[②]。既然商鞅之法取得了相当突出的治理绩效，那就意味着，法家学在国家

① 程燎原：《重新发现法家》，商务印书馆2018年版，第109页。

② 章太炎：《章太炎全集》，第80页。

治理体系中的功能已经得到了验证。

在章太炎之后，梁启超对法家学在20世纪上半叶的复兴起到了较大的推动作用。梁启超的特别之处在于：以外来的“法治主义”定性法家学，从而为古老的法家学提供了新的正当性依据，正如他在1904年的《中国法理学发达史论》一文中所言：“逮于今日，万国比邻，物竞逾剧，非于内部有整齐严肃之治，万不能壹其力以对外。法治主义，为今日救时唯一之主义；立法事业，为今日存国最急之事业。稍有识者，皆能知之。”[①]从历史上看，“当我国法治主义之兴，萌芽于春秋之初，而大盛于战国之末。其时与之对峙者有四：曰放任主义，曰人治主义，曰礼治主义，曰势治主义。而四者皆不足以救时弊，于是法治主义应运而兴焉”[②]。梁启超在此所说的“法治主义”就是法家学的代名词。既然“法治主义”是“救时唯一之主义”，法家学的复兴就是历史的必然选择，甚至是“唯一”的选择。不仅要复兴商鞅、申不害、慎到、韩非所代表的法家学，而且还要上溯至管子所代表的法家学，因为，“法治者，治之极轨也，而通五洲万国数千年间。其最初发明此法治主义，以成一家言者谁乎？则我国之管子也”[③]。管子既然是“法治主义”的“最初发明”人，法家学的历史就应当从管子开始说起。

在梁启超之后，20世纪上半叶的中国思想界在外来的“法治主义”“国家主义”等相关思想学说的激荡下，尤其是在抗日

① 梁启超：《中国法理学发达史论》，载《梁启超全集》，第1255页。
② 同上书，第1269页。
③ 梁启超：《管子传》，载《梁启超全集》，第1865页。

战争的现实背景下，先后兴起了“醒狮派”“战国策派”等各种思潮，在这样一场混杂的思想运动中，法家学受到更多人的推崇。譬如，常燕生（常乃德）就在1935年之际提出：“在中国固有的文化宝库里，要想找出一种系统的思想，过去曾替整个的民族和国家贡献过极大的成绩，现在正切于中国的需要，将来可以给国家发展和世界改造的前途指出一个具体的方向的，我想来想去，只有先秦时代的法家。”①

在1936年出版的《中国法家概论》一书中，陈启天提出：“近代法家复兴的倾向，并不是要将旧法家的理论和方法完完全全再行适用于现代的中国，而是要将旧法家思想中之可以适用于现代中国的成分，酌量参合近代世界关于民主、法治、军国、国家、经济统制等类思想，并审合中国的内外情势，以构成一种新法家的理论。这种新法家的理论成功之日，便是中国得救之时。有志救国的人们，努力建立新法家的理论，并且努力实行新法家的理论吧！若能如此，然后才可以改造我们的国家，保护我们的国家，发展我们的国家。”②

陈启天期待的“新法家的理论”，或许可以概括为与“新儒学”相对应的“新法家学”。陈启天或许可以视为此“新法家学”的主要代表之一。

（二）儒家人物的法家学

在20世纪上半叶，儒家人物对法家学的兴致显著增长。这

① 常燕生：《法家思想的复兴与中国的起死回生之道》，载宋洪兵编：《国学与近代诸子学的兴起》，广西师范大学出版社2010年版，第59页。

② 陈启天：《中国法家概论》，第120页。

个历史阶段的儒家也被称为新儒家或现代新儒家，其主要开创者是熊十力、马一浮、梁漱溟等，在他们之后，还有牟宗三、唐君毅等人。在这个现代新儒家群体中，熊十力对法家学的研究最具代表性。

熊十力的法家学研究主要体现在抗日战争时期所成的《韩非子评论》一书中。[①] 熊十力在此书开篇即指出："秦火以后，二三千年间，号为祖述法家者，其上稍知综核，下者则苛察而已，顾未有真通韩非之旨，亦无与韩非思想全相类者。故余举其要略，以备治韩学者参证焉。"[②] 这就是说，熊十力有意对韩学提出自己的见解。韩学或"韩非学"虽不能完全等同于法家学，但却占据了法家学的核心地带。

虽然世人都把韩非当作法家学的集大成者，但在熊十力看来，韩学的核心旨趣在于"法术兼持"，而且，术重于法。正如熊十力所言：韩非其人其书，"虽法术兼持，而其全书精神毕竟归本于任术，稍有识者细玩全书，当不疑于斯言。人主无术以御群臣，则权移于下，奸盗之门四辟，而法何所存乎？故人主必有术而后能持法，无术则释法用私，国之大柄旁出于群邪众

---

① 该书"题记"称："胡哲敷先生抗战前在杭州曾面请熊十力先生讲授韩非子。抗战时入川，胡氏根据熊先生所讲，撰成《述熊正韩》一文。熊先生命删'述熊'二字。"另据胡哲敷的《原书序言》："抗日战时，愚在川，曾撰《述熊正韩》一文。述熊者，黄冈熊先生十力之言也；正韩者，正韩非之谬也。战前，先生在杭州西湖养疴，愚曾请面授《韩非子》。及入川，乃追述其语。先生命删'述熊'二字。题曰《正韩》。"这就是《韩非子评论》一书的由来。参看熊十力：《韩非子评论》，载《熊十力全集》第5卷，湖北教育出版社2001年版，第290—291页。

② 熊十力：《韩非子评论》，第292页。

盗之门，则法纪荡存矣。《韩非》书虽法术并存，而其全书所竭力阐明者究在于术。凡其明人性之难与为善，夫妇父子不足相信，人臣之夺君盗国者多端，皆可证人主必有术以御臣下，如能一绳以法，无术则徒法不能以自行也"[①]。

如果韩学的主要特点在于"归本于任术"，那么韩学的主要缺点就在于"无民主思想"。那么，"何谓韩非无民主思想耶？通观《韩非》书，对君主制度无半点攻难，对君权不唯无限制，且尊其权极于无上，而以法术两大物唯人主得操之。（卷十六《难三》曰：'人主之大物，非法则术也。'此言法术二者皆人主之大物。）人主持无上之权，操法术以统御天下，将使天下之众如豕羊然，随其鞭箠之所及而为进止，人民皆无自由分，何自主之有？桓谭《新论》言秦之政如此，实韩非之教也"[②]。

如果说，韩学并不能代表法家学的正宗，那么，正宗法家学的精义又是什么？在 1945 年成书的《读经示要》中，熊十力告诉我们："法家，今传之《管子》，似是管子后学所为，而多所混合，不纯为法家言。韩非亦法家外道，近商君术。余意法家正宗，必与西洋民治思想有遥合者。考《淮南书》中所引，'法原于众，及法籍礼义者，所以禁人君使无擅断也'语，其义宏远，'法原于众'，似与《民约论》相近。要之，法必由人民公意制定之，非可由在位者以己意立法而钳束民众，此实民治根本精神。惜《淮南》不著其说出何人、何书。余意此义当本

① 熊十力：《韩非子评论》，第 294 页。

② 同上书，第 295 页。

之法家正宗也。《商君书》亦残缺，然玩其旨，考其行事，则今之法西斯也，不得为法家。”[①]

这就是说，商鞅好像现代的法西斯，不能称为法家；韩非重术，只能作为法家之外道；《管子》多所混合，不纯为法家之言：这些人或书，都不能代表真正的法家。在熊十力看来，真正的法家必然秉持民主、民治的思想，而且法必须出于人民公意。虽然《淮南子》书中已经提到了这样的法家之学，遗憾的是没有说明出处。这就是熊十力的法家学大意。

在现代新儒家群体中，马一浮享有与熊十力并称的学术思想地位。在抗日战争期间，马一浮对法家亦有所评论。在1940年成书的《泰和宜山会语·附录·论老子流失》一文中，马一浮先讲老子：“周秦诸子以道家为最高，道家之中又以老子为最高，而其流失亦以老子为最大。”[②]接下来再说法家人物：“法家如商鞅、韩非、李斯之流，窃取其意，抬出一个法来压倒群众，想用法来树立一个至高无上的权威，使人人皆入他彀中，‘尽法不管无民’。其实他所谓法，明明是他私人撰造出来的，不同儒家之天秩、天讨，而彼方自托于道，亦以众人太愚而可欺了，故至惨刻寡恩，丝毫没有恻隐。苏子瞻说‘其父报仇，其子杀人行劫’，法家之不仁，不能不说老子有以启之。合阴谋家与法家之弊观之，不是‘其失也贼’么？看来老子病根所在只是

① 熊十力：《读经示要》，载《熊十力全集》第3卷，湖北教育出版社2001年版，第746页。

② 吴光主编：《马一浮全集》第1册上卷，浙江古籍出版社2012年版，第37页。

外物，他真是个纯客观、大客观的哲学，自己常立在万物之表。若孔子之道则不然，物我一体，乃是将万物摄归到自己性分内，成物即是成己。”①

这就是马一浮的法家学大意：法家之法出于法家人物的私意，是用来“压倒群众”的，“法家之不仁”与“孔子之道”适成鲜明的对照。

（三）自由主义的法家学

1903 年，密尔的《论自由》被严复以《群己权界论》之名在中国翻译出版，标志着西方的自由主义经典著作正式传入中国，并在 20 世纪上半叶的中国产生了较大的影响。自由主义的信奉者普遍看重个人权利与个体自由，因而在总体上并不认同法家的理论与实践，他们习惯于把法家与专制勾连起来，既批判专制，也批判法家。因而，自由主义关于法家的论述有一个总体的基调，那就是“法家批判”。因而，自由主义的法家学，基本上可以归属于“法家批判学”。

如果要指出自由主义法家学的典型样态，那么胡适堪称首屈一指的人选，胡适的法家学堪称自由主义法家学的一个标本。1917—1918 年，胡适完成了他的《中国哲学史大纲》上卷，这就是流传至今的《中国古代哲学史》。此书第十二篇之第二章题为“所谓法家”，可以代表胡适的法家学研究。

胡适在此章之开篇即写道：“古代本没有什么‘法家’。读

---

① 吴光主编：《马一浮全集》第 1 册上卷，浙江古籍出版社 2012 年版，第 39 页。

了上章的人当知道慎到属于老子、杨朱、庄子一系；尹文的人生哲学近于墨家，他的名学纯粹是儒家。又当知道孔子的正名论，老子的天道论，墨家的法的观念，都是中国法理学的基本观念。故我以为中国古代只有法理学，只有法治的学说，并无所谓'法家'。中国法理学当西历前三世纪时，最为发达，故有许多人附会古代有名的政治家如管仲、商鞅、申不害之流，造出许多讲法治的书。后人没有历史眼光，遂把一切讲法治的书统称为'法家'，其实是错的。但法家之名，沿用已久了，故现在也用此名。但本章所讲，注重中国古代法理学，并不限于《汉书·艺文志》所谓'法家'。"①

在胡适看来，把《管子》《商君书》等"一切讲法治的书统称为'法家'"，是错误的。慎到、尹文、尸佼、韩非等人都是法理学家，并不是法家。针对慎到其人，胡适认为他比孟子、荀子进步。因为，"孟子所说的'法'，还只是一种标准模范，还只是'先王之法'。当时的思想界，受了墨家'法'的观念的影响，都承认治国不可不用一种'标准法'。儒家的孟子主张用'先王之法'，荀子主张用'圣王为师'，这都是'法'字模范的本义。慎子的'法治主义'，便比儒家进一层了。慎子所说的'法'，不是先王的旧法，乃是'诛赏予夺'的标准法。慎子最明'法'的功用，故上文首先指出'法'的客观性。这种客观的标准，如钧石、权衡，因为是'无知之物'，故最正确、最公道、最可靠。不但如此，人治的赏罚，无论如何精明公正，总

① 胡适:《中国古代哲学史》，载《胡适文集》第6册，北京大学出版社2013年版，第352—353页。

不能使人无德无怨”。“若用客观的标准，便可免去这个害处。”①

针对韩非其人，胡适以“实验方法”概括其法理学的特色：“对法的检验是看它能否适合时代的实际需要。这是韩非的实验方法。”“首先，韩非的学说已经使法治成为较好地调整社会与政治环境的现行的、进步的工具。其次，韩非的学说拒绝保守、反动的‘法先王’的主张，不仅仅由于这些‘先王’生活时代与我们的生活时代根本不同，而且也由于他们受到保守派拥护的政策得不到历史的证据以证明它们的真实性。”②概而言之：“韩非的学说最重实验，他以为一切言行都该用实际的‘功用’作试验。”“韩非既主张进化论，故他的法治观念，也是进化的。”③

胡适在“所谓法家”的标题下，虽然彰显了先秦时期的“法理学”与“法治学说”，但却否认了“法家”之名，从而也是在终极意义上，取消了“法家”的合法性，否定了“法家”的正当性：传统中国没有所谓的“法家”，传统中国只有讲法治的法理学家。胡适的这些表达与论证，已经从一个特殊的角度，映照出自由主义对于法家学的态度：对法家的不予承认，这是终极意义上的“法家批判学”。

（四）马克思主义的法家学

在20世纪上半叶，从五四运动开始直至40年代末期的30

---

① 胡适：《中国古代哲学史》，载《胡适文集》第6册，北京大学出版社2013年版，第343页。

② 胡适：《先秦名学史》，载《胡适文集》第6册，第132页。

③ 胡适：《中国古代哲学史》，第354页。

年间，马克思主义得到了迅速的传播，运用马克思主义的立场、观点和方法来理解世界、分析问题，逐渐代表了一种新的选择。马克思主义的法家学就是这种选择的产物。不过，由于法家学毕竟是传统中国兴起的一种学问，因而在20世纪上半叶，马克思主义的法家学主要是由马克思主义的历史学家来承载的，譬如郭沫若（1892—1978）、范文澜（1893—1969）、翦伯赞（1898—1968）、吕振羽（1900—1980）、侯外庐（1903—1987）等，堪称这个历史学家群体的主要代表。

马克思主义的法家学也可以理解为历史唯物主义的法家学或唯物史观的法家学。学界已有的研究表明："在整个唯物史观学派研究中国思想史以及法家学的尝试阶段，嵇文甫无疑是一位重要的开拓者。在1940年代初中期，嵇文甫还发表文章论及法家：一是1943年在为任访秋的《子产》一书作的《〈子产〉序》中，他高度评价子产，说'子产是春秋时代第一流的政治家'；二是于1945年发表《中国政术论研究发端》一文，指出法家的政术（治术）论是与儒、道并列的三大派别之一，值得开辟一条路径加以研讨。"总体上说："1940年代，是唯物史观学派的法家学研究获得丰硕成果的时期。一方面，侯外庐、郭沫若、杜国庠、赵纪彬的体系性或专门性思想史著述不断问世，并对法家学给予了多方面的关注。另一方面，范文澜、翦伯赞、侯外庐的中国社会历史类著作，也包含了对法家的一些述评，从而丰富了唯物史观学派的法家学。"[1]

---

① 程燎原：《重新发现法家》，第272—274页。

在20世纪上半叶的马克思主义或历史唯物主义的法家学谱系中，郭沫若的法家学研究具有一定的代表性。相关研究表明，郭沫若早在20世纪20年代就接受了马克思主义。[①]郭沫若20世纪40年代写成的《十批判书》中，包含“前期法家的批判”“韩非子的批判”“吕不韦与秦王政的批判”等多篇法家研究论文，可以作为这个时期马克思主义法家学的代表性论著。

试看郭沫若对战国时期法家共同倾向的分析：“战国时法家所共同的一个倾向，是强公室而抑私门。这里是含有社会变革的意义的。从春秋中叶以来，私肥于公的实际蔓衍而为下克乎上的斗争。有的私门已经占了胜利而化为了公家，如韩、赵、魏、齐，有的还在演变中，如秦、楚、燕，而这些旧的公家也被逼得非采取新法不可了。吴起变法于楚，商君变法于秦，都是这种意义。故商君的‘坏井田，开阡陌’，在这变法过程中是更为重要的事项，它是把生产方式和社会制度改革了。”[②]从“生产方式”的角度看法家人物推动的变法，就体现了马克思主义或历史唯物主义的立场、观点与方法。

以上分析表明，在法家第二期，亦即在20世纪上半叶，法家学的学术理论谱系主要包括四个部分，它们分别是法家人物的法家学、儒家人物的法家学、自由主义的法家学与马克思主义的法家学。无论是自由主义还是马克思主义，基本上都是在20世纪上半叶从西方传入中国的。再考虑到这个时期的法家人

---

① 李斌：《论郭沫若学医受挫与接受马克思主义之关系》，《鲁迅研究月刊》2016年第6期，第19页。

② 郭沫若：《十批判书》，第250页。

物、儒家人物对法治主义、国家主义、民主主义等各种外来思想的广泛吸纳，这个时期的法家学较为明显地体现了“吸纳外来”的特质。

三、走向未来：法家第三期的法家学

1949 年以后，随着中国政治上的革故鼎新，法家亦演进至第三期。随法家第三期而兴起的法家学，较之于此前的“吸纳外来的法家学”，又别开生面、另有丘壑：一方面，马克思主义的法家学得以凸显；另一方面，立足于各个学科的专业学者的法家学得以发展；再一方面，法家学逐渐走出中国，已经发展成为一门世界性的学问。这三个方面，展示了法家学在未来的发展方向。对于还在生长发育的这个阶段的法家学，如果要描绘它的基本姿态，那就是“走向未来”。

（一）马克思主义的法家学

从 1949 年开始，马克思主义成为国家的主导性意识形态。在这样的背景下，法家学的研究也必须坚持马克思主义的指导。因而，要叙述法家第三期的法家学，必须首先叙述马克思主义的法家学。

马克思主义的法家学内容丰富，其阐述者既包括马克思主义的政治家，又包括以马克思主义作为指导思想的哲学家或思想家。其中，马克思主义的政治家、思想家以毛泽东为代表。“中华人民共和国成立之后，毛泽东曾数次针对郭沫若的《十批判书》发表不同意见，主要分歧就在于郭沫若的法家观、秦朝观与毛泽东的看法不同。”[①]譬如，1973年7月17日，毛泽东会见杨振宁，“谈到中国历史时，毛泽东说：我们郭老，在历史分期这个问题上，我是赞成他的。但他在《十批判书》里边，立场、观点是尊儒反法的。法家的道理就是厚今薄古，主张社会要向前发展，反对倒退的路线，要前进。杨振宁问：秦始皇对中国是不是有贡献？毛泽东说：他是统一中国的第一个人”[②]。1973年9月，毛泽东会见埃及副总统沙菲，“谈到中国的历史时，毛泽东说：我们过去叫CHIN（秦），加一个A，变成CHINA（中国）。秦始皇在中国是有名的，就是第一个皇帝。中国历来分两派，讲秦始皇好的是一派，讲秦始皇坏的是一派。我是赞成秦始皇，不赞成孔夫子。因为秦始皇是第一个统一中国的，统一文字，修筑宽广的道路，不搞国中有国而用集权制，由中央政府派人去各个地方，几年一换，不用世袭制度”[③]。在此之前的1964年6月24日，毛泽东在会见马里政府代表团时曾说：“你们大概知道中国有一个孔夫子、有一个秦始皇吧？这两个人就是这样的。秦始皇，历来说他不好，但是最近这几十年来，资产阶级历史学家已经给他翻了案……我们认为应该讲公道话，秦始皇比孔夫子伟大得多。孔夫子是讲空话的，秦始皇是第一个把中国统一的人物。他不但政治上统一中国，而且统

① 宋洪兵：《郭沫若的法家观及马克思主义史家法家观的内部分歧》，《史学月刊》2021年第2期，第112页。

② 中共中央文献研究室编：《毛泽东年谱：1949—1976》第6卷，第488页。

③ 同上书，第500页。

一了中国的文字、中国的各种制度如度量衡等，有些制度后来一直沿用下来。中国过去的封建君主还没有第二个人可以超过他的。"①

毛泽东关于法家与秦始皇的这些评论表明，他不同意郭沫若在《十批判书》中对法家的批评，他对法家持正面肯定的态度，对于奉行法家之学的秦始皇他也是赞同的，这就是毛泽东的法家观。

至于坚持以马克思主义为指导的哲学家，不妨以20世纪80年代的冯友兰为代表。1980年8月，冯友兰为他的《中国哲学史新编》写了一篇自序，称："我所希望的，就是用马克思主义的立场、观点和方法重写一部《中国哲学史》。""吸取了过去的经验教训，我决定在继续写《新编》的时候，只写我自己在现有的马克思主义水平上所能见到的东西，直接写我自己在现有的马克思主义水平上对于中国哲学和文化的理解和体会，不依傍别人。"②

自觉地在马克思主义的指导下，冯友兰阐述了自己对法家的理解。譬如，《中国哲学史新编》第十章题为"秦国进一步的改革——商鞅变法"，其中的第一节叙述"商鞅在秦国同顽固派的大辩论"，这样的标题就已经把商鞅置于"顽固派"的对立面，把商鞅作为改革派或革新派的代表。在冯友兰看来，商鞅

---

① 中共中央文献研究室编：《毛泽东年谱：1949—1976》第5卷，中央文献出版社2013年版，第366页。

② 冯友兰：《中国哲学史新编》上卷，人民出版社1998年版，自序第1—2页。

在《更法》篇中的言论，“是商鞅所提出的变法改革的总纲。它既代表了一个政治方向问题，也代表了一种世界观。这种世界观的要点是向前看，不向后看；要创新，不要守旧；要有所创造，有所作为，不要停止不前，更不要倒退”①。

再看《中国哲学史新编》第二十三章。此章论述“战国时期最后的理论家韩非的哲学思想”，其中的第七节专论“韩非的唯物主义的认识论”，冯友兰在此指出：“韩非论‘言与事’那段话的认识论的含义是要判断一个言论是否是真理，要看他在实践中的效果。在这一点上，韩非讲得很多，他说，比如判断一把剑的利钝，若果只凭金属原料的颜色，即使善铸剑的专家也不能肯定一把剑是否合乎标准。若果用一把剑试行宰杀，随便什么人都能分别出它的利钝。”归结起来，“韩非的这些话的认识论的含义接触到唯物主义认识论的一个要点，就是：实践是检验真实的标准”。②“从哲学史的观点看，韩非继承了荀况的唯物主义思想，又改造了《老子》，使它从客观唯心主义转化为唯物主义。他是先秦的一个唯物主义大家，也是中国哲学史中的一个唯物主义大家。他的哲学思想是中国哲学史中的辉煌的一页。”③这些论述，较为直观地体现了“马克思主义的立场、观点和方法”，而且表达了对韩非的褒扬。

在20世纪80年代，王元化（1920—2008）享有思想家的声誉，又曾经担任中共上海市的宣传部部长，他坚持马克思主

① 冯友兰：《中国哲学史新编》上卷，人民出版社1998年版，自序第202页。
② 同上书，第597页。
③ 同上书，第619—620页。

义的指导地位自不待言。从这个角度来看，王元化于 1976 年写成的长篇论文《韩非论稿》也可以归属于马克思主义的法家学文献。王元化在此文中认为："先秦早期法家代表人物大抵是法治主义者。当时法治主义的进步意义是不别亲疏，不殊贵贱，一断于法，确定了法的统治地位。商鞅辱太子，刑公子虔，虽明知后有新主能为祸福，而并不屈法以求容悦。这一点确实证明了代表新兴地主阶级的法家是和宣扬'刑不上大夫，礼不下庶人'的儒家观点截然不同的。可是，我们在韩非身上却找不到这种法治精神。他主张极度扩张君权，把君权放在一切之上，以建立君主的个人统治。""因此，韩非的君主本位主义以君主的意志作为法令，并不能说是集法家的大成。在这一点上，他比起早期法家来，只能说是后退了。"[①] 王元化的这些论述，较为典型地体现了马克思主义对于法家学研究的立场、观点和方法：以阶级的观点看法家，运用阶级分析的方法研究法家，虽然他批评了韩非，但却褒扬了"先秦早期法家"。

当代中国强调坚持马克思主义的指导地位，从这个角度来看，马克思主义的法家学可以代表法家学的一个未来发展方向。

（二）其他专业学者的法家学

在"马克思主义的法家学"之后，接着叙述"其他专业学者的法家学"，这样的安排需要略作解释。一方面，我们必须承认，自 1949 年以来，根据马克思主义研究法家学的人，绝大多数其实都是专业学者。譬如，冯友兰一直在哲学系担任教授，

① 王元化：《王元化文论选》，上海文艺出版社 2009 年版，第 117 页。

可以归属于哲学专业；王元化在华东师范大学担任教授、招收博士研究生的专业是文学。从这个角度来看，冯、王都可以归属于专业学者，他们对法家学的研究也可以归属于“专业学者”的法家学研究。而且，在马克思主义已经成为全局性指导思想的背景下，严格说来，任何专业的学者，都应当坚持马克思主义的指导地位。在这个意义上，任何专业学者的法家学研究，都可以归属于上文叙述的“马克思主义的法家学”。

但是，从另一方面来看，即使是在上述的整体格局中，我们也要在“马克思主义的法家学”之后，另辟一个小节叙述“其他专业学者的法家学”，主要基于两个理由。其一，前文叙述的“马克思主义的法家学”，已经产生了超越特定专业、特定学科的影响。毛泽东作为那个时代全局性的政治领袖，他关于法家的论述超出了任何一个专业或学科的限制。毛泽东关于法家的论述，其超专业性固不待言，即便是冯友兰、王元化这些人的影响，也明显地超越了特定专业、特定学科的限制。譬如，王元化的影响就绝不仅限于文学或文艺理论专业，冯友兰影响的范围也应当作如是观。基于这样的实际情况，有必要在前述产生了“超专业影响”的马克思主义的法家学之外，对那些主要在各自专业领域内从事研究的专业学者的法家学另行叙述。其二，我刻意在“专业学者的法家学”之前，加上“其他”两字，其实也是为了“自我脱困”或自圆其说。“其他”两字的实际含义是：即使后退一步，把冯友兰、王元化这些人也当作专业学者，在他们之后，另行叙述“其他专业学者的法家学”，在逻辑上也是可以成立的。

那么，自1949年以来，“其他专业学者的法家学”又呈现出一个什么样的学术图景呢？从历史维度来看，从20世纪50年代至70年代，相关的专业学者关于法家学的专业研究，总体上看较为稀少。其中，杨向奎在《文史哲》1957年第11期发表的《法家与韩非》一文，应永深在《历史研究》1964年第1期发表的《论春秋时代鲁国和晋国的社会特点兼及儒家和法家产生的历史背景》一文，较有代表性。从1974年开始的数年间，各种报刊上发表的关于法家的文章，再加上各地出版的关于法家的著作，其数量几乎可以用“井喷式”来概括。对此，已有学者给予了专门的研究[①]，这里不再详述。

因此，严格说来，“其他专业学者的法家学”应当从20世纪80年代开始说起。在此之后的数十年间，相关专业学者关于法家的研究主要集中在以下几个专业或学科：一是政治学专业，如刘泽华在《天津社会科学》1983年第1期发表的《先秦法家立法原则初探》，这篇论文虽然主要讲法家的立法原则，但刘泽华是专业的政治学者，因此还是应当归属于政治学者的法家学；二是法学专业，如俞荣根在《现代法学》1984年第4期发表的《“儒家人治法家法治对立论”质疑——兼论先秦法律思想研究中的一个方法问题》一文；三是历史学专业，如阎步克在《北京大学学报（哲学社会科学版）》1997年第2期发表的《南齐秀才策题中之法家论调考析》一文；等等。

20世纪80年代以来，史学、法学、政治学、哲学等学科的

---

① 周炽成：《闹剧背后：从思想史的角度看“评法批儒”运动》，《现代哲学》2006年第2期，第78—83页。

专业学者在法家学研究方面表现出了更多的热情。尤其是在史学专业中的思想史领域、法学专业中的法理法史领域，学者们发表了大量的专业论文和著作，推动了法家学在不同的专业方向上不断深入。当然，从另一个角度来看，虽然相关学科的专业学者所从事的法家学研究都带有较为明显的专业意识，但是由于他们聚焦的对象都是法家之学，更由于他们处理的法家基本文献都是共通的，这就使得相关专业学者的法家学研究，其实都带有一定的跨学科、跨专业色彩。

在学术研究越来越强调专业分工的当代及未来，学科化、专业化的法家学研究代表了法家学未来发展的一个重要方向。这就是说，当下及未来的法家学研究成果，将会越来越多地在史学、法学、哲学、政治学等专业领域产生。

（三）海外汉学家的法家学

倘若要全面理解 1949 年以来的法家学，还应当看到海外汉学家对法家学研究的贡献。因为，自 20 世纪中叶以来，海外汉学家关于法家学的研究，已经取得了若干引人瞩目的学术成果。

其中，美国汉学家顾立雅（Herrlee Glessner Creel，1905—1994）于 1974 年在芝加哥大学出版社出版的《申不害：公元前四世纪中国的政治哲学家》一书，就以较大的篇幅论述了申不害的背景、生平、旨趣、思想，以及申不害与法家、道家的关系，堪称海外汉学家在法家学研究领域形成的一部标志性著作。作者在此书“前言”之开篇就告诉我们：“大概二十年前，我初步意识到，在战国时代思想史上星罗棋布的人名中，‘申不害’

绝非无足轻重的等闲之辈。于是，我开始爬梳相关资料，进而汇集所有渊源于其思想的文献表述。渐渐地，我深信申不害诚为先秦之巨擘也。”在整理相关文献并进行翻译的基础上，“为了展现我对申不害佚文的翻译，似乎有必要撰写这么一本申不害的书，职是之故，终成此作”。[①]

接下来，史华兹（Benjamin I. Schwartz，1916—1999）于1985年在哈佛大学出版社出版的《古代中国的思想世界》一书，虽然是一部综合性的著作，但却专门列出第八章“法家：行为科学”，以之专论法家。作者在此章中提出：“西方术语‘立法主义’已经成为汉语‘法家’（法的学派）约定俗成的译法，因此，尽管它确实导致了某些误解，我将继续使用它。”在此基础上，作者先行追溯“法家思想的萌芽”，进而描述法家的“理论家们”：“尽管先驱们预示过法家方案的大部分内容，但直到公元前4世纪和前3世纪，随着商鞅、申不害、慎到和韩非子等人物的出现，我们才见到法家‘理论’全面展开了的面貌。当然，韩非子是其中的最后一位人物，作为法家思想的伟大综合者，他把商鞅、申不害和慎到都当成了他的‘理论’先驱，又是韩非子，有些稍牵强附会地将他们安置到他的全面综合体系之中，并将他们表述成三股各自不同但又可以协调一致的思想潮流的主要代表。”[②]作者把“立法主义”“行为科学”等概念用于法家学的研究，展示了一种“他者”视野中的法家学。

① 顾立雅:《申不害：公元前四世纪中国的政治哲学家》，马腾译，江苏人民出版社2019年版，第1页。

② 史华兹:《古代中国的思想世界》，程钢译，江苏人民出版社2003年版，第336—344页。

自 21 世纪以来，法家学引起了海外汉学家的更多关注。譬如，金鹏程（Paul R. Goldin）选编的论文集《韩非哲学》一书，就较为集中地展示了相关学者的研究成果。从作者阵容来看，此书收录了艾伯特（Albert Galvany）、哈里斯（Eirik Lang Harris）、亨特（Michael Hunter）、尤锐（Yuri Pines）、桂思卓（Sarah A. Queen）、佐藤将之（Masayuki Sato）、万百安（Bryan W. Van Norden）、杨树佳（Soon-ja Yang）等多位海外学者关于韩非及法家的研究成果，多维度地反映了海外汉学家关于法家的多种理解方式。正如此书编选者金鹏程为此书所写的《导论：韩非和〈韩非子〉》所言："这本书集合了横跨北美洲、欧洲和亚洲具有不同知识背景和生活在不同制度背景下的作者。本书希望展示尽可能广泛的一系列方法，而不是推进一个具体的解释。尽管我们已经对韩非哲学的主要内容达成了令人满意的共识，但是对某些问题仍然存在争议，读者仍然能够辨别出每一位作者独特的观点。"①

在这本论文集的作者群体中，以色列耶路撒冷希伯来大学的尤锐教授对法家学研究抱有更浓厚的热情。他不仅为这部《韩非哲学》提供了《从历史的演变到历史的终结》《沉溺于绝对权力：〈韩非子〉中的君主困境》等论文，而且还在中国的学术刊物上发表了多篇论文。②除此之外，他主编的论文集《道随法统：传统中国公共标准的治理哲学》（*Dao Companion to Chi-*

---

① 金鹏程编：《韩非哲学》，冯艳艳译，法律出版社 2020 年版，第 18 页。

② 尤锐：《从〈商君书·徕民〉看商鞅学派的思想变迁——兼论战国晚期秦国人口及军事变化》，《江淮论坛》2021 年第 6 期，第 5—13 页。

na's Fa Tradition: The Philosophy of Governance by Impartial Standards）一书也即将出版。[①] 他为此书撰写的导论《中国哲学中的法家传统》（"The Fa Tradition in Chinese Philosophy"）也可以识读为一篇法家学专论，这篇导论及这部论文集也许可以代表2024年之际海外汉学家研究法家学所取得的最新成果。

在注重文化相互交流、文明相互借鉴的背景下，在海外汉学研究不断发展、不断深化的过程中，海外汉学家的法家学研究，既可以成为海外汉学的一个新的增长点，同时也可以代表法家学研究的一个未来走向。

法家第三期的法家学，大致可以从以上几个方面予以分述。当然，在上文已经呈现出来的划分方式之外，还可以有其他的划分方式。譬如，如果有意突出专业意识，按照哲学、史学、法学、政治学等不同的专业或学科，逐一分述国内的法家学研究，以此为基础，再从国内的法家学延伸至海外的法家学，这样的逻辑当然也是可以接受的。各种不同的划分方式可以展示出理解法家学的不同进路，都有各自的价值与意义，既不必相互取代，也不宜相互否定。

在"儒学三期"或"儒学四期"理论的示范与催迫下，上文根据既有的"法家三期论"，对不同时期的法家学进行了分期考察。由此，我们可以看到在法家学的历史变迁中依次呈现出来的三张学术理论版图。

---

① 由于这部在海外出版的英文论文集收录了笔者的一篇研究申不害的论文，因此对这部书的出版进度略有所知。

在始于东周终于19世纪末的法家第一期，形成了第一张法家学版图。在这张绵延了两千多年的法家学版图上，法家人物正面建构的法家学占据了主导地位，儒家人物的法家学与道家人物的法家学侧重于以“法家批判学”的立场出现。三种立场的法家学虽然取向不同，但都可以归属于华夏本土的文化传统，都是在华夏本土文化传统的框架下生长起来的法家学。描绘这个时期的法家学版图，寄寓了“不忘本来”之旨趣。

在20世纪上半叶兴起的法家第二期，形成了第二张法家学版图。在半个世纪的时间段落里，法家人物在所谓“新战国”的背景下重新建构、重新阐释的法家学占据了主导地位，儒家人物的法家学、自由主义的法家学、马克思主义的法家学基本上都以“法家批判学”的姿态出现。当然，各家批判法家的理据又各有所本，而且不同于第一张法家学版图中的“法家批判学”所持的理据。较之于法家第一期的法家学，法家第二期的法家学受到了外来思想的深刻影响。不必说，自由主义的法家学与马克思主义的法家学直接由外来思想所接引；也不必说，儒家人物的法家学试图以外来的民约理论、民主思想为理据评论法家；就是法家人物重述的法家学，也与外来的法治主义、国家主义相互交织、密不可分。由此看来，法家第二期的法家学版图，突出地显示了“吸纳外来”的特质。

在始于1949年的法家第三期，形成了第三张法家学版图。在这张还在生长、至今依然处于进行时态的法家学版图上，马克思主义的法家学倾向于正面肯定法家。其他专业学者的法家学在坚持马克思主义指导地位的前提下，较多地立足于特定的专业或学科，着眼于推进关于法家学的专业研究。相关的专业研究虽然也有各种各样的价值预设，但在总体上注重回应相关学科或相关专业自身的要求。至于海外汉学家的法家学论著，作为“他山之石”，既为法家学的研究提供了新的视角，同时还可以充当文明相互交流、文明相互借鉴的一个重要环节。概而言之，法家第三期的法家学版图主要体现了法家学“走向未来”的姿态。

概而言之，要描述法家学的历史变迁，既要看到它的“本来”，也要理解它的“外来”，更要把握它的“未来”。

第九章
从法家三期看律学的兴衰

在中国法律文化或中国法律史领域，研究法律的律学是很多学者共同聚焦的主题。经过持续多年的研究，传统律学中的若干细节问题，都已经得到了抽丝剥茧般的处理，积累起来的学术文献可谓汗牛充栋。但是，在宏观层面如何理解律学与法学、法家学说的关系，至今依然是一个聚讼纷纭、莫衷一是的问题。更重要的是，律学兴起于汉初，终结于清末，一直延续了两千年，已经凝聚成为一个体量庞大的历史存在与文化现象。那么，律学是怎样兴起的，又是如何衰落的？孟德斯鸠有一部传世名著，叫作《罗马盛衰原因论》。[①] 倘若模仿孟德斯鸠的问题意识，也有必要写一篇“律学盛衰原因论”。

讨论律学盛衰的原因，当然可以有多个不同的角度。相关的学术文献已经记载了前人的一些思考，对此下文将做进一步的交代。在这里，我试图就律学盛衰的原因做出一些个性化的解说。我所选取的视角，是近年来发现的法家三期论。我希望在法家三期论的理论框架下，描述、解释律学的兴起与衰落。

---

① 孟德斯鸠:《罗马盛衰原因论》，许明龙译，商务印书馆2016年版。

这样的解释，既是“律学盛衰原因论”，同时也是对“法家三期论”的延伸与拓展。着眼于此，下文的基本思路是：首先，概述法家三期论框架下的律学，从而把律学置于法家三期论所建构的坐标体系中；其次，在法家第一期的视野中，描述律学兴起的态势，解释律学兴起的原因；再次，在法家第二期的视野中，解释律学的衰落与终结；最后，立足于法家第三期所造成的距离感，回望律学，重新解释律学，重新理解律学与法家学说以及法学之间的复杂关系。

一、法家三期视野中的律学

法家三期论是关于法家的分期理论。按照三期法家之间的划分，从春秋战国直至19世纪末期的法家，是第一期法家；从19世纪末至1949年，在半个世纪里生长发育的法家，代表了法家的第二期；1949年至今的法家，代表了法家的第三期。按照这样的“三段论”，律学是法家第一期的产物，也随着法家第一期的结束而走向衰落。

就时间范围而言，律学主要寄居在法家第一期。但是，律学并非与法家第一期共进退。因为，法家第一期又可以分为两个段落。（1）法家第一期的前一段是先秦时期，具体地说，是从春秋到战国再至秦朝。在这个段落中，法家人物饱受各国当政者的青睐，法家学说大放异彩，既是诸子百家中的显学，同时还充当了各个国家的主流意识形态。（2）法家第一期的后一段从秦亡汉兴之际算起，直至清末，在这个段落中，法家学说从显学转为潜学，从思想主流转为思想潜流。从法家思想上看，“从汉至清两千年间的法家思想潜流，可以视为先秦法家的余绪，或者说是先秦法家拖上的一条长长的尾巴，只能附属于法家第一期。原因只在于，这两千年里，作为思想潜流的法家没有实质性的发展，没有增添新的思想因子，在思想史上不能构成一个独立的演进发展阶段”①。在这个阶段，没有出现标志性的法家人物，也没有留下标志性的法家著作，法家学说尽管没有断绝，尽管还在延伸②，但是在“阳儒阴法”的格局下，只能视之为法家学说的潜流阶段。

法家第一期在前一段与后一段之间的转折，梁启超于1904年写成的《中国法理学发展史论》一文中已有清晰的阐释。在这篇文献中，梁启超以“法治主义”指代法家学说的精义，进而指出：“法治主义虽极盛于战国之季，然不移时遽就灭亡。”到了汉代，“罢黜百家，儒术立于学官，尊为国教。自兹以往，法治主义殆见，摈于学界外矣。其后虽大儒马郑二君亦著汉律章句，魏明帝时，曾置律博士，然皆属于解释派，非复战国法家之旧。且其学不昌，盖自汉以来，法治主义陵夷衰微，以迄于今日”。③梁启超的这几句话，把法家第一期区分为前后两个段落：先秦时期，法家学说（他所说的法治主义）处于极盛状态。从汉代开始，直至他写作此文的1904年，法家作为一种学说，“其学不昌”。法家学说“不昌”的阶段，正是法家思想居于潜流的阶段。潜流时期的法家充当了法家第一期的余绪。

---

① 喻中：《法家三期论》，第6页。

② 喻中：《韩非学的历史世界》，《甘肃政法学院学报》2017年第6期。

③ 梁启超：《梁启超全集》，第1281页。

梁启超的上述论断，还描述了律学的兴起。在梁启超看来，“大儒马郑二君”开创的“汉律章句”之学，实为中国传统律学的真正开端；魏明帝设置的律博士，可以视为律学兴起的体制性安排与制度性保障。也许正是由于这个缘故，程树德的《九朝律考》就是从“汉律考”开始的。张国华、饶鑫贤亦认为，律学兴起于西汉，具体地说，“中国的律学，是随着西汉经学的发展而兴起并在东汉时期至于大盛的。它的主要内容是引据儒家经义，注解法律条文”[①]。据此，两汉律学也许可以称为经义律学，它代表了中国传统律学的第一段，马融、郑玄是它的代表性人物。

《晋书·刑法志》记载了汉代律学之盛：“叔孙通益律所不及，傍章十八篇，张汤《越宫律》二十七篇，赵禹《朝律》六篇，合六十篇。又汉时决事，集为《令甲》以下三百余篇，及司徒鲍公撰嫁娶辞讼决为《法比都目》，凡九百六卷。世有增损，率皆集类为篇，结事为章。一章之中或事过数十，事类虽同，轻重乖异。而通条连句，上下相蒙，虽大体异篇，实相采入。《盗律》有贼伤之例，《贼律》有盗章之文，《兴律》有上狱之法，《厩律》有逮捕之事，若此之比，错糅无常。后人生意，各为章句。叔孙宣、郭令卿、马融、郑玄诸儒章句十有余家，家数十万言。凡断罪所当由用者，合二万六千二百七十二条，七百七十三万二千二百余言，言数益繁，览者益难。天子于是下诏，但用郑氏章句，不得杂用余家。”[②]可见，汉代律学成果丰

① 张国华、饶鑫贤主编：《中国法律思想史纲》上册，甘肃人民出版社1984年版，第20页。

② 房玄龄等：《晋书》，中华书局2000年版，第600页。

硕，名家就有十多人，郑玄则是官方认可的最主要的代表人物。

《新唐书·刑法志》记载了唐代律学之盛：“高宗初即位，诏律学之士撰《律疏》。又诏长孙无忌等增损格敕，其曹司常务曰《留司格》，颁之天下曰《散颁格》。龙朔、仪凤中，司刑太常伯李敬玄、左仆射刘仁轨相继又加刊正。”此后，律学在武后、玄宗、肃宗、代宗、宪宗、文宗、宣宗时期都有所发展。而且，“此其当世所施行而著见者，其余有其书而不常行者，不足纪也。《书》曰：‘慎乃出令。’盖法令在简，简则明，行之在久，久则信，而中材之主，庸愚之吏，常莫克守之，而喜为变革。至其繁积，则虽有精明之士不能遍习，而吏得上下以为奸，此刑书之弊也。盖自高宗以来，其大节鲜可纪，而格令之书，不胜其繁也”。[①]按照这些记载，唐代的律学著作，已经多到“不胜其繁”的程度。当然，其中的代表性文献是《唐律疏义》，它对唐律的“解释不是律义的简单重复，而是律文在同一方向上的发展。它不但体现了中国古代法学的优良传统，也适应了唐代司法实践的需要；不但使唐律的‘典式’大明，也使律疏本身成为唐律不可分割的组成部分”[②]。

宋代以后，直至明清，律学继续发展。[③]这个阶段的律

---

① 欧阳修、宋祁：《新唐书》，中华书局2000年版，第929页。

② 刘俊文：《唐律疏议笺解》，第72页。

③ 陈顾远甚至认为：“自南宋至清末，律学已微，沦为小道也。”陈顾远：《中国法制史概要》，商务印书馆2011年版，第43页。倘若较之于汉代律学或宋明理学之盛，陈顾远的判断确有一定的依据，但是，单就律学自身的历史而言，宋以后的律学，“虽小道，必有可观焉”（《论语·子张》），子夏的这句话很有道理，小道绝不可小看。譬如，当代学者在论及清代律学时就认为：“清代律学是传统律学之集大成，是中国历史上私家注律的鼎盛阶段。”张晋藩：《清代律学及其转型》，《中国法学》1995年第3期。

学人物与律学著作都很多，如傅霖及其《刑统赋》、刘筠及其《刑法叙略》、何广及其《律解辨疑》、王樵及其《读律私笺》、王肯堂及其《明律笺释》，到了清代，还有吴坛的《大清律例通考》、薛允升的《读例存疑》、王明德的《读律佩觿》、于琨的《祥刑要览》、沈之奇的《大清律辑注》、杜贵墀的《汉律辑证》，等等。在这个律学人物谱系中，沈家本也许可以视为传统律学的集大成者。沈家本于1913年辞世，标志着传统律学的正式终结。

中国传统律学的概略，大致如上所述。归纳起来，律学是从汉至清两千年间存在的一种文化现象，也是在法家第一期内生长、发展起来的一种文化现象。对于这样的判断，也许有人会提出质疑。因为，已有学者把律学的历史追溯至春秋战国时代，称之为“先秦刑名律学”，并认为，这种律学“是‘刑名’学（或‘名学’）与‘法术’相结合的产物；作为中国古代律学的雏形，它以春秋战国时期盛行的‘刑名’（‘形名’）思辨为标识，春秋时期郑国的邓析（名家创始人）是其先驱。但此间对刑名律学贡献最大的还是战国法家，尤其是商鞅”①。这样的观点是不能接受的。倘若有人主张，春秋战国时代蕴含着中国律学的某种基因或胚芽，或许可以成立。但是，根据现有文献，把商鞅作为“刑名律学”的主要代表，则殊为不当。一方面，商鞅是法家代表人物之一，商鞅所代表的法家之学与后来的律学存在着根本性的差异，这正是本文的核心观点之一，后文将

① 胡旭晟、罗昶：《试论中国律学传统》，《浙江社会科学》2000年第4期。

做详细的论述；另一方面，《商君书》与汉代以后的律学著作相比，无论是精神实质还是外在形式，都差距甚大。在学界，尽管彰显先秦律学的观点得到了部分学者的认同，但下文的论述将表明，这种观点存在着相当大的商榷空间。

二、法家第一期的衰微与律学的兴起

上文主要在法家三期论的框架下，特别是着眼于法家第一期的升降轨迹，描述了律学兴起与演进的概况。在此基础上，可以进一步从法家第一期的衰微看律学兴起的原因。

从根本上说，法家第一期的衰微与律学的兴起，都是因为政治背景发生了根本性的变化，那就是，从平行主权之间的列国竞争格局变成了单一主权之下的国内常规治理。当然，严格地说，主权是一个国际法的概念。在传统中国，并没有现代意义上的国际法概念与主权概念。但是，从春秋至战国，周王室先是名存实亡，后是名实俱亡。众多相互竞争的诸侯国家，就相当于现代世界中主权平等的列国。春秋战国时代数百年间的列国竞争格局，是理解法家人物及其学说的关键。

法家人物、法家学说的核心目标是富国强兵，法家学说的主体内容都是围绕着富国强兵而铺陈开来的。在相当程度上，法家学说就是富国强兵的学说。富国强兵可以从消极与积极两个方面来理解。在消极的方面，只有实现了富国强兵，才能实现自我保存；倘若不能实现富国强兵，就只好被其他国家消灭，就只好接受亡国的命运。在积极的方面，如果实现了富国强兵，就可以在列国竞争过程中获得更多的资源，甚至可以成为竞争过程中的优胜者。这里的“消极”与“积极”，其实是一体之两面。因此，为了应对国与国之间残酷的生存竞争，作为一个独立政治单元的诸侯国，必须追求富国强兵，这就是法家的根本逻辑。这个逻辑是对战国格局的回应。这个逻辑具有优先性，是大道理，也是法家学说的起点。

在先秦法家人物看来，眼前的世界是一个列国竞争的世界，对于任何一个诸侯国来说，所面对的某个特定的问题，看上去是本国的，但很可能就是世界的。譬如，国内政治斗争中的失败者，完全可以逃至另一个国家，以寻求东山再起的机会。在列国竞争过程中，各个国家之间的合作与斗争，完全取决于实际的利害关系，完全以追求本国利益的最大化为原则，这就是法家学说的精神实质。蒙文通曾说：“农以致富，兵以致强，而纵横则为外交术：皆法家之所宜有事者。”[①] 这个判断是相当精准的：法家既是搞经济建设的专家，也是军事家，同时还是处理国际关系的专家。兵家、农家、纵横家都属于法家，这就意味着，法家是战国格局的全面应对者。

但是，在秦亡汉兴之后，在华夏的文明世界里，平行主权之间的国际竞争格局在整体上转向了单一主权之下的国内常规治理。用传统中国的术语来说，就是从战国走向了“大一统”。在“大一统”政治格局之下，只有一个最高的中央政权。这个唯一的中央政权不再需要与其他对等的政治实体进行残酷的生

① 蒙文通：《法家流变考》，载《蒙文通全集》第2卷，巴蜀书社2015年版，第80页。

存竞争。国际竞争的压力一旦解除，旨在回应列国竞争格局的法家学说就失去了针对性。这是汉初法家学说跌落的根本原因。

法家学说在汉初的跌落，是因为“大一统”政治格局的形成；律学在汉初的兴起，同样是因为“大一统”政治格局的形成。在“大一统”的政治格局下，外部的国际竞争不再迫切，内部的常规治理与社会管理就成了政治的重心。为了维护基本的政治秩序、社会秩序，常规性的刑事司法占据了更大的分量与更高的地位，这是我们理解律学兴起的基本线索。

按照前引梁启超的说法，律学人物是针对刑律的“解释派”。律学作为刑律解释学，针对的是主权国家范围内的常规性、日常性的刑事司法活动。只要不是紧迫的非常时期或战争时期，这种常规性的刑事司法活动是普遍存在的。也许正是由于这个缘故，一些学者认为先秦时期也有律学，因为先秦时期也存在着常规性的刑事司法活动。然而，值得注意的是，先秦时期关于刑事司法问题的记载是零碎的、粗陋的，并不能构成一个系统化、体系性的律学，片言只语毕竟难以成“学”。而且，在春秋战国时代，“刑不上大夫”的训诫与历史经验，还在较大程度上支配着人们的思维方式与价值选择。在这样的背景下，刑法适用过程中出现的技术性问题，还不大可能激起智识阶层的研究热情。后来，兼并了六国的秦国建立了“大一统”的政治帝国，从应然层面上说，已经形成了关于常规刑事司法理论的现实需求，律学应该因此而兴起，但遗憾的是，秦朝的历史过于短暂，律学尚未兴起，秦王朝就崩溃了。1975 年在湖北云梦出土的《睡虎地秦墓竹简》包含了《法律答问》，有学者以之作为“秦代律学”的文献。[①] 但是，这份《法律答问》没有作者，不是个人性质的著作，混杂而简陋，即使确属秦代文献，也只能把它看作残缺的官方文件，以之作为“秦代律学”的主要支撑材料，可谓勉为其难。

因此，严格说来，律学的兴起主要是从汉代开始的。汉王朝建立了持续而稳定的统治，在一个最高的政治主权者之下，常规性的刑事司法逐渐成为一种普遍的治理活动。在常规性的刑事司法过程中如何运用刑律的问题开始凸显出来，由此催生了专门性的“刑事方法论”，这就是律学兴起的根源。

在以上分析之外，我们还可以换一个角度，从知识生产者的角度，进一步解释法家学说在汉初的跌落与律学在汉初的兴起。因为，法家第一期在汉初的跌落既是法家学说的跌落，也是法家人物的跌落；律学在汉初的兴起，在相当程度上就是律学家群体的兴起。

如前所述，先秦法家人物既是法家，同时也是农家、兵家、纵横家，他们以这种复合性的政治身份，占据了丞相或大致相当的职位，从而充当了各国君主高度依赖的“政治大掌柜”。试举例说明。

（1）李悝是魏文侯的宰相。《汉书·艺文志》把李悝归入法家的行列，称李悝“相魏文侯，富国强兵”[②]。李悝的专长，一方面是法律，据《晋书·刑法志》：“悝撰次诸国法，著《法

① 何勤华：《秦汉律学考》，《法学研究》1999年第5期。

② 班固：《汉书》，中华书局2000年版，第1371页。

经》。”[①] 这就是说，李悝是《法经》的作者。但另一方面，李悝还是农家，擅长经济建设。《史记·孟子荀卿列传》称：“魏有李悝，尽地力之教。”[②]《汉书·食货志》还提供了更具体的说明：“李悝为魏文侯作尽地力之教，以为地方百里，提封九万顷，除山泽邑居参分去一，为田六百万亩，治田勤谨则亩益三斗，不勤则损亦如之。地方百里之增减，辄为粟百八十石矣。”[③]

（2）吴起是楚悼王的宰相。据《史记·吴起列传》：“楚悼王素闻起贤，至则相楚。明法审令，损不争之官，废公族疏远者，以抚战斗之士。要在强兵，破驰说之言纵横者。”[④] 在楚相的位置上，“吴起教楚悼王以楚国之俗曰：‘大臣太重，封君太众。若此，则上逼主而下虐民，此贫国弱兵之道也。不如使封君之子孙三世而收爵禄，绝减百吏之禄秩，损不争之枝官，以奉选练之士。’”[⑤] 此外，据《战国策·秦策》：“吴起事悼王，使私不害公，谗不蔽忠，言不取苟合，行不取苟容，行义不顾毁誉，必有伯主强国，不辞祸凶。”[⑥] 遗憾的是，吴起主持楚国政务的时间仅一年，楚悼王就死去了，没有给吴起施展政治才华留下足够的时间与空间。

（3）商鞅是秦孝公的宰相。据《韩非子·和氏》：“商君教秦孝公以连什伍，设告坐之过，燔诗书而明法令，塞私门之请

① 房玄龄等：《晋书》，第600页。
② 司马迁：《史记》，第456页。
③ 班固：《汉书》，第948页。
④ 司马迁：《史记》，第402页。
⑤ 高华平、王齐洲、张三夕译注：《韩非子》，第126—127页。
⑥ 缪文远、缪伟、罗永莲译注：《战国策》，中华书局2012年版，第174页。

而遂公家之劳，禁游宦之民而显耕战之士。孝公行之，主以尊安，国以富强。”[①]《韩非子·奸劫弑臣》称：“古秦之俗，君臣废法而服私，是以国乱兵弱而主卑。商君说秦孝公以变法易俗而明公道，赏告奸、困末作而利本事。当此之时，秦民习故俗之有罪可以得免，无功可以得尊显也，故轻犯新法。于是犯之者其诛重而必，告之者其赏厚而信，故奸莫不得而被刑者众，民疾怨而众过日闻。孝公不听，遂行商君之法。民后知有罪之必诛，而告私奸者众也，故民莫犯，其刑无所加。是以国治而兵强，地广而主尊。”[②]

（4）申不害是韩昭侯的宰相。《史记·老子韩非列传》称：“申不害者，京人也，故郑之贱臣。学术以干韩昭侯，昭侯用为相。内修政教，外应诸侯，十五年。终申子之身，国治兵强，无侵韩者。”[③]这几乎就是法家人物的标准履历。韩非是申不害的崇拜者，申不害对韩非的影响很大。[④]因此，《韩非子·定法》还对申不害做出了更详细的记载：“申不害，韩昭侯之佐也。韩者，晋之别国也。晋之故法未息，而韩之新法又生；先君之令未收，而后君之令又下。申不害不擅其法，不一其宪令，则奸多。故利在故法前令则道之，利在新法后令则道之，利在故新相反，前后相勃，则申不害虽十使昭侯用术，而奸臣犹有所谲其辞矣。故托万乘之劲韩，十七年而不至于霸王者，虽用术于

① 高华平、王齐洲、张三夕译注：《韩非子》，第127页。
② 同上书，第133—134页。
③ 司马迁：《史记》，第395页。
④ 喻中：《论韩非学术思想的演进历程》，《政法论丛》2017年第5期。

上，法不勤饰于官之患也。”[1]

（5）韩非是法家学说的主要代表。在法家人物群体中，更具代表性的韩非虽然享有韩国宗室公子的名分与地位，却没有实际主持韩国政务的机会。《史记·老子韩非列传》称：“非见韩之削弱，数以书谏韩王，韩王不能用。”[2]没有任用法家人物韩非主持韩国政务，也许是韩国很快灭亡的重要原因之一。但对法家学术思想来说，也许就是一个福音：韩非无缘韩国政治实践，却成了法家学术思想的集大成者。

以上列举的数人，都是法家代表人物，都是法家学说的主要阐述者或法家之学的主要生产者。由于他们占据了君主一人之下、万人之上的政治地位（韩非例外），他们的学说也因此占据了主导地位，法家人物与法家学说相互支撑，人因学显，学因人显，共同促成了法家学说的鼎盛。但是，随着列国竞争格局的终结，汉代以后的君主没有国际竞争的压力，因而不再需要兼具纵横家、兵家、农家特点的法家人物充当他们的“政治大掌柜”，法家学说本身也被污名化，从高处跌落下来。

汉代以后的历代君主虽然不再需要政治家式的法家人物作为他们的“政治大掌柜”，却需要技术员式的律学人物。作为律学知识的生产者，律学人物基本上都是专业化的技术专家，律学人物精通刑律的解释与运用，这样的技术专家适应了“大一统”政权之下常规治理、日常治理的需要。试举例说明。

（1）赵禹。《史记·酷吏列传》中的记载是：“今上时，禹

---

① 高华平、王齐洲、张三夕译注：《韩非子》，第621—622页。

② 司马迁：《史记》，第395页。

以刀笔吏积劳，稍迁为御史。上以为能，至太中大夫。与张汤论定诸律令，作见知，吏传得相监司。用法益刻，盖自此始。"[①]赵禹作为汉代律学史上经常提到的重要人物，却被列入"酷吏传"。以"酷吏"指称律学人物，揭示了律家及其律学在史家眼里的历史地位。

（2）于定国。据《汉书·隽疏于薛平彭传》："于定国字曼倩，东海郯人也。其父于公为县狱吏，郡决曹，决狱平，罗文法者于公所决皆不恨。郡中为之生立祠，号曰于公祠。"又说："定国少学法于父，父死，后定国亦为狱吏，郡决曹，补廷尉史，以选与御史中丞从事治反者狱，以材高举侍御史，迁御史中丞。"[②]较之于赵禹，于定国不属于"酷吏"，且享有很高的社会声誉，相当于今日所说的"两造皆服"的好法官。

（3）何广。作为明代早期的重要律学人物，何广留下的《律解辩疑》是典型的技术性论著。譬如，此书第二十二卷论及"诉讼·诬告"，作者先引律文："其被诬之人，诈冒不实，反诬犯人，亦抵所诬告之罪。犯人止反坐本罪。谓被诬之。人止皆免罪。"然后以"议曰"的名义阐述自己的观点："注云，诬告人者，亦抵绞罪。谓被反诬犯人已决者反坐。已死未决者，杖一百，流三千里。犯人止反坐诬告本罪。不坐加等，备赏（赔偿）路费，取赎田宅，断付财产一半之限者，谓如甲诬告乙，杖一百，徒三年，合加所诬罪三等，杖一百，流三千里，被乙又诬告甲致死亲属，甲既被乙反诬，故不在加三等，杖一百，

---

① 司马迁：《史记》，第706—707页。
② 班固：《汉书》，第2281—2282页。

流三千里之限，止反坐杖一百，徒三年。其乙虽曾用过路费，典卖田宅，亦合令甲赔赏（偿）取赎人。如乙反诬告甲致死亲属，甲被诬处决，乙抵甲死罪……”[①] 这就是律学文献的精神与风格。

以上数人，都是代表性的律学人物，他们的事迹或作品表明，他们是刑律解释与运用的专家，他们作为专门技术人才，满足了“大一统”政治格局之下的常规治理的需要。汉代以后的律家与律学，就是因为这样的现实需要而兴起的。

三、法家第二期的兴起与律学的衰微

律学兴起于法家第一期，是第一期法家在汉初跌落之后的产物，当然也是先秦战国格局终结之后的产物。律学虽然不同于法家之学，但律学与法家之学还是有一些关联（详后）。正是由于这个缘故，可以把随律学的兴起而跌落的法家，作为法家第一期的余绪。如果说着眼于第一期法家的跌落，可以解释律学的兴起，那么如何解释律学在清末的衰微?

对于这个问题，清代律学的重要当事人沈家本已经做出了回答。在《法学盛衰论》一文中，沈家本把传统中国的律学理解为法学，把法学作为律学的同义词。在此前提之下，他说：“法立而不守，而辄曰法之不足尚，此固古今之大病也。自来势要寡识之人，大抵不知法学为何事，欲其守法，或反破坏之。

① 转引自何勤华：《明代律学的开山之作——何广撰〈律解辩疑〉简介》，《法学评论》2000 年第 5 期。

此法之所以难行，而学之所以衰也。”[①]这就是说，历史上那些占据了重要职位的当权者缺乏见识，是律学（他所谓的“法学”）走向衰微的根本原因。显然，这是一个过于浮泛的解释，尚未从社会科学层面揭示出问题的症结。在沈家本之后，当代学者也曾专门论及这个问题，其基本思路是：“儒学、玄学、佛学、道学的不断升降，其关键便在于‘致用’，而某种理论既然以这为目的，便注定其必须与伦理政治结合，成为伦理政治的附庸。这是中国学术深沉的哲学底蕴，我以为，这也便是律学衰微的原因之一。这是问题的一方面。问题的另一方面”还在于，“既然律学已从伦理政治的束缚下挣脱出来，说明这种理论已非王权政治的解说，这就从命运上决定了其不受统治者的青睐，尽管注律诠解本身可以起到一定的积极作用，但就其学术生命来看，便已是黄昏夕阳了”。[②]这种解释把律学衰微的原因与儒学、玄学、佛学、道学衰微的原因混在一起，并不是关于律学衰微原因的专门解释。律学衰微的原因与儒、道、玄、佛衰微的原因毕竟还是有差异的。

那么，律学衰微的原因到底何在？按照本文选择的理路，如果第一期法家的跌落可以解释律学的兴起，那么法家第二期在清末的兴起，则可以反过来解释律学在清末的衰微。

自汉初以来，法家学说虽然一直没有断绝，但一直处于隐而不显的“不昌”状态。清末的大变局，为法家的复兴、为法家第二期的开启，提供了历史条件。回顾历史可以发现，19 世

---

① 沈家本：《寄簃文存》，商务印书馆 2015 年版，第 117 页。
② 师棠：《律学衰因及其传统评价》，《法学》1990 年第 5 期。

纪晚期，特别是1894年甲午中日战争的失败，构成了中国历史进程中的一个巨大拐点。在这个拐点之前，中国人习以为常的政治背景是“大一统”的天下体系，这个天下体系从汉代开始，总体上得到了较好的维护。其间虽然也出现了南北朝的两分天下，还有魏蜀吴的三分天下等，但这些分裂时期通常被视为中国政治过程中的“非常状态”“例外状态”，中国政治过程中的“日常状态”或“常规状态”还是“大一统”的天下体系。天下体系意味着，只有一个最高的主权者，在主权者之下，可以安排井井有序的政治社会秩序，那些严重违反秩序规则的人，则会受到国家刑律的惩罚，这是传统律学兴起并一直延续的根源。但是，甲午中日战争的失败，标志性地颠覆了已经沿袭两千多年的天下体系。由此，“夷人”变成了“洋人”，“四夷”变成了“万国”，中国君主从“天下共主”的崇高地位跌落为众多君主之一。简而言之，曾经的天下体系变成了新的万国体系。更为严重的是，中国所面对的“万国”，还是乘着“坚船”、携着“利炮”而来的。这样的万国体系，完全就是西周王室式微、消失之后所形成的战国体系的再现。因此，当中国历史演进至清末，就像进入了第二个战国时代。在这个新的战国时代，中国只是万国之一，而且还是完全不占优势地位的那个“一”。

严格说来，这个新战国时代实际上早在19世纪中叶就已经开始了，两次鸦片战争已经体现了帝国之间的碰撞，已经把中国正式拖入了新战国时代。但是，19世纪下半叶的中国人对这个新战国时代是抵制的。“师夷长技”之类的说法，表明中国人还习惯于维护由“华夏—蛮夷”所支撑的天下体系。在经历了半个世纪的抵抗之后，大致从甲午战争开始，中国人只好无可奈何地承认、接受了这个新战国时代。从此，“新战国时代”成为中国人思考问题的一个强硬的外在约束。在这个新战国时代，通过富国强兵以实现救亡图存，逐渐成为压倒一切的普遍选择。譬如，史华兹解释严复的关键词是“寻求富强”[①]；李泽厚解释五四运动的关键词是“救亡压倒启蒙”[②]；20世纪30年代创作的《义勇军进行曲》，其关键性的句子是“中华民族到了最危险的时候”：诸如此类的思想文化节点，看似散漫，其实都在集中回应一个主题——新战国时代的救亡图存。由此可见，清末以后，国家与民族面临的根本问题在于：如何通过富国强兵以应对新战国时代提出的严峻挑战？正是在这个根本问题的催逼之下，沉寂了两千年的法家学说再次兴起。这是因为，法家学说就是寻求富强的学说，就是应对战国格局的学说。正是在甲午战争之后的数年之内，法家学说因为新战国时代的来临而复兴，法家第二期也因此而开启。

法家第二期的起点，至迟可以追溯至章太炎为法家代表人物商鞅写下的翻案文章。1898年，章太炎在《商鞅》一文中写道：“商鞅之中于谗诽也二千年，而今世为尤甚。其说以为自汉以降，抑夺民权，使人君纵恣者，皆商鞅法家之说为之倡。乌乎！是惑于淫说也甚矣。”[③]商鞅“中于谗诽”的两千年，正是从汉至清的两千年，也是法家从显学转为潜学的两千年。章太

---

① 史华兹：《寻求富强：严复与西方》，叶凤美译，中信出版社2016年版。

② 李泽厚：《中国现代思想史论》，生活·读书·新知三联书店2008年版，第21页。

③ 章太炎：《章太炎全集》，第80页。

炎通过为法家人物“平反”的方式，开创了法家复兴之路。从此以后，出现了一个复兴法家的思想热潮。很多学术思想人物都为法家的复兴做出了贡献。[①] 其中，梁启超的推动作用尤其突出。1904 年，他在《中国法理学发达史论》一文中提出：“法治主义，为今日救时唯一之主义。”[②] 意思是说，只有法治主义能够救中国。前文已经提到，梁启超在这篇文章中所说的“法治主义”，就是法家学说。梁启超的这篇文章产生了广泛的影响，是支撑法家第二期的重要文献。

如果说梁启超是隐匿的新法家，那么后来的陈启天、常燕生则是公开的新法家。20 世纪 30 年代，陈启天为法家的复兴写下了大量的著作。他在《中国法家概论》一书中认为：“近代中国已被迫走上了世界的新战国时代，滋长在闭关的大一统帝国之内的儒家思想，便不足应付这个新战国时代的需要。于是法家遂有一种复兴的倾向。法家思想产生于战国时代，今又遇一个世界的新战国时代，自然而然要重行倾向于法家思想。”[③] 与此同时，常燕生也认为，“法家思想的复兴”是“中国起死回生之道”。[④] 在这个特定的历史阶段，甚至连新儒家的代表人物熊十力，也对法家学说表达了选择性的认同。[⑤] 正是由于法家学说在 20 世纪上半叶得到了普遍的认同，法家第二期在中国思想与政

---

① 喻中：《显隐之间：百年来的新法家思潮》，《读书》2013 年第 8 期。

② 梁启超：《梁启超全集》，第 1255 页。

③ 陈启天：《中国法家概论》，第 115 页。

④ 常燕生：《法家思想的复兴与中国的起死回生之道》，《国论》1935 年 8 月号。

⑤ 喻中：《以术行法：熊十力建构的“韩非学”》，《法律科学》2017 年第 6 期。

治中的兴起就顺理成章了。

此长彼消，法家第二期的兴起过程就是传统律学的衰落过程。说到底，传统律学是依附于传统刑律的。19世纪末期，清王朝的统治虽然还在维系，清王朝的刑律虽然还在实施，但是，重新浮现出来的战国格局显然引起了更多智识人士的注意与关切，动荡的国际国内局势也不利于传统刑律的研究。事实上，正如沈家本在1909年所言："《律例》为专门之学，人多惮其难，故虽著讲读之律，而世之从事斯学者实鲜。"[①] 律学的吸引力本来就不强，新战国格局进一步加剧了智识阶层对于律学的疏离感。辛亥革命之后，大清王朝正式终结，实质性地销蚀了传统律学的现实针对性与专业技术属性，律学研究完全变成了史学研究。这是传统律学在清末衰微的根本原因。

1912年，中华民国正式定都南京。中华民国正式宣告成立，不同于传统中国的改朝换代，并不意味着律学研究可以在原来的轨道上重新出发。其一，民国初期，并没有建立起稳定的政治秩序。持续时间较长的地方割据，妨碍了全国性刑事法律的制定与实施。如果没有全国统一实施、有效实施的刑律，就很难形成关于刑律实施问题的学术研究。其二，更加关键的问题是，随着新战国格局的浮现，随着法家第二期的兴起，从汉至清的刑律，无论是精神、风格还是形式、内容，都已经失去了有效性，甚至也不具有合法性。因此，民国以后即使形成了关于刑律或刑法的研究，也已经不再是传统律学的延伸了。其三，

① 沈家本：《寄簃文存》，第202页。

传统律学关于刑律实施过程的研究，虽然是一种技术性的研究，毕竟还是要从属于“礼主刑辅”的宏观架构。民国以后，甚至早在1905年，随着科举制度的正式废除，传统的由四书五经支撑的“礼主”格局，就已经摇摇欲坠了。既然“礼”已不能产生“主”导作用，“刑”的“辅”助作用也随之失去了针对性，着眼于“刑律”实施过程的律学，也就只好由衰落走向终结了。

经过以上的梳理，可以发现，律学的衰落与法家第二期的兴起，是一个同步展开的过程，两者之间具有隐秘的逻辑联系。当然，随着律学的衰落与终结，随着法家第二期的兴起，法学作为一种新的知识形态，也随之兴起了。那么，法学是律学的替代物吗？抑或法家之学才是律学的替代物？不妨略做分析。

四、从法家第三期看律学、法家与法学的关系

着眼于法家第一期，既可以理解律学在汉代以后的兴起与发展，又可以看到法家在先秦时期的兴起及其在秦亡之后的衰微。着眼于法家第二期，既可以看到律学在清末的衰落与终结，又可以看到法家在清末的复兴以及法学在清末的兴起。那么，应该如何理解律学、法家与法学的关系？

显然，这是一个充满歧义的问题。百年以前，胡适认为：“中国古代只有法理学，只有法治的学说，并无所谓‘法家’。”[①]

① 胡适：《中国古代哲学史》，第352页。

这就是说，法家之学的实质就是法理学或法学。沈家本在《法学盛衰说》一文中写道："虞廷尚有皋陶，周室尚有苏公，此古之法家，并是专门之学，故法学重焉。"又说："汉兴，虽驰秦厉禁，而积习已久，未能遂改，外郡之学律令者，必诣京师。""法学之兴，于斯为盛。"[①]这把法学、法家之学、律学完全等同起来了。当然，与这些观点相左的说法也在在多有，这里不再逐一详述。在本文看来，在法家第二期，尤其是在20世纪初期，要清晰地界定律学、法学、法家的关系，是比较困难的。因为，那个时代的观察者，尚置身于事变之中，仿佛身在庐山中的人，很难识得庐山真面目；只有身处庐山之外，才能看清庐山的真面目。而且，在事物还在发生变化，且尚未最终定型之际，也很难看清事物的本质。

但是，自1949年以后，法家已经演进至第三期。时至今日，法家第三期也经历了70年左右的历史过程。这些时间刻度表明，历史已经留出了足够的距离，可以让我们比较理性地审视律学、法家、法学之间的微妙关系。因此，立足于当下的法家第三期，立足于阮元所谓"学术盛衰，当于百年前后论升降"[②]蕴含的洞识，我们可以就律学、法家、法学的关系分辨如下。

首先，关于律学与法家的关系，前文其实已经做出了比较详细的阐述。概括地说，从春秋战国直至当下，法家学说一直都在流传，法家的思想与实践可以分为三期来考察。这就是我

---

① 沈家本:《寄簃文存》，第114—115页。

② 阮元:《十驾斋养新录序》，第1页，载钱大昕:《十驾斋养新录》，上海书店出版社2011年版。

反复阐述过的法家三期论。但在法家第一期的后一段，亦即从汉至清两千年间，法家之学转为潜学，在学术理论上的发展创获较少；与此同时，法家的实践也处于“阴”的状态——所谓“阳儒阴法”，此之谓也。然而，正是在法家之学成为潜学的历史阶段，律学经历了它的生长、发展与衰微过程。在两者之间，法家之学着眼于战国背景下的治国理政，律学提供了“大一统”背景下微观的常规治理技术。两者各有其针对性。两者之间的关联表现在：历代律学作为历代刑律的解释学，与法家主张的“一断于法”原则相关联[①]，在相当程度上，律学是法家主张的“一断于法”原则的技术化表达。法家之学作为国家治理之学，具有宏观、全面、整体、综合的特点。“一断于法”只是法家理论体系的一个局部，律学为这个局部提供了形而下的运行技术或操作指南。

其次，关于律学与法学的关系。从源头上说，西方传来的法学与中国固有的律学是不同文明传统的产物，具有较大的异质性。就地位和作用来看，律学在传统中国的知识体系中，相对地位较低。传统中国的知识主流是早期的经学、后期的理学，甚至子学、玄学、佛学、朴学也吸引了更多人的心智。在传统中国“道”“器”之别的框架下，关于“道”的学问高于、优于、先于关于“器”的学问。在“道”与“器”之间，律学因为其技术化特征，更多地属于偏向于“器”的学问。与之相反，

---

① 司马谈《论六家之要指》称：“法家不别亲疏，不殊贵贱，一断于法。”司马迁：《史记》，第759页。

在西方的知识体系中，法学一直居于中心地位。在早期，法学与神学、医学并重；在近现代，包括在现代以来的中国，法学与经济学、政治学并重。这是两者的差异。法学与律学虽然地位不同，但共同点也比较明显：传统的律学可以在现代法学的体系中找到一个比较恰当的位置，那就是法学知识体系中的刑法解释学。这就是说，传统的律学可以对应于现代法学体系中的一个局部——刑法解释学。当然，传统律学的实际地位，导致传统律学对智识阶层的吸引力明显不够，传统律学较之于现代的法律解释学（刑法解释学），在知识的理论性、系统性、精微度方面，还是有较大差距。但是，无论如何，传统的律学经过适当的处理之后，还是可以纳入到现代的法学之中，并在法学的知识体系中找到一个位置。

最后，关于法家之学与法学的关系，笔者此前已有专门的分析[①]，这里从其他角度再做一些新的阐述。从根本上说，法家之学与法学同样源于两种相异的知识传统。法家之学源于先秦子学。先秦诸子共同的追求在于实现天下大治的目标。用司马谈的话来说，即为"阴阳、儒、墨、名、法、道德，此务为治者也"[②]。诸子之间的差异在于：实现天下大治的手段不同、方法不同、路径不同。其中，法家之学主张"一断于法"，强调法、术、势并用，强调通过法律奖励耕战，以实现富国强兵。法家之学代表了诸子百家中的功利主义、现实主义。与之不同，当

① 喻中：《法家三期论》，第 81 页。
② 司马迁：《史记》，第 758 页。

下已经体制化的法学源出于西方，是西方学术体系中的一个组成部分。因而，在两者之间，各行其是的内容更多，交叉重叠的内容较少。单就“各行其是”方面而言，两者差异明显。站在法学的角度来看，法家之学既包含了法学的部分内容，也包含了政治学、经济学、管理学等方面的内容，几乎涵盖了现行学科体系中社会科学的大部分领域。因此，法家之学是“元学问”，代表了中国社会科学的古典形态。[①] 至于法学，则是西方传来的社会科学体系内的一个分支学科。两者之间的交叉部分在于：都强调通过法律建构秩序，都主张通过法律实现国家与社会的治理，都重视法律的制定及严格实施。因此，两者之间的交叉部分主要体现在国家治理的原则方面。在当下的中国，全面推进依法治国既是一个法学的问题，更是一个法家的问题，因而是一个跨越了法家与法学的复合性问题、交叉性问题。立足于法家三期论，全面推进依法治国表达了法家第三期的核心主张。

由于学科之间自然形成的壁垒，学界关于中国传统律学的研究，主要集中于中国法制史学科，普遍侧重于研究律学领域内的若干问题。本文旨在从律学之外看律学，特别是立足于法家三期论，对律学的兴衰进行了个性化的解释。由此可以发现，先秦法家充当了法家第一期的高峰，法家在秦亡之后的衰微恰好为律学的兴起开辟了空间。至于律学在清末的衰落与终结，

① 喻中:《法家学说与社会科学的中国化建构》,《法学家》2017 年第 5 期。

则伴随着法家第二期的兴起以及法学的兴起。法家第三期经过70年左右的演进，由此造成的距离感，为我们重新理解律学的兴衰以及律学、法家与法学的关系，提供了新的可能性。“横看成岭侧成峰”，由于观察视角发生了变化，被观察的事物也将呈现出新的面貌。因此，借助法家三期论的理论框架，完全可以对律学兴衰及其原因做出新的揭示。

参考文献

马克思、恩格斯:《马克思恩格斯全集》第 1 卷，人民出版社 1956 年版。

马克思、恩格斯:《马克思恩格斯全集》第 3 卷，人民出版社 1960 年版。

马克思、恩格斯:《马克思恩格斯全集》第 16 卷，人民出版社 1964 年版。

马克思、恩格斯:《马克思恩格斯全集》第 17 卷，人民出版社 1963 年版。

马克思、恩格斯:《马克思恩格斯全集》第 19 卷，人民出版社 1963 年版。

马克思、恩格斯:《马克思恩格斯全集》第 23 卷，人民出版社 1972 年版。

马克思、恩格斯:《马克思恩格斯文集》第 1 卷，人民出版社 2009 年版。

马克思、恩格斯:《马克思恩格斯文集》第 3 卷，人民出版社 2009 年版。

马克思、恩格斯:《马克思恩格斯文集》第 4 卷，人民出版社 2009 年版。

马克思、恩格斯:《马克思恩格斯文集》第 5 卷，人民出版社 2009 年版。

马克思、恩格斯:《马克思恩格斯选集》第3卷，人民出版社1972年版。

列宁:《列宁全集》第4卷，人民出版社1984年版。

列宁:《列宁全集》第33卷，人民出版社1985年版。

列宁:《列宁全集》第37卷，人民出版社1986年版。

列宁:《列宁选集》第4卷，人民出版社2012年版。

毛泽东:《毛泽东文集》第2卷，人民出版社1993年版。

毛泽东:《毛泽东文集》第7卷，人民出版社1999年版。

毛泽东:《毛泽东选集》第2卷，人民出版社1991年版。

毛泽东:《毛泽东选集》第4卷，人民出版社2009年版。

邓小平:《邓小平文选》第2卷，人民出版社1994年版。

邓小平:《邓小平文选》第3卷，人民出版社1993年版。

习近平:《论坚持全面依法治国》，中央文献出版社2020年版。

中共中央文献研究室编:《毛泽东年谱：1893—1949》，中央文献出版社2013年版。

中共中央文献研究室编:《毛泽东年谱：1949—1976》，中央文献出版社2013年版。

中共中央文献研究室编:《毛泽东年谱：1949—1976》，中央文献出版社2013年版。

中共中央党史研究室:《中国共产党的九十年》，中共党史出版社2016年版。

阿奎那:《阿奎那政治著作选》，马清槐译，商务印书馆2011年版。

白芝浩:《英国宪法》，夏彦才译，商务印书馆2011年版。

柏拉图:《游叙弗伦　苏格拉底的申辩　克力同》，严群译，商务印书馆2000年版。

柏拉图:《政治家》，洪涛译，上海人民出版社2006年版。

班固:《汉书》，中华书局 2000 年版。
班固:《汉书》，中华书局 2007 年版。
伯尔曼:《法律与革命：西方法律传统的形成》，贺卫方、高鸿钧、张志铭、夏勇译，中国大百科全书出版社 1993 年版。
常燕生:《法家思想的复兴与中国的起死回生之道》，《国论》1935 年 8 月号。
陈启天:《中国法家概论》，中华书局 1936 年版。
陈少明:《汉宋学术与现代思想》，广东人民出版社 1995 年版。
陈晓芬、徐儒宗译注:《论语·大学·中庸》，中华书局 2015 年版。
陈雅丽:《社会主义法治理念与资本主义法治理念的两点本质区别》，《武汉大学学报（哲学社会科学版）》2008 年第 2 期。
陈寅恪:《金明馆丛稿二编》，生活·读书·新知三联书店 2015 年版。
程颢、程颐:《二程集》，王孝鱼点校，中华书局 1981 年版。
程燎原:《重新发现法家》，商务印书馆 2018 年版。
达维德:《当代主要法律体系》，漆竹生译，上海译文出版社 1984 年版。
《大宪章》，陈国华译，商务印书馆 2016 年版。
丹宁:《法律的正当程序》，李克强、杨百揆、刘庸安译，法律出版社 1999 年版。
但丁:《论世界帝国》，朱虹译，商务印书馆 2011 年版。
丁建定:《略论 1787—1788 年法国贵族与专制王权的冲突》，《史学月刊》1993 年第 3 期。
董必武:《董必武政治法律文集》，法律出版社 1986 年版。
《董必武年谱》编纂组编:《董必武年谱》，中央文献出版社 2007 年版。
杜维明:《儒教》，陈静译，上海古籍出版社 2008 年版。
范晔:《后汉书》，中华书局 2007 年版。
方向东译注:《新书》，中华书局 2012 年版。

方勇译注:《墨子》，中华书局 2011 年版。
方勇译注:《庄子》，中华书局 2015 年版。
房玄龄等:《晋书》，中华书局 2000 年版。
房玄龄注:《管子》，刘绩补注，上海古籍出版社 2015 年版。
费安玲主编:《学说汇纂》第 1 卷，罗智敏译，纪蔚民校，中国政法大学出版社 2008 年版。
冯天瑜、姜海龙译注:《劝学篇》，中华书局 2016 年版。
冯友兰:《中国哲学史新编》上卷，人民出版社 1998 年版。
傅斯年:《傅斯年史学论著》，上海书店出版社 2014 年版。
富勒:《法律的道德性》，郑戈译，商务印书馆 2011 年版。
高华平、王齐洲、张三夕译注:《韩非子》，中华书局 2015 年版。
戈登:《控制国家：西方宪政的历史》，应奇等译，江苏人民出版社 2001 年版。
葛兰西:《狱中札记》，曹雷雨、姜丽、张跣译，河南大学出版社 2014 年版。
龚祥瑞:《比较宪法与行政法》，法律出版社 2003 年版。
顾立雅:《申不害：公元前四世纪中国的政治哲学家》，马腾译，江苏人民出版社 2019 年版。
郭沫若:《十批判书》，人民出版社 2012 年版。
郭学德:《试论中国的“政府推进型”法治道路》，《中共中央党校学报》2001 年第 2 期。
汉密尔顿、杰伊、麦迪逊:《联邦党人文集》，程逢如、在汉、舒逊译，商务印书馆 2011 年版。
何勤华:《明代律学的开山之作——何广撰〈律解辩疑〉简介》，《法学评论》2000 年第 5 期。
何勤华:《秦汉律学考》，《法学研究》1999 年第 5 期。

胡适:《胡适文集》第6册，北京大学出版社2013年版。
胡旭晟、罗昶:《试论中国律学传统》,《浙江社会科学》2000年第4期。
华盛顿:《华盛顿选集》，聂崇信、吕德本、熊希龄译，商务印书馆2011年版。
黄晖:《论衡校释》，中华书局2018年版。
黄辉、周孝清、胡佳佳:《为乡村群众点燃法治明灯——记全国模范法官、江西贵溪市法院泗沥法庭庭长周淑琴》,《法治日报》2021年10月8日。
黄克武编:《中国近代思想家文库·严复卷》，中国人民大学出版社2014年版。
黄士毅编:《朱子语类汇校》第1册，徐时仪、杨艳汇校，上海古籍出版社2014年版。
黄永堂译注:《国语全译》，贵州人民出版社1995年版。
霍尔姆斯、桑斯坦:《权利的成本：为什么自由依赖于税》，毕竞悦译，北京大学出版社2004年版。
金鹏程编:《韩非哲学》，冯艳艳译，法律出版社2020年版。
凯尔森:《法与国家的一般理论》，沈宗灵译，中国大百科全书出版社1995年版。
孔祥骅:《子夏氏“西河学派”初探》,《学术月刊》1985年第2期。
勒费弗尔:《法国革命史》，顾良、孟湄、张慧君译，商务印书馆2011年版。
李斌:《论郭沫若学医受挫与接受马克思主义之关系》,《鲁迅研究月刊》2016年第6期。
李泽厚:《历史本体论·己卯五说》，生活·读书·新知三联书店2008年版。

李泽厚:《说儒学四期》，上海译文出版社 2012 年版。
李泽厚:《中国现代思想史论》，生活·读书·新知三联书店2008年版。
梁启超:《梁启超全集》，北京出版社 1999 年版。
凌相权:《总结经验教训，坚定不移地实行社会主义法治——我系召开法治与人治问题讨论会》,《法学研究资料》1980 年第 3 期。
刘俊文:《唐律疏议笺解》，中华书局 1996 年版。
卢卡奇:《历史与阶级意识：关于马克思主义辩证法的研究》，杜章智、任立、燕宏远译，商务印书馆 1992 年版。
洛克:《政府论》下篇，叶启芳、瞿菊农译，商务印书馆 1996 年版。
马迪厄:《法国革命史》，杨人楩译注，商务印书馆 2011 年版。
蒙默、蒙怀敬编:《中国近代思想家文库·廖平卷》，中国人民大学出版社 2014 年版。
蒙文通:《蒙文通全集》第 2 卷，巴蜀书社 2015 年版。
孟德斯鸠:《论法的精神》上卷，许明龙译，商务印书馆 2012 年版。
孟德斯鸠:《罗马盛衰原因论》，许明龙译，商务印书馆 2016 年版。
缪文远、缪伟、罗永莲译注:《战国策》，中华书局 2012 年版。
欧阳修、宋祁:《新唐书》，中华书局 2000 年版。
庞德:《通过法律的社会控制 法律的任务》，沈宗灵、董世忠译，商务印书馆 1984 年版。
培根:《培根论说文集》，水天同译，商务印书馆 1983 年版。
钱大昕:《十驾斋养新录》，上海书店出版社 2011 年版。
瞿同祖:《瞿同祖论中国法律》，商务印书馆 2014 年版。
瞿同祖:《中国法律与中国社会》，商务印书馆 2015 年版。
萨维尼:《论立法与法学的当代使命》，许章润译，中国法制出版社 2001 年版。
沈家本:《寄簃文存》，商务印书馆 2015 年版。

沈宗灵:《现代西方法理学》,北京大学出版社 1992 年版。
师棠:《律学衰因及其传统评价》,《法学》1990 年第 5 期。
施米特:《政治的浪漫派》,冯克利、刘锋译,上海人民出版社 2004 年版。
石磊译注:《商君书》,中华书局 2011 年版。
史华兹:《古代中国的思想世界》,程钢译,江苏人民出版社 2003 年版。
史华兹:《寻求富强:严复与西方》,叶凤美译,中信出版社 2016 年版。
司马迁:《史记》,中华书局 2006 年版。
斯托林:《反联邦党人赞成什么:宪法反对者的政治思想》,汪庆华译,北京大学出版社 2006 年版。
宋洪兵:《郭沫若的法家观及马克思主义史家法家观的内部分歧》,《史学月刊》2021 年第 2 期。
宋洪兵编:《国学与近代诸子学的兴起》,广西师范大学出版社 2010 年版。
孙星衍:《尚书今古文注疏》,陈抗、盛冬铃点校,中华书局 1986 年版。
孙中山:《孙中山全集》第 2 卷,中华书局 1982 年版。
孙中山:《孙中山全集》第 3 卷,中华书局 1984 年版。
塔玛纳哈:《论法治:历史、政治和理论》,李桂林译,武汉大学出版社 2010 年版。
托克维尔:《论美国的民主》上卷,董果良译,商务印书馆 2011 年版。
王夫之:《船山遗书》第 2 册,中国书店 2016 年版。
王夫之:《船山遗书》第 9 册,中国书店 2016 年版。
王贵明:《马克思主义的自由个性与自由主义的个人优先性》,《哲学研究》2001 年第 4 期。

王世杰、钱端升:《比较宪法》，中国政法大学出版社 1998 年版。
王世舜、王翠叶译注:《尚书》，中华书局 2012 年版。
王水照主编:《王安石全集》，复旦大学出版社 2016 年版。
王文锦译解:《礼记译解》，中华书局 2016 年版。
王先谦:《荀子集解》，沈啸寰、王星贤整理，中华书局 2012 年版。
王元化:《王元化文论选》，上海文艺出版社 2009 年版。
韦伯:《经济与历史 支配的类型》，康乐等译，广西师范大学出版社 2010 年版。
韦伯:《中国的宗教：儒教与道教》，康乐、简惠美译，广西师范大学出版社 2010 年版。
卫兴华:《社会主义市场经济与法治》,《经济研究》2015 年第 1 期。
魏源:《魏源集》，中华书局编辑部编，中华书局 2009 年版。
吴光主编:《马一浮全集》第 1 册上卷，浙江古籍出版社 2012 年版。
吴经熊:《法律哲学研究》，清华大学出版社 2005 年版。
西塞罗:《国家篇 法律篇》，沈叔平、苏力译，商务印书馆 2011 年版。
希罗多德:《希罗多德历史》上册，王以铸译，商务印书馆 2011 年版。
夏勇:《朝夕问道：政治法律学札》，上海三联书店 2004 年版。
夏勇编:《公法》第 2 卷，法律出版社 2000 年版。
熊十力:《熊十力全集》第 3 卷，湖北教育出版社 2001 年版。
熊十力:《熊十力全集》第 5 卷，湖北教育出版社 2001 年版。
许富宏:《慎子集校集注》，中华书局 2013 年版。
许维遹:《吕氏春秋集释》，梁运华整理，中华书局 2016 年版。
亚里士多德:《尼各马可伦理学》，廖申白译注，商务印书馆 2003 年版。
亚里士多德:《政治学》，吴寿彭译，商务印书馆 2011 年版。
杨伯峻译注:《论语译注》，中华书局 2012 年版。
杨伯峻译注:《孟子译注》，中华书局 2012 年版。

杨贻泽:《批判封建主义，实行社会主义法治》,《晋阳学刊》1980 年第 3 期。

尤锐:《从〈商君书·徕民〉看商鞅学派的思想变迁——兼论战国晚期秦国人口及军事变化》,《江淮论坛》2021 年第 6 期。

喻中:《法家三期论》,《法学评论》2016 年第 3 期。

喻中:《法家三期论》，法律出版社 2017 年版。

喻中:《法家学说与社会科学的中国化建构》,《法学家》2017 年第 5 期。

喻中:《法理四篇》，中国法制出版社 2020 年版。

喻中:《法学方法论》，法律出版社 2014 年版。

喻中:《改进党对法治建设的领导方式》,《北京行政学院学报》2013 年第 1 期。

喻中:《韩非学的历史世界》,《甘肃政法学院学报》2017 年第 6 期。

喻中:《论韩非学术思想的演进历程》,《政法论丛》2017 年第 5 期。

喻中:《论吕尚的法理学——兼及中国功利主义法学的起源》,《法学杂志》2018 年第 9 期。

喻中:《论中国法的精神》，陕西人民出版社 2019 年版。

喻中:《显隐之间：百年来的新法家思潮》,《读书》2013 年第 8 期。

喻中:《以术行法：熊十力建构的“韩非学”》,《法律科学》2017 年第 6 期。

喻中:《中国法治观念》，中国政法大学出版社 2011 年版。

喻中:《中国政治协调发展的必由之路》,《北京日报》2017 年 3 月 16 日。

曾运乾注:《尚书》，黄曙辉校点，上海古籍出版社 2015 年版。

张国华、饶鑫贤主编:《中国法律思想史纲》上册，甘肃人民出版社 1984 年版。

张国华主编:《中国法律思想史》，法律出版社 1982 年版。

张晋藩:《清代律学及其转型》,《中国法学》1995 年第 3 期。

张希坡:《马锡五审判方式》，法律出版社 1983 年版。

章太炎:《章太炎全集》，朱维铮点校，上海人民出版社 2014 年版。

赵鼎新:《东周战争与儒法国家的诞生》，夏江旗译，华东师范大学出版社 2011 年版。

周炽成:《闹剧背后：从思想史的角度看“评法批儒”运动》,《现代哲学》2006 年第 2 期。

朱熹:《四书章句集注》，中华书局 2011 年版。

朱熹:《朱子全书》第 7 册，上海古籍出版社 2010 年版。

朱熹:《朱子全书》第 16 册，上海古籍出版社 2010 年版。

后　记

2019年6月，我受邀参与了一项课题研究，课题名称是“创新发展中国特色社会主义法治理论研究”。在参与该课题研究的过程中，我完成了课题组规定的研究任务。与此同时，我也针对“中国特色社会主义法治”这个主题，有计划地展开了一些个性化、自主性研究，在此基础上写成了这部书的主体部分。因此，你现在看到的这部书，无论是从创作动因来说，还是从自孕育到逐渐成书的过程而言，在相当程度上，都是我受邀参与“创新发展中国特色社会主义法治理论研究”这项课题的一个副产品。把这部书题名为“论中国特色社会主义法治”，主要原因就在这里。

两年后的2021年8月，国家制定的《法治政府建设实施纲要（2021—2025年）》（以下简称《纲要》）正式公布。随后，《中国司法》（现已更名为《中国法治》）编辑部邀请我为这份《纲要》撰写一篇评论，且限定篇幅为5000字。收到邀请函之后，我再次阅读了这份《纲要》，并结合《纲要》的具体内容，写成了《中国特色社会主义法治政府理论的体系化构建》一文。由于《中国司法》并非纯粹的学术刊物，因此这篇文章与本书各章相比，在形式上有明显的差异：不仅篇幅短小，而且没有注释。更值得注意的是，它的论域仅限于“中国特色社会主义法治政府”，这就比“中国特色社会主义法治”的范围窄了许多。虽然其主题也可以归属于“论中国特色社会主义法治”，但是按照本书的结构与框架，它不宜与本书其他各章并列，不宜作为独立的一章来处理。于是，我把它附在第六章“中国特色社会主义法治理论的体系”之后，以之凸显中国特色社会主义法治理论体系的一个局部。

又是一年后，2022 年 10 月，我收到了《法律科学》编辑部的来信，邀请我围绕“中国式现代化”这个主题发表个人学术观点——当然是与法治有关的学术观点。虽然这也是一个宏大的主题，但与我最近几年一直关注的“中国特色社会主义法治”具有较高的契合度，因而我也以如履薄冰的心态答应了下来。在反复酝酿之后，我从“中国式现代化”这个主题中提取了“现代”与“中国”两个关键词，再加上“法治”这个关键词，写成了本书的第二章“现代法治建构的中国方案”，试图以此展示现代法治建构的中国特色、中国经验、中国逻辑，其实也是中国特色社会主义法治的中国特色、中国经验、中国逻辑。毕竟，本书旨在论述的中国特色社会主义法治，正是中国式现代化的产物，更是现代中国建构现代法治的产物。

本书的由来，大致如上所述。这些年来，《法律科学》《法学论坛》《南通大学学报（社会科学版）》《河南大学学报（社会科学版）》《烟台大学学报（哲学社会科学版）》《中国高校社会科学》以及《中国司法》等刊物，在不同的时间节点为我提供了不同的机缘，促使我从不同的角度、侧面、维度，持续不断地思考“中国特色社会主义法治”这个主题，同时也促使我将自己的千虑一得适时写成文字。

具体而言，第一章曾以《政党驱动型法治的兴起》为题发表于《法律科学》2022年第4期；第二章曾以《中国式法治现代化的建构方案》为题发表于《法律科学》2023年第2期；第三章曾以《论中国特色社会主义法治的历史使命》为题发表于《南通大学学报（社会科学版）》2019年第5期；第四章曾以《中国特色社会主义法治的历史逻辑》为题发表于《中国高校社会科学》2021年第3期；第五章曾以《中国特色社会主义法治理论：思想根基、主要特性与学科定位》为题，发表于《法学论坛》2020年第1期；第六章正文曾以《论中国特色社会主义法治理论的体系》为题，发表于《法学论坛》2022年第3期；第六章附录曾以《中国特色社会主义法治政府理论的体系化构建》为题发表于《中国司法》2021年第10期；第七章曾以《论法治作为社会主义核心价值》为题发表于《烟台大学学报（哲学社会科学版）》2022年第5期；第九章曾以《从法家三期论看律学的兴起与衰落》为题发表于《河南大学学报（社会科学版）》2018年第6期。

几载寒暑，几度披阅，几经踌躇，几番增删，经年累月，居然完成了这部题为“论中国特色社会主义法治”之书，这是我在2019年之前未曾想到的。

由此说来，这部论述“中国特色社会主义法治”之书，在相当程度上，乃是一部偶然生成、自然长成、无心插柳之书，至于它是否达到了“柳成荫”的效果，那就不好说了。毕竟，本书旨在论述的“中国特色社会主义法治”是一个开放的主题，指涉极为广泛，而且还将长期处于生长、发育、完善的过程中。在这样的语境下，我的这部书，就只能论述我在当下这个特定的历史时期所能看到的“中国特色社会主义法治”。

愿以我的一孔之见凝聚而成的这部书，见证这个变迁中的时代，记录镶嵌在这个时代中的“中国特色社会主义法治”。

喻中

2023 年 6 月

于北京